2013年度教育部人文社会科学研究规划基金项目资助：
《社区组织建设中家事纠纷解决机制研究》的最终成果
项目批准号：13YJAZH138

社区家事纠纷解决机制研究

张翼杰 / 著

中国法制出版社
CHINA LEGAL PUBLISHING HOUSE

序　言

和谐社会是一个民主法治、公平正义、诚信友爱、充满活力、安定有序、人与自然和谐相处的社会，是一个公平、稳定、利益协调的社会。当前，我国正在努力建设社会主义法治国家和构建社会主义和谐社会，并将“构建和谐社会”作为全面建设小康社会的目标之一。

家庭是由婚姻、血缘或收养关系所组成的社会生活的基本单位，是社会的细胞，家庭的和睦直接关系到社区的稳定乃至社会的和谐。在“构建和谐社会”的当今，家庭作为社区的基本构成要素，家庭关系的稳定是和谐社会的基石，而频频发生的家事纠纷，如果不能得到及时合理的解决，就会助长“家庭暴力”等恶性社会事件发生，危害社会安定。因此，构建有效的家事纠纷解决机制就成为构建和谐社会的前提条件。

我们应当认识到，“和谐社会”并不是一个没有任何纠纷的社会，而是一个拥有合理的纠纷解决机制，使得诸多矛盾纠纷得以“协调”或“和解”的社会。目前，随着改革的深化和社会主义市场经济的不断发展，人们生活水平的提高，利益关系的多样化，生产、生活方式的日新月异，使得各种矛盾纠纷不断增多，特别是发生在家庭成员之间的家事纠纷日益增多，离婚率不断提高，未成年子女抚养监护纠纷、父母赡养纠纷、家庭成员之间的继承纠纷等大量出现。这些家事纠纷是当前复杂社会条件下的必然产物。同时我们也应当看到，正确处理新时期的家庭内部矛盾，关系到我国改革、发展和稳定的大局，关系到全面建设小康社会奋斗目标的实现和政治文明、物质文明、精神文明建设的顺利进行，也关系到和谐家庭、和谐社会的构建。因此，如何妥善化解家事纠纷，建立一个行之有效的社区家事纠纷处理机制，已经成为当今建设社会主义和谐社会的重要任务。

纠纷解决机制的设置应与纠纷的特性相适应。家事纠纷，是基于人的血缘和姻缘关系所产生的亲子、离婚、财产继承等方面的纠纷。由于受到血缘和情感的影响，家事纠纷当事人之间权利义务关系不同于普通的民事法律关系：一方面，纠纷涉及家庭或个人的隐私而不宜公开审理；另一方面，纠纷涉及子女抚养、父母赡养、财产继承、家庭关系的维系等身份和财产方面的多种复杂关系，从而决定我们不能简单地采用契约的调整方式，也不能以非输即赢、是非分明、权威性的诉讼裁判来解决家事纠纷。因此，此类纠纷的解决应当以维护当事人之间的情感纽带、消除矛盾、化解纠纷、实现和解作为其根本价值取向。

由此可知，家事纠纷的身份性、情感性、隐私性、伦理性等特性，决定了诉讼程序并非最佳选择，而只能作为一种最终救济机制。家事纠纷的非诉讼调解制度注重恢复和维护当事人之间的感情关系，有利于家庭关系的和谐稳定。所以，对于家事纠纷的解决，非诉讼家事调解制度具有其独特的优势。

任何理论上的设想，只有转化为法律制度，才能对有关群体的利益进行长效保障；任何原则性立法，只有辅之以相应的实务操作规范，才能对社会生活进行有效规范。和谐社区的建设急切呼唤有效的家事纠纷解决机制。

目前，家事纠纷的非诉讼纠纷解决机制推广运动在全球正日益高涨，世界各国关于诉讼外家事纠纷调解的立法研究也得到了蓬勃发展。该书适应世界发展需要，从社区家事纠纷解决机制构建的基本理论入手，分析了我国构建社区家事纠纷解决机制的理论依据，探寻了我国家事纠纷解决机制的历史，评析了我国解决家事纠纷的现状及其存在的问题。从我国历史文化角度、法院角度、社区角度、当事人角度、成本经济理性、世界纠纷解决机制改革潮流等方面，详细论证了在我国构建社区家事纠纷解决机制的必要性；在审视我国传统调解制度的基础上，考察了我国各地社区家事法律服务中心已有的实践经验，提出了我国构建社区家事纠纷解决机制的可行性。作者在学习、比较、借鉴澳大利亚、美国、英国、日本、德国等国家事纠纷解决机制成功经验的基础上，从我国实际出发，提出了在我国构建社区家事纠纷解决机制的理念、指导思想及应该注意的问题，拟设立社区“家事纠纷调解中心”，并对其性质定位、建构模式、职责、家事调解人员专业化、职业化制度及我国社区家事纠纷调解中心的运作进行了详细探讨。作为高校教师，作者从卓越法律人才培养、法学实践教学及社区对专业人才的需要出发，专节论证了构建法学实践教学的社区家事法律服务机制，它是集法学教育、法律实践与法律服务为一体，并且通过服务社区家事纠纷调解中心达到服务地方经济，实现应用型人才培养目标的新模式。

家事纠纷解决机制的建设是一项系统工程，需要全面建设家事纠纷综合协调解决机制和配套机制，所以该书最后提出加强社区家事纠纷解决的配套制度建设，夯实家事纠纷综合协调解决的平台，支持和深化我国家事纠纷解决机制的改革，及时有效化解家事纠纷，促进幸福家庭工程建设。

《社区家事纠纷解决机制研究》一书，采取了社会调查法、实证分析法和比较分析法等方法，在走访、调查国内家事纠纷及解决机制现状的基础上，考察、比较、借鉴国外发达国家家事纠纷解决的先进做法，分析目前家事纠纷解决的市场需求，精心构建社区组织建设中家事纠纷解决机制。在进行理论架构的同时，进行实务操作，对社区组织建设中家事纠纷解决机制的实际运行进行监控和可行性研究，为社区组织建设中家事纠纷解决机制探索可持续发展的道路。

《社区家事纠纷解决机制研究》为我国非诉讼社区家事纠纷的解决提供了较为系统的理论研究和制度设计，为立法部门制定家事程序法提供了理论铺垫和制度拟制，也为实现社区家事纠纷解决的专业化、职业化、规范化和有效化提供了可供参考的方案和实践指引。这不仅有助于实务部门提高家事纠纷解决能力，而且对促进和谐家庭、和谐社会建设以及社会安定团结有着重要意义。

翼杰曾在中国人民大学法学院做过为期一年的访问学者，成绩优异。看到她多年的研究成果将要出版，由衷地为她感到高兴。希望她以后能继续关注我国家事纠纷解决制度的理论发展和实践研究，为我国的家事制度发展及家事纠纷解决做出新的贡献。

中国人民大学法学院

2016 年 5 月

目　录

导 论

家庭是社会的细胞，家庭的和谐、稳定是构建和谐社会的必然要求和重要基石，随着社会的发展、经济的多元化等，人们思想活动和对生活态度的不断转变，以婚姻家庭为基础的纠纷日渐增多，法院累诉不断。在政府大力倡导构建和谐社会的大背景下，如何有效地预防和化解家事纠纷、减轻法院的诉讼负担，减少家庭不和谐的因素，实现家庭幸福、社会和谐成为学界和政府部门共同面临的重大课题。

家事纠纷是发生在家庭成员之间的内部矛盾冲突，此种冲突不同于其他的普通民事纠纷，它涉及伦理、血缘、情感、身份等因素，具有隐私性、非理性、伦理性等独特特征。对此类纠纷的解决，应注重亲情、情感和家庭关系的维护，不能简单地以解决陌生人纠纷的模式来处理。

而长期以来，我国家事纠纷主要是通过诉讼程序解决，忽视了对家事纠纷这类特殊纠纷解决机制的研究。随着我国社区组织的建设，功能的完善，社区作为与家庭密切联系的基层组织，对解决家事纠纷的优势日益显现出来。基于此，作者以家事纠纷的独特性为切入点，对我国社区家事纠纷解决机制进行研究。

一、研究的理论和实际应用价值

社区组织建设是改善民生和创新社会管理的重要形式，是党的十八大报告强调的社会主义和谐社会建设的题中之义。家事纠纷的有效解决是社区组织建设的重要环节。

（一）研究的理论价值

1. 社区组织建设是研究更为广泛社会问题的切入点，能够创新社会管理

“社区”是指固定地理区域范围内的社会团体，它为居住在一定固定区域群体范围内的居民，起着一种媒介桥梁作用。一个社区所面临的问题，往往是更大社会范围内问题的具体表现。从一定意义上说，社区研究是研究整个社会的起点。因而，社区组织建设的研究，有助于发现和解决更广泛的社会问题。社区组织建设是由政府推动的社会体制改革，使政府从权力、责任、利益中脱离出来，通过培育社区组织，形成政府与社区组织共同服务和管理社区的形式。社区建设和管理已成为我国当前城市建设和管理的基础工作。加强社区组织建设、设立家事纠纷调解机构，能够完善社区组织功能，创新社会管理。

2. 家事纠纷解决机制的构建是社区组织建设的重要内容

家事纠纷，是基于人的血缘和姻缘关系所产生的亲子、离婚、财产继承等方面的纠纷。由于受到血缘和情感的影响，其当事人之间权利义务关系不同于普通的民事法律关系：一方面，纠纷涉及家庭或个人的隐私而使案件不宜公开审理；另一方面，纠纷涉及子女抚养、父母赡养、财产继承、家庭关系的维系等多种复杂问题，而

不宜采用简单的契约调整方式，也不宜通过权威性地裁判加以处理。因此，此类纠纷的解决应当以维护当事人之间的情感纽带、消除和化解矛盾、实现和解作为其根本价值取向。诉前的调解，显然是行之有效的解决方式之一。在“构建和谐社会”的当今，家庭作为社区的基本构成要素，其关系的稳定是和谐社会的基石，而家事纠纷在得不到及时合理解决的情况下，定会助长“家庭暴力”等恶性社会事件，危害社会安定。因此，家事纠纷调解机制在社区和谐家庭的构建中必然发挥着不可忽视的作用，多元化的非诉讼家事矛盾纠纷解决机制的建立，可以维护当事人之间的情感纽带、消除和化解矛盾、实现和解，从而稳定和加固社会防患体系，加强对社情民意和家庭关系的正确引导，减少社会对抗，弥合各利益力量的分歧，进而促进社会和谐。

（二）研究的实际应用价值

1. 家事纠纷社区解决机制是解决家事矛盾和纠纷的第一道防线，是社区家庭和睦的“绿色保护伞”

家庭是社会的细胞，只有家庭的和睦，才有社会的和谐。社区家事纠纷解决机制能够使当事人作出较为理性的选择，尽量避免家庭矛盾的升级，减少当事人及其子女的精神压力，更有利于实质矛盾的解决。社区家事纠纷解决机制能够尽量发挥当事人在解决纠纷中的自主性和功利主义的合理性，采取常规化运作程序、做出符合情理的解决，并以节约纠纷解决成本、追求效益最大化和实现实质正义为基本目标。因此，在构建和谐社会过程中应充分彰显社区家事纠纷解决机制的功能，进而促进家庭与社会的和谐。

2. 加强社区家事调解组织建设，实现社会资源共享，既便民，又增效为了及时有效化解社会矛盾纠纷，防止矛盾纠纷激化，维护社会稳定，我们应该认真审视中国传统的本土文化资源，挖掘并整合现有资源，在社区建立“家事纠纷调解中心”这一专门机构，对家事纠纷，提倡采用自主、平和的方式进行劝导、调和，鼓励当事人积极和解。以调解的方式解决家事纠纷，无论对国家还是对当事人都是最佳选择。一方面可以减少各部门推诿、扯皮及各自为政现象，另一方面可以避免当事人因搞不清各部门职能而走弯路。因此，将各部门的职能、力量整合形成合力，在社区做好非诉讼家事矛盾纠纷调解工作是现实的、可取的方式。另外，社区是与家庭联系最为密切的组织。家事纠纷一旦产生，社区就近、快捷地将家庭纠纷遏制在萌芽状态，以避免纠纷进一步升级、恶化，既便民，又增效。

二、国内外研究的现状和趋势

社区建设一直被认为是提高人的生存质量的头等大事，是国内外学术界 100 多年来研究的重点。随着城市化在世界范围的兴起，各国的理论界对城市社区结构的分析和研究日益深入和成熟。西方发达国家在 20 世纪上半叶进行“邻里保护”运动和“社区建筑”，在客观上推动了当时的社会进步。我国当前的社区建设也必将为我国社会的发展提供稳定而强大的动力。但是纵观国内外，在社区组织建设中建立多元化的家事纠纷解决机制尚属新兴领域，正在蓬勃发展。

（一）国外研究的现状和趋势

西方国家对于社区组织中家事纠纷的解决方式，突出表现在非诉讼机制的建立方面。家事纠纷非诉讼机制的建立，最早源于美国。美国是目前在家事纠纷非诉讼机制的实践方面持最积极态度的国家之一，其家事纠纷非诉讼机制有着鲜明的特色。从 20 世纪 90 年代以来，美国 95% 以上的纠纷都是通过非诉讼方式解决的，并且已经形成了一整套完善的纠纷解决体系。到目前为止，诉讼与非诉讼纠纷解决方式的综合运用使得在美国只有不到 5% 的起诉案件真正进入审判程序，大大降低了诉讼成本，避免了冲突升级。美国家事纠纷的非诉讼解决机制，主要可以分为附设在法院的 ADR（Alternative Dispute Resolution）和民间的 ADR 两种。这种机制影响波及了英国、日本、澳大利亚等国。1996 年，英国新修订的家事法第 1 条明确提出，鼓励当事人在发生婚姻危机的每一个阶段都应考虑进行商谈的可能性，以挽救婚姻。日本的现代调停制度源自 1951 制定的《民事调停法》，该法将除家事和劳动争议以外的各种调停制度加以统一，形成了沿用至今的民事、家事两大调停制度，“调停”成为日本替代诉讼解决纠纷程序的代表性程序。澳大利亚自 2005 年以来，基于构建和谐家庭的总目标，在国内建立了一套由非诉讼家庭服务制度、诉讼家庭服务制度以及相关程序构成的一个家事纠纷解决新机制，该新机制是澳大利亚家庭法近年来的最新发展和最具特色的内容之一，它给家事纠纷当事人提供了理性沟通的平台，符合家事纠纷有效解决的经济理性。

目前，家事纠纷的非诉讼纠纷解决机制推广运动在全球正日益高涨，世界各国关于诉讼外调解的立法研究也得到了蓬勃发展。学习、比较、借鉴各国家事纠纷解决机制的成功经验，我们进一步认识到：我国必须改革现行的民事纠纷解决机制，扩大家事矛盾非诉讼机制的适用范围，丰富家事纠纷解决机制形式，探索符合中国国情的新式家事纠纷解决路径。

（二）国内研究的现状和趋势

目前，我国国内学者对家事纠纷矛盾的解决研究文献和成果比较少，主要有缪文升《关于家事纠纷多元化解决机制的路径选择》，喻芳《我国家事纠纷多元化解决机制的评析与构建》等，尤其在社区组织中建立家事纠纷解决机制的研究更是寥寥无几。随着我国社区建设步伐的加快，在我国社区组织建设中建立家事纠纷解决机制已成为当前亟需研究的现实课题。

在当前城市社区体制下，冲突的种类较以往更为多样化、复杂化，冲突的解决途径也日趋多元化，而我国的社区组织中缺乏家事纠纷解决机制。现代城市的发展，社区组织被要求进行功能调整和制度创新，在社区组织建设中建立家事纠纷解决机制，这对于在“第一时间”发现纠纷、解决纠纷以及维护社区稳定和谐具有更为深远的意义。

关于社区组织中家事纠纷的解决，我国至今也没有专门立法和专门的家事调解制度。有关家事纠纷的诉讼和调解等散见于《民事诉讼法》《婚姻法》《收养法》等法律和相关司法解释中。家事案件既包括诉讼案件，也包括非诉讼案件。由于家事纠纷主要涉及亲属间身份关系以及依亲属身份所衍生的财产争议，当事人之间因同处于特定的家庭背景而产生的纠纷，具有道德伦理属性，因此，解决此类纠纷案件应有其特殊性。尽管一些学者提出要构建符合我国国情的“家事诉讼程序”，但我国至今也没有真正启动这一程序，更没有专门的家事调解制度。

综上所述，随着我国社会经济的快速发展，社区组织建设中家事纠纷矛盾已显露出对家事纠纷解决机制建立和家事调解制度立法的客观需求，我们应加大社区家事纠纷解决机制的研究，改革和完善其制度。

三、研究目标和内容

（一）研究目标

在社区建立专门的“家事纠纷调解中心”。当前社区家事纠纷解决效果不甚理想，主要原因在于经费无保障、专门机构缺失、专业人员缺位以及纠纷解决机制不健全、有关部门对纠纷解决的职能交叉与职能缺位并存等。对此，应当整合现有资源，建立专门机构“家事纠纷调解中心”，减少各部门推诿、扯皮、各自为政现象，使职能、力量整合形成合力，提高效率，共同做好非诉讼家事纠纷调解工作。

构建我国社区家事纠纷调解机制，本书不停留在理论上的泛泛而谈，而是通过考察社区组织建设中解决家事纠纷的现有做法，并对其进行实证分析，总结其存在的问题，吸收其合理成分；借鉴国外成功经验，构建我国社区组织建设中家事纠纷解决新机制。

总之，在社区设立专门的“家事纠纷调解中心”，并在实际运行过程中进行论证，构建专业化、职业化的家事纠纷社区人民调解新机制，并将研究成果报送人大及政府相关职能部门，以提供立法决策参考。

（二）研究内容

1. 分析社区组织参与家事纠纷解决的必要性

随着“小政府大社会”格局的进一步清晰，社区成为国家与社会新的整合点。在社区组织建设中，市民发现了能反映、维护自身利益的有效组织途径，而政府则找到了与社会组织及个体市民的组织整合点。社区乃家事纠纷发现和解决的第一平台，引入专业资质的人员来解决家事纠纷，有助于将家事纠纷化解在源头。

2. 探求高等院校法学专业师生与社区组织协同解决家事纠纷的新机制

以搭建社区服务——教学互动平台为视角，学校与社区建立长期合作伙伴关系，以社区为基础，由社区提供场所和案源，学校选派师生驻扎社区开展一定周期专业实践、为居民提供法律服务。通过确定社区服务方式和服务内容、制定社区服务活动规则、社区服务计划，形成一个事前有计划、事中有控制、事后效果好的家事纠纷解决模式，并将效果良好的试点进行推广，不断扩展服务基地，建立稳固的社区服务网络，实现长效发展。

3. 考察社区组织建设中解决家事纠纷的现有做法及其存在的问题

我国社区家事纠纷解决机制现状表现为机构众多、名称多样、隶属各异、权限交织。传统的纠纷解决机构有人民调解委员会、司法所、街道办事处、派出所、居民委员会、信访窗口、基层法律服务所、律师事务所等，新型的社区纠纷解决机制有社区法律事务工作站、街道社会矛盾预防和调处中心等。我国当前社区纠纷解决机制并不统一，众多机构间的关系错综复杂，有的还是联合办公，甚至是一个机构两块牌子。存在的问题是：缺少社会的认同和公信力、专门机构缺失、专业人员缺位以及纠纷解决机制不健全、有关部门对纠纷解决组织的辅导不到位等。

4. 借鉴国外家事纠纷解决机制

澳大利亚为处理家事纠纷专门设立“家庭关系中心”，在全国建立网络工作系统的方法值得我们借鉴。日本的家事调停制度也有其合理之处。家事纠纷解决机制必然受一国的法律制度、经济发展和社会制度的影响，移植未必可取。然而其成功经验可以给我们启发，进而扬长避短、为我所用，这对于建立适合我国国情的社区家事纠纷解决机制非常有意义。

5. 探求社区家事纠纷解决机制的构建

（1）进一步规范社区家事纠纷解决机制的政府购买服务模式

①强化项目管理。为使“家事纠纷解决”工作具有更强的可操作性、可持续发展，通过探索“以项目为导向”“以契约为制约”的管理模式，通过“申请受理—评估（根据其受益面和社会影响力）—审批—资助—事后评审”等规范化流程，推动“家事纠纷解决”工作项目在总体预算管理、具体工作监督以及服务评估等方面实现有序运作。②建立综合性的考核评估机制。建立一套操作上相对简单，易于量化、便于衡量的综合性考核指标体系，进一步完善以业务主管单位为主，相关部门和社会力量协同参与的评估网络，适时引入“服务满意度”调查，促使“家事纠纷解决”工作不断完善服务形式、优化服务内容，提高服务水平。

（2）在社区、街道的人民调解委员会设立专门的“家事纠纷调解中心”

该调解中心设专职家事纠纷调解员，由政府财政给予工作经费。各区、县民政部门设立“家事纠纷调解中心”指导办公室，对所属家事纠纷调解中心的工作进行指导、规范、培训、考核与监督。各区、县民政部门经公开考试后选拔婚姻家庭咨询师、家事纠纷调解员，对其经专门知识培训后上岗，专门负责家事纠纷的调解工作，并接受各区、县民政部门对其工作的指导、培训、考核与监督。

（3）实现调解人员专业化、职业化

①实现调解人员专业化，建立健全调解人员的准入制度。家事

纠纷调解中心的从业人员应符合以下条件：一是专业能力要求（婚姻家庭咨询师、心理咨询师、法律从业者、妇联工作人员）；二是要有相关从业经验（相关阅历、从业经验）。工作人员一律实行两年或三年轮岗制，避免与居民接触过多而使化解矛盾纠纷工作流于人情化，影响公正性及公信力。②实现调解人员职业化。家事纠纷调解工作作为一项专门的职业，其从业人员须经培训、考核、登记备案方可从事业务，应当接受管理部门的日常监督和执业年检，并定期进行有计划的业务能力培训。

（4）建立多机构合作的调解机制

由于家事纠纷的复杂性，有时单纯依靠单个人民调解组织做工作难以奏效。在发生严重的家事纠纷时，可由“家事纠纷调解中心”牵头，实现社区、妇联、民政、司法、人口计生等社会各部门的联动。如“家事纠纷调解中心”的调解员可与社区基层组织、妇联、民政、司法、人口计生等部门协商进行联合调解，从而构成一个解决家事纠纷的社会调解网络。

（5）促进调解与诉讼程序的衔接配合

加强与诉讼机制的衔接配合，可以采取一定的激励措施，鼓励当事人自愿参与到社区的家事纠纷解决中来。即当事人向法院起诉时，若其提交的纠纷先前已由社区机构进行过相关处理，则在递交起诉状的时候可以一并提交该机构做出的调处终结书或其他相关书面证明材料，从而获得优先受理、优先开庭、优先审结的资格。

（6）进一步完善社区家事纠纷解决的长效工作机制

一是把好家庭关系测评关，从源头上预防不和谐家庭关系的风险。加强婚姻家庭法律、法规的宣传。突出《婚姻法》基本原则、建立婚姻家庭学校、加强婚前婚后教育，提高家庭成员素质，引导夫妻正确处理爱情、婚姻与责任问题，从源头上遏制家事纠纷的高发生率。二是把好矛盾干预关，最大限度地减少不稳定因素的出现。综合家庭关系风险指数，做好婚后家庭的跟进服务工作。积极争取社区民政、妇联、综治、司法等部门的支持，及时化解家庭矛盾，实现家庭问题的社会化干预。三是把好“纠纷解决”回访关，进一步巩固和提升服务效能。创建信息系统，建立回访制度，逐步建立“家事纠纷解决”的动态模式。

四、研究的重点和难点

（一）拟突破的重点

本课题拟突破的重点是“家事纠纷调解中心”运行机制的构建与法律制度的完善。任何理论上的设想，只有转化为法律制度，才能对有关群体的利益进行长效保障；任何原则性立法，只有辅之以相应的实务操作规范，才能对社会生活进行有效规范。

和谐社区的建设急切呼唤有效的家事纠纷解决机制。鉴于我国目前关于社区家事纠纷解决机制的立法规定存在政出多门、在实际运行中指导性不强、立法滞后而不能顺应时代发展、立法受重视程度与其“第一道防线”的重要地位不相符等问题，社区家事纠纷解决工作相关制度必须通过立法得到建立健全，使工作机制、工作措施有法律依据，获得法律保障。因此，本书将在理论研究的基础上，考察社区组织建设中解决家事纠纷的现有做法及其存在的问题，吸收其合理成分，并借鉴国外成功经验，在此基础上搭建社区服务——教学互动平台，探求应用型法学人才培养和社区服务相契合的路径。

（二）拟突破的难点

当前社区家事纠纷解决效果不甚理想，主要原因在于经费无保障、专门机构缺失、专业人员缺位以及纠纷解决机制不健全、有关部门对纠纷解决的职能交叉与职能缺位并存、对纠纷解决组织的辅导不到位等。

本课题拟突破的难点是解决当前社区家事纠纷处理的非专业化与滞后性。具体措施是在保障社区家事纠纷解决经费来源的基础上，通过建立高等院校法学专业与社区组织的长期合作关系，关注家事纠纷从预防、发生到纠纷解决、回访的整个过程，实现调解人员专业化、职业化，构建并完善“家事纠纷调解中心”运行机制。

五、研究思路和研究方法

（一）研究思路

本课题从分析“小政府大社会”格局、社区乃家事纠纷发现和解决的第一平台入手，分析社区组织参与家事纠纷解决的必要性；探求高等院校法学专业师生参与社区组织家事纠纷解决新机制的构建；考察社区组织建设中解决家事纠纷的现有做法及其存在的问题，吸收其合理成分。在此基础上，借鉴澳大利亚、日本等国家的成功经验，探求社区家事纠纷解决机制的构建。具体措施是在保障社区家事纠纷解决经费来源的基础上，关注家事纠纷从预防、发生，再到纠纷解决、回访的整个过程，设立专门的“家事纠纷调解中心”，实现调解人员专业化、职业化，建立多机构联合调解家事纠纷的社会调解网络，构建家事纠纷的社区人民调解新机制。

（二）研究方法

1. 社会调查法

社区组织建设中家事纠纷解决机制的建立离不开社会的需要和市场的接纳，因此课题组通过走访、调查家事纠纷的特点，分析目前家事纠纷解决的市场需求，精心构建社区组织建设中家事纠纷解决机制，在进行理论架构的同时，进行实务操作。

2. 实证分析法

本课题的研究具有较强的实践性。课题组与社区合作设立“家事纠纷调解中心”，学生在法学专业教师的带领下进驻社区，通过个别访谈、发放调查问卷、参与个案调解、提供社区治理建议等方式对社区存在或可能引发的家事纠纷收集资料，对该资料进行分析，提出解决方案。对其实际运行进行监控和可行性研究，为社区组织建设中家事纠纷解决机制探索可持续发展的道路。

3. 比较分析法

课题组通过对澳大利亚、美国、日本等发达国家现有的家事纠纷解决机制的分析研究，结合我国国情及社区组织建设的具体现实，对我国家事纠纷解决机制进行理论架构和实务操作。

4. 逻辑分析法

本课题运用分析、综合、批判等逻辑推理的方法，分析家事纠纷与其他民事纠纷的区别和联系，结合我国社区组织建设的特点，提出以社区解决为基础、诉讼调解为主导、行政调解为补充、司法审判作保障的家事纠纷调解机制。

第一章　社区家事纠纷解决机制构建的基本理论

第一节　社　　区

社区是城市居民情感的纽带、生活的共同体，守望互助、邻里帮扶的基地，更是社区社会管理、社会救助、社会保障的依托。为把社区建设成为居民以社区为家，社区以人为本，关爱人、服务人、教育人和凝聚人的“人文社区”，从而增强社区居民的归宿感和认同感，便于家事纠纷的解决；怎样从社区这一基础出发，谋求社区在解决家事纠纷中建设良性运行机制；如何对社区建设进行投入，理顺各种关系，加强社区服务，适应社会发展，满足居民需求；如何针对社区内新经济组织和社会组织不断涌现，探索社区开展家事纠纷解决的社会化工作途径；如何在实践创新的过程中使用本土文化，建立适应我国国情的社区家事纠纷解决体系等，都是值得我们去思考和关注的。

一、社区的含义

（一）社区的概念

德国著名的社会学家和哲学家斐迪南·滕尼斯（Ferdinand Tonnies，1855—1936）在1887年出版的著作 *Community and Society*（《共同体与社会》）一书中从社会理论研究的角度首次提出了社区的概念。滕尼斯将社区理解为建立在所谓“本质的意志”基础上的一种“自然社会”。这种社会建立在一致的自然情感和文化意识的基础上，成员之间具有排他性的紧密的社会联系。他认为社区是“一种持久的和真正的共同生活，是一种原始的或者天然状态的人的意志的完善的统一体。血缘共同体、地缘共同体和宗教共同体等作为共同体的基本形式，它们不仅仅是各个组成部分加起来的总和，而是有机地浑然生长在一起的整体。”第一次对社区作出明确概念的是美国芝加哥大学社会学系教授、社会学家罗伯特·E·帕克（Robert Ezra Park 1864—1944），帕克认为，社区（community）是理解现代文明转变的基本单位。社区是“占据在一块被或多或少明确地限定了的地域上的人群汇集”。“一个社区不仅仅是人的汇集，也是组织制度的汇集”。帕克所讲的组织制度包括：（1）生态体制，即人口和组织的地理分布；（2）经济组织，即社区中的企业组织及其所构成的经济结构；（3）文化和政治体制，即约束社区成员、组织的规范体系。帕克还进一步概括了社区基本特点：（1）它有一群按地域组织起来的人群；（2）这些人口不同程度地深深扎根在他们所生息的那块土地；（3）社区中每一个人都生活在一种相互依赖的关系之中。社区的概念逐步从制度、要素、内部结构、地域等角度进一步加以明确。20 世纪 30 年代初，以费孝通为首的一些燕京大学学生在翻译帕克的“Community is not Society”时，将“Community”译为中文的“社区”，将社区概念引进我国。费孝通先生在谈到“社区”这个术语的翻译时指出：社会是人际关系的综合，每一个社区都是一个社会，而社会却不是社区，“这个词实际是指在一个地方共同生活的人，是指一群聚集在一个地方分工合作的人，它是具体的，这群人之间的关系，即人际关系，构成社会。”后来，费孝通将社区定义为：“若干社会群体（家庭、民族）或社会组织（机关、团体）聚集在一地域里，形成一个在生活上互相关联的大集体。”他们在吴文藻先生的指导下，与其他学者一起致力于我国本土的社区研究，确立了社区研究在我国社会学中的重要地位。后来，在中国社会学界中“Community”的“社区”这个译名被一直沿用下来，逐步成为社会学的一个专门概念。

现代意义上的社区是一个相对独立的生活共同体，社区内部的成员拥有一块地域，成员与成员之间互相依赖、密不可分。故也有学者称社区为“地区共同社会”或“共同区域社会”。国内学者对“社区”这一概念的争议在于，究竟该从社区地域、社区资源、行政划分、规模大小、文化氛围、情感归属等哪一个或哪几个方面来界定较为合理？北大学者指出，“社区”是“社（会）”和“（地）区”这两者的结合，认为“社区是聚居在一定的地域内的相互关联的人群形成的生活共同体，即地域性社会共同体。也有学者认为社区是指按照便于管理、便于开发社区资源、便于社区居民自治的原则，并考虑地域性、认同感等社区构成要素，对原有街道办事处、居民委员会所辖区域作适当调整后的居民委员会辖区。还有学者认为社区是指具有某种互动关系和共同文化维系力的人类群体进行的特定社会活动的区域。社区就是区域性的社会，换言之，社区就是人们凭感官能感觉到的具体化的社会。

尽管社会学家给社区下的定义有一百多种，各不相同，但在构成社区的基本要素上认识还是基本一致的，普遍认为一个社区应该包括一定数量的人口、一定范围的地域、一定规模的设施、一定特征的文化、一定类型的组织。所以一般认为，社区就是这样一个“聚居在一定地域范围内的人们所组成的社会生活共同体”。具体讲是指，由居住在某一地方的人们结成多种社会关系和社会群体、从事多种社会活动所构成的社会地域生活共同体。社区是若干社会群体或社会组织聚集在某一个领域里所形成的一个生活上相互关联的大集体，是社会有机体最基本的内容，是宏观社会的缩影。

社区的概念暗含着政府权力的淡出，社会自治组织能力的提升，体现的是社会的自助、自主、自治，是社区居民对社区发展责任的共担和社区发展成果的分享。

（二）社区的特征

社区作为一个地域性人们生活的社会共同体，具有以下几个特征：

1. 社区是社会的缩影

由于社区是社会成员的生活基地，绝大多数社会成员的基本生活活动是在本社区内进行的，他们以家庭为单位消费各种生活资料，解决最基本的社会生活需求，以此建立多种社会人际关系，通过社区，共同解决生活中遇到的困难和难题。因此，社区不仅包括一定数量和质量的人口，而且包括由这些人所组成的社会群体和社会组织；不仅包括人们的经济生活，而且还包括政治、文化生活；不仅包括一定的地域，而且还包括人们赖以进行社会活动的生产资料和生活资料。所以说，社区是具有相对完整意义和相对独立意义的社会单位。社区内部有相对完善的生活服务设施，有相对配套的制度、规范和管理体系。人们共同经营社会生活、自身生存、发展的各种基本需要都能在社区得到满足。总之，社会有机体的最基本的内容全部包括在社区之中，社区就是一个社会实体。

2. 社区是聚落的承载体

聚落是指人类居住的各种形式场所。它不仅是简单的房屋建筑的集合体，而且是与居住地相关的生产、生活设施和劳动用地的集合物。历史告诉我们，人类是最早从生存、发展的需要出发的，寻求适合自己的居住场所和各种活动的基地，并逐渐由临时的、移动的向永久的、固定的方向转化，形成了以多所房屋组成的居住地，即以聚落为主体的居住生活方式。这种生活方式恰恰说明了聚落是人类改造环境的产物。聚落作为人类活动的中心，既是人们居住、生活、休息和进行社交活动的处所，又是人类进行生产劳动的场所。我国的聚落形式有村落、集镇、县城和城市等，它们都是社区的承载体。正是这些承载体的不同，造就了不同类型结构的社区。所以，社区是人类活动高度聚集的地域空间，它以聚落作为自己的依托或物质载体。

3. 社区是多功能的集合体

从组织学的角度来看，社区与目标和功能单一化的社会组织不同，它的功能是多重的。就我国城市社区的状况而言，社区具有以下几个功能：

一是协管功能。社区属于基层行政组织，具有对城市基层社会的管理功能。社区组织是党和政府连接群众的桥梁和纽带。社区的一项重要任务是协助政府做好基层社会的工作，维护社区的治安、调节民间纠纷、办理社区的公共事务和公益事业，做好群众的思想政治工作，保持基层社会的稳定。

二是民主自治功能。社区是群众实行自我管理、自我教育、自我服务的行之有效的载体。所谓的民主自治，是指在党和政府的领导下，人民群众的依法自治。社区是承接政府剥离出来的社会事务的载体，是推进“政企、政社、政事”分离，实现“小政府大社会”格局的动力。

三是监督功能。社区是人们参与社会生活和政治生活的主要场所，居民作为某一社区的正式成员，在本社区范围内享有参与社区管理、选举人民代表、选举社区工作者的权利。社区自治组织是代表群众监督政府依法行政、社区依法自治的组织机构。社区是扩大基层民主、推进政府决策的民主化和科学化的载体。

四是文化功能。我国的基层社区担负着发展教育事业、组织开展文化娱乐和体育活动、组织开展群众性精神文明创建活动等功能。社区文化是基层社会对群众寓管理和教育于服务之中的最好形式，是凝聚人心的工程，因此，文化功能也就是凝聚力功能。

五是平台功能。社区是社区居民交流活动的平台，它为人们沟通社交、求学求知、发明创造、成家立业、结亲访友等生存与发展的需要提供更多的机会和舞台。

4. 社区是可持续发展的

确切地说，自从有了农业，形成了村落，就有了社区。社区最早形成的形式是农村。随着社会的发展，在农村社区的基础上又形成了城市社区。城市社区在几千年的演变过程中，其内部结构、社会性质等发生了巨大的变化，可以说，这些变化是随着社会的发展而发展的，起决定作用的是生产力的发展。进入现代化社会以后，社区的发展随着先进生产力的进步而步入良性的运行阶段，所以说，社区是可持续发展的。

总之，社区是人们共同经营和生活的基本社会单位，社区为人们参与重要社会生活、经营共同的社会生活提供最基本的场所和条件，社区活动中包含着生活活动最基本的内容。社区是社会的构成单位，是一个具体的、有限制的地域社会共同体。

（三）社区的基本构成要素

从城市社会学的角度来说，社区的定义应该包括三个要素：第一要素是联系网络。即社区是维系社会和社会成员之间相互支持的家庭之外的人与人之间的联系网络。第二要素是在同一地点的居住区。这里强调的是社区的地域性，任何社区都必须具有一定的相对独立的生活空间，不仅供人们在其中居住和生活，而且也是形成丰富多彩的社区文化的一个物质前提，因此这一条是所有社区概念都必须具有的要素。第三要素是凝聚力、情感与公共活动。就是说，社区有显性的物质外表和隐形的精神内容，真正构成社区本质的不在于其生活设施及环境如何，而在于是否形成了社区的价值观念和文化传统。一般来说，一个完整的社区包括以下要素：人口、地域、经济、社区的专业分工和相互依赖关系、为社区服务的公共设施、共同的文化制度、居民的凝聚力和归属感等。

1. 人口要素

人是社区的主体，人口要素是社区的第一要素。人口是社区发展的承担者，是社会生活的主体；社区发展的目标是实现人的全面发展。

社区需要具有一定数量的人口。人口数量决定了社区的社会关系的数量和复杂程度，它既是衡量社区规模的重要标志，又是确定社区层次的重要依据。

2. 地域要素

地域是社区必不可少的要素之一，它是人们从事各项社会生产和社会活动的场所，是人们基本的生存空间，是自然因素与人文因素作用形成的综合体。社区需要一定的地理区域，地理区域是社区存在和发展的前提，是构成社区的重要条件。

3. 组织要素

社区组织要素，是指社区内有目的、有计划地建立起来的以满足社区居民生存和发展需要的各种团体和机构。社区内成员必须在一定的社区组织的管理下生活，需要有一定的机构来协调人们的行为，这样就产生社区组织，社区组织保证了社区内人们共同、协调地生活在一起，它也是构成社区的基本要素。根据社区内组织的人际关系性质的不同，社区组织可分为正式组织和非正式组织两大类。正式组织具有明确的组织目标、严格的组织制度、体系和运行方式，以及组织的场地、设备、资源等特点，如社区党组织、居委会、服务中心、调解中心、银行、学校等；非正式组织具有自然形成、规模较小、组织规范约束力弱、成员间关系紧密和认同感强等特点，如社区合唱团、舞蹈队等。

4. 文化要素

社区文化要素，是指在一定的区域范围内，在一定的社会历史条件下，社区成员在社区社会实践中共同创造的具有本社区特色的精神财富及其物质形态。社区文化反映了社区的地域特点、人口特性以及居民长期共同的经济和社会生活的全部，包括社区内人们的信仰、价值观、行为规范、历史传统、风俗习惯、生活方式、地方语言和特定象征等内容。相对共同的文化背景和生活方式是社区人群相互关联的基础。

5. 心理要素

社区心理要素，是指社区居民在情感和心理上对自己所属社区产生的一种归属感和认同感。不同社区的不同结构会对社区成员的心理和行为产生不同的影响，人们对生活的社区会产生或自豪或羞耻的情感，这就是社区的归属感；一个人与他人互动，把自己看成是社区的成员并承担一定的义务，这就是社区的认同感。

6. 物质要素

社区的物质要素，主要是指为社区成员生活、活动和发展所提供的一整套相对完备的基本服务设施和其他公共设施，如各种生活服务设施、商业设施、文化娱乐中心、医疗卫生机构等。它是保障社区成员生存的必要手段，是社区发展的基础和前提。基本的生活服务设施不仅是社区人群生存的基本条件，也是联系社区人群的纽带。

二、社区的基本类型

社区作为一个社会实体，从不同角度可以划分为不同类型。按社区规模分为：巨大型社区（上百万人口）、大型社区（几十万到百万人口）、中型社区（十万到几十万人口）、小型社区（一万到十万人口）、微型社区（一万以下人口）。按社会生产力水平和时间要素可分为：传统社区、发展中社区、现代社区。但是，社区研究中最基本、最主要的分类方法，是以经济结构、人口密度和社会组织形态等多元标准，把社区分为城市社区、农村社区和城镇社区。本书就是拟在城市社区中构建家事纠纷的解决机制。

（一）城市社区

城市社区，是指生活在城市一定空间以从事工商业及其他非农社会活动的居民所组成的、有一定人口规模的地区性社会生活共同体。从20世纪80年代中期开始，城市社区成为多学科学者研究的对象。

从地域和人口方面来看，城市社区往往建设在交通要道、繁华地带，或是具有某种丰富自然资源的地方，地貌特点通常是比较平坦且有充足易取的水资源，同时城市之间的地理位置的关系也具有一定的规律性，如城市沿交通线成长形成；城市社区人口密度大，人口结构的异质性特点突出。

在社会组织形态上，城市社区由于社会生产与生活的分工精细，专业化强，相互之间联系紧密，形成一个严密的社会组织体系。这个组织体系具有规模庞大、内部职能分工和权力分层复杂的多层制管理结构。

在文化和生活方式上，商品经济高度发达的城市社区中不同职业、阶层、文化背景的人居住在一起，人们的信仰、价值观、行为规范和生活方式都呈现出较大差异，使城市社区文化和生活方式表现为多元化、异质化和现代化的特点。

在经济活动方式上，表现为以工商业和服务业为主，其经济特点是促进人口集中和人际交流，促进社会分工，加快专业化生产和服务行业发展。

城市社区的主要特点是：人口集中、居住密度大、经济活动复杂、商品经济发达、社会结构复杂、人员流动大、社会生活设施完备、精神文化生活丰富、社会生活的节奏较快、社会文化的变迁速度快等。

城市社区不等同于街道或小区，但就目前的现状来看，街道和小区都可以算作城市社区。而且传统观点认为街道就是一种社区，这与我国历史遗留的行政区划关系密切。以大中城市为例，城市社区建设还是以街道为主要载体。

（二）农村社区

农村社区，是指以从事农业生产为主要谋生手段的人口为主的、人口密度和人口规模相对较小的社区。

从地域和人口的特征来看，农村社区人们居住分散，人口密度低，流动性小，人口的职业结构比较简单，人口结构的同质性强。

从社会组织形态来看，农村社区是以血缘为纽带而形成的亲属关系，以及长期在一起生活形成的乡亲关系。农村社区中家庭、亲属、邻里等初级关系和初级群体非常重要。

从文化和生活方式上看，农村社区生产方式简单，生活方式单调，生活节奏缓慢，人们活动的范围较小，交往面较窄。

从生产方式上看，农村社区是以农业为主；经济活动方式为一家一户分散的、自给自足的自然经济模式，生产上受自然因素影响较大，生产效率低，季节性强，劳动分工不明晰，社区经济活动简单。

农村社区的特征：地域依赖性强；人口密度较低；经济活动简单；家庭发挥多种重要作用；农村文化具有较多的地方色彩，村民的心理趋于保守型和情感型。

农村社区的变迁：随着社会的发展，农村社区与外界的联系日益增多，农村社区在三个领域正在发生着变化：第一，地方自主权减弱；第二，地方单位的服务区与自然社区的一致性程度发生变化，社区外的服务区在扩大；第三，对社区心理认同感的变化，个人对当地越来越缺乏认同。

（三）城镇社区

城镇社区，是连结城市社区和农村社区的中间环节，规模不及城市大，但具有城市性质、介于乡村与城市之间的过渡型居民点。它是现代社会中一种基本的社区类型。

城镇社区最主要的特征在于它的融合性，这主要体现在以下几个方面：

第一，城镇社区中既有从事农业劳动的农业人口，也有从事非农产业的非农业人口，还有同时从事两种活动的兼业人口。

第二，城镇社区的经济结构往往是第一、第二、第三产业兼而有之，而且各行业之间的比例相差不大。

第三，城镇社区的文化较多体现了城乡两种文化的交融，既有地处农村地区所特有的“乡土文化”，也有受城市影响的城市文化。

第四，从生活方式来看，城镇社区既表现出明显的城市生活方式的特点，又具有农村生活方式的特征。

不论社区的区划如何，社区的定位是一定的，就是沟通政府和社会的桥梁、中介，因此它既不完全政府化也不是完全的民间组织，这一点与国外自治型社区有着本质的区分。

三、社区的功能

社区存在的意义在于沟通政府与社会，进而促进城市的发展，社会文明的进步，并不断地为居民提供城市社区服务，改善生活环境，实现这些就有赖于城市社区的功能。作为中介组织的社区具有如下功能：

（一）政治功能

经济体制转型之前，我国是“强国家弱社会”的模式，政治政策工作通过行政渠道解决，经济工作通过行政手段解决，社会工作通过行政逐级落实。总而言之，政府承担了所有的角色，国家行为摄入社会生活的各个方面，无处不在，使国家在垂直行政的过程中要直接面对种种压力和困难。改革打破了国家统管的模式，国家、单位、社会各司其职即政企、政事、政社分离。国家缩小管理范围，放权给社会，直接导致社会的职能扩大了，同时也反映出政治社会化的过程。社会职能的加强给社区的发展带来了可能性，作为中介组织的社区，在新的体制下，很大程度地承担了国家与社会之间的缓冲器。首先，在改革进入攻坚战的阶段，很多国家无法解决的问题落实到了社区，如机构、产业调整带来的下岗与失业问题，社区在“再就业”工程中发挥了不小的作用。这样一来，减少了改革对国家的震荡，一定程度起到了政治的功效。其次，许多由于下岗、失业等原因，闲置在家的人在今天也为数不少，他们经常对周围的事物不满或抱怨，产生一些不必要的邻里纠纷或直接找到居委会发火，成为社会中的不稳定因素，这时社区尤其是居委会的协调人员就担起了化解矛盾的使命。再次，社区的治安保卫工作为防范、打击违法犯罪，维护社会稳定起到了相当的作用，保障了我们的社会主义现代化建设在一个安定团结的大环境下进行。最后，社区既为中介性的社会组织，就有沟通与反馈的作用，政策在群众中的接受程度、老百姓对国家政策法规的反映都可以通过社区的各种组织传达到政府的相关机构，为决策提供参考依据。

（二）教育功能

二十一世纪是人力资源竞争的世纪，人力资源要靠教育来开掘。社区组织建设也不外乎于此，开展社区教育较之正规教育范围广、渠道多、形式多样。就教育对象而言，一方面，作为开展社区工作的组织管理人员，即社区工作者需要通过知识、技能、观念的不断更新来确保社区工作有量有质的进行，针对这部分人员要以提高其素质和工作能力为主，邀请有经验的管理服务人员、老同志交流社区工作技巧，学习相关的政策法规，邀请高校的学者走进社区，把新观念、新思想带到社区。另一方面，社区作为社会的一个缩影，拥有众多的社区（会）成员，社区居民是最广泛的受教育对象。结合二十一世纪城市人口的老龄化趋势，老年人不可忽视地成为社区教育的主要成员结构，对于老年人的教育可以和老年服务结合开展，以保健、兴趣、经营家庭技巧、处理关系等为主的培训有着广阔的前景。

（三）服务功能

社区服务是社区建设的核心内容，“社区服务功能的基本要求是通过基础保障和福利性保障，来满足社区居民的日常生活需求。”就许多大中城市目前的社区而言，社区服务的内容已经涉及生活服务，对孤、老、病、残、幼等社会弱势群体服务、优抚服务、家庭服务、治安服务、就业服务、活动中心、救助中心等样样俱全，同时随着网络时代的到来，网络服务已逐渐步入各个社区。事实上，在众多社区功能中，服务功能是最具体的，只要是群众需要的、合理的，用经济学的语言说就是有市场的都是社区服务的内容。

（四）参与功能

在今天的大街上，我们经常会看到这样的宣传语：社区是我家，建设靠大家。不错，社区的管理、发展、各项活动都离不开居民的参与。社区的参与功能体现在居民的参政议政、参与管理当中，如业主委员会、志愿者行动。社区参与不仅体现了社区中每一位成员的主人翁地位，还在参与工程中加深了成员间的相互了解，成员和社会组织、团体、政府间的了解、信赖、协调。从而凝聚小社区，融合大社区。

当然，社区的功能还有很多，如互助功能、社会控制功能、社会化功能、凝聚功能、整合社会资源功能、安全稳定功能等。而且社区的各种功能互相融合、相互影响，共同作用于社区组织中。

根据我国社会发展状况，目前应当重点培育和完善的社区功能主要有以下几种：

1. 管理功能：管理生活在社区的居民的社会生活事务；

2. 服务功能：为社区居民和单位提供社会化服务；

3. 保障功能：救助和保护社区内需要帮助的弱势群体；

4. 教育功能：提高社区成员的文明素质和文化修养；

5. 安全稳定功能：化解各种社会矛盾，包括家事纠纷，保证居民生命、财产安全。

第二节　社区组织建设

社区建设是当今社会的热点，社区治理是城市社区建设的途径之一，同时社区建设也是重构政府与社会关系的一个重要的突破口。可以说，社区建设是继企业改制、市场培育、政府改革之后的又一大政府重点和焦点工作。我国的城市社区建设经过了十多年的酝酿、多年的具体实践，现在已到达全面建设阶段。总结实践中社区建设的经验，解决社区建设所面临的、迫切需要解决的理论问题和实践问题，解决政府在推动城市社区建设中面临的新情况及新问题，是当今中国社区建设开好局、高起步、大发展的关键所在，需要我们对此进行更加深入的探索和研究。

一、社区建设的内涵

（一）社区建设的界定

社区的形成、发展是社区建设的结果，社区是社会的基本构成要素之一，因此，社区建设实质上是社会建设的一个方面。社区建设是中国在新世纪面临的重要问题。所谓社区建设是指在党和政府的主导下，依靠社区力量，整合社区资源，强化社区功能，解决社区问题，构筑新型基层社区管理体制，提高社区成员的整体素质和生活质量，建设现代化文明社区的过程。其基本内容包括拓展社区服务、改善社区环境、加强社区治安、解决社区纠纷、繁荣社区文化、发展社区医疗卫生等。它和国外的社区发展运动具有一定程度的相似性。社区建设的最终目标，就是要使社区变成城市居民依法实行自我教育、自我服务、自我管理的具有自主性和能动性的新型社区。

（二）社区建设的特征

城市社区建设具有社会性、地域性、自治性、依存性和群众性等基本特性。

1. 社区建设的社会性

社区是社会的缩影，社会中各种复杂的关系和种种问题都会通过社区反映出来。马克思曾说，“人是最名副其实的社会动物，不仅是一种合群的动物，而且是只有在社会中才能独立的动物。”①

---

① 马克思：“政治经济学批判导言”，载《马克思恩格斯选集》（第三卷），人民出版社1972年版，第18页。

既然人天生就是社会的生物，那他就只有在社会中才能发展自己真正的天性。社区是以一定的地域界限为基础的社会生活共同体，是人与人之间的社会关系在空间范围内的表现。因此，社区建设首先表现为人际关系建设。众所周知，传统社会或乡村社区与现代社会或城市社区在人际关系方面的一个重要区别就是，前者表现为紧密或亲密，后者表现为疏远或冷漠。造成这一区别的原因是多方面的，其中一个很重要的原因就是社会转型过程中人际交往的间接化，而人际交往的间接化又是由两个相互联系的因素引起：一是居住方式的相对封闭化，即住宅的高层化和别墅化使每一家庭的生活空间日趋独立或封闭，居民之间直接见面的机会因而减少；二是传播媒介的日益多样化，即电话、书信、网络等个人传媒和电视、广播、报刊等大众传媒的日益发展和多样化使居民花费在与媒体打交道的时间增多，而花费在串门走户的时间减少。由此可见，社区人际关系建设实质上是社区的凝聚力和亲和力建设，这种建设在操作层面上就是为居民提供直接交往的场所和机会。在有限政府理念的指导下，政府的工作重心发生转移，从而形成小政府大社会的格局，在政府的指导下，社区建设是社会性广泛参与的行动。

2. 社区建设的地域性

社区是一个相对稳定、相对独立的地域界限或聚集场所，它具有地域要素，是一个地域性概念。美国社会学家 E. W. 伯吉斯（Ernest Burgess）特别强调社区的地域性含义，他在一篇题为《邻里工作可否有个科学基础?》的论文中写道：“社区”一词，已为社会学家们广泛使用，邻里工作者们以及其他一些人也常常使用这个词，但他们所指的含义却彼此相差甚远。无论研究哪方面的问题，我们都有必要首先明确概念，弄清楚有关概念之间的区别所在。在这个学科的文献中，现在有一种倾向越来越明显，即强调社区的地理环境。因为社区不仅是一个单纯的地域概念，它同时含有“社会——人类生活的共同体”的含义。社区地域性在很大程度上反映的是民俗、语言、法律、生活等特性。历史上重要事件留下的文化遗产以及地域、人文等特征，也会给社区形成一定的氛围。一个地区的社区建设总是与这个地区的经济社会发展水平以及特有的人文历史相联系的，因而带有显著的地域性特点。

社区建设的地域性主要表现为：(1) 从内容上看，社区建设主要是根据本社区成员的需求和愿望，解决本社区问题，为本社区成员提供多样化服务。(2) 从主体上看，社区建设的组织者和参与者主要是本社区内的居民、单位和群体、组织。(3) 从活动范围上看，社区建设的活动范围主要局限于本社区之内，并在一定程度上受本社区地理环境条件的制约。由此决定了社区建设地域性特征。

3. 社区建设的自治性

西方语境的“自治”（autonomy）源于希腊语，是指管理自己事务的法定资格。有学者认为，“自治”是指某个人或集体管理其自身事务，并且单独对其行为和命运负责的一种状态。[①] 自治一词相对应的词是“他治”。“他治意味着自我或者我们的生活处于受他人的控制而不自主。”[②] 马克斯·韦伯（Max Weber）认为，一个团体可能是：自治的或他治的，自主的或不自主的。自治意味着不像他治那样，由外人制订团体的章程，而是由团体的成员按其本质制定章程，而且不管它是如何进行的。自主意味着，领导人和团体

---

① 邓正来：《布莱克维尔政治学百科全书》，中国政法大学出版社 1992 年版，第 693 页。

② ［美］凯尔森：《法与国家的一般理论》，沈宗灵译，中国大百科全书出版社 1996 年版，第 230 ~ 231 页。

的行政班子依照团体自己的制度任命，而不像不自主的团体由外人任命的那样（不管任命是如何进行的）。①

严格意义上讲，按照社区原则，城市的基层社区组织是自治组织，是群众自我管理、自我服务的组织。社区建设中的各类群众性组织本身具有天然的“民间色彩”，它的属性是“自”，即自主和自治。自治性是社区的本质特征和价值所在。社区组织的产生是来自社区内居民的选举，其职能总体上说是为社区内居民群众服务的，它的全部工作对象是社区内的居民和驻区单位。因此，基层社区组织不是行政组织，不是一级政权，而是一个基层的、社会的服务组织，它的根本性质是自治，是一种依法自治的群众性组织。社区自治集中体现在社区成员的自我教育、自我服务、自我管理、自我约束，特别是对区域性的社区公共事务和公共利益的管理上。社区自治是一种管理成本较低的体制创新，是社区建设的内在要求，有利于扩大公民有序的政治参与。社区自治，并不意味着社区范围内的问题都留给社区来解决。比如，社区范围内的公共安全，正如其他地域层面的公共安全一样，这首先就是属于政府应当提供的公共产品。当然，在政府供给的同时，社区也可以通过自治组织的形式补充供给。自治组织的社区不仅仅是一种状态，更是一个过程。自治性是社区的本质特征和价值所在。

4. 社区建设的依存性

从社会学的角度来看，社区不是纯粹的自然地理区域，而是社会空间与地理空间的有机统一，是一个人文区位。因此，社区概念强调的不仅仅是人们在地域上的统一，它更强调的是生活在共同地域之上的人们的彼此交往和归属感。社会学家普遍认为，社区归属

① ［德］马克斯·韦伯：《经济与社会》（上卷），林荣选译，商务印书馆 1998 年版，第 78 页。

感是影响社区存在和发展的重要因素。所谓社区归属感是指，社区居民把自己归入某一地域人群集合体的心理状态，这种心理既有对自己社区身份的确认，也带有个体的感情色彩，主要包括对社区的投入、喜爱和依恋等情感。① 城市社区是人为的产物，居民们大多数是以业缘关系代替血缘、姻缘关系，这也是城市社区区别于农村社区的最大特色。从某种程度上讲，城市社区中居民丧失了农村社区"人和"的最大价值，城市社区居民信奉的是君子之交淡如水，左邻右舍不相识。城市社区服务、社区建设正是针对此种现象应运而生。纵观社区的一切活动是建立并维持在相互依存和互惠的基础上的，这种互惠和相互依存是自愿的、理性的，如果个人和集团不再需要他人，如果从互惠和合作中什么也得不到，社区就不会出现和维持。现代化、工业化从根本上说不会削弱人们的社区意识和归属感，恰恰相反，构成社区质量的物质生活、文化生活、环境、教育、能源等因素的状况及其变化，深刻地影响着人们的社区意识和归属感。社区的魅力就在于其初级群体的情感因素，在于非理性、非组织化、非正式的人际关系，这样的社区和在这样的基础上形成的社区精神或社区意识才能对居民构成持久的吸引力。

社区建设的根本目标是通过社区建设活动推动和促进社区居民共同意识的形成，增加居民对社区建设的认同感和对自己社区的归属感，从而达到"社区是我家，建设靠大家"的境界。

5. 社区建设的群众性

人民群众是社会实践的主体。社区建设的主体是群众，社区建设的成败决定于群众广泛参与。社区建设的群众基础是指，支持社区工作、参与社区活动、关心社区事务的社区群体。这个社区群体

① 吴铎、丘士杰、李业甫：《中国大百科全书》（社会学卷），中国大百科全书出版社 1991 年版，第 361 页。

是以居住为基础、组织为纽带、活动为载体凝聚起来的。社区的群众基础是社区建设的力量源泉，是推动社区发展的内在力量，是决定社区建设进程的重要因素。从社区建设的对象看，不是指社区内的某一群体或几个群体，而是指社区内的所有群众。由此决定社区建设具有明显的群众性。随着科技进步、经济社会发展和人民群众生活水平的不断提高，人们生活方式、工作方式和就业方式的不断变化，居民群众对社区的归属感越来越强，对生活质量和社区服务的要求越来越高。社区建设需要根据群众不同层次需求，坚持以人为本，心系群众、服务群众。人民群众是创造历史的决定力量，能否做到以群众利益为根本，是社区建设成败的重要标准。

二、社区组织建设的含义

社区是街道工作的基础，也是构建和谐社会的基础。加强社区组织建设，是提升城市发展内涵的重要方面和实现社会繁荣和谐的重要途径。社区组织建设主要是社区党组织建设，同时包括社区居委会及其下属委员会（人民调解、治安保卫、公共卫生、计划生育、群众文化）建设和社区工、青、妇等群众团体的建设。社区社会管理主要是社区社会服务管理、社区流动人口管理、社区综治维稳、社区思想道德教育和社区文明、卫生创建活动等。

社区组织是以本社区为主的公民、法人和其他组织自愿组成，并在城乡社区地域范围内开展活动，满足居民多样化公共服务需求的非营利性社会组织。社区组织是由社区居民、驻区企事业单位成立或参加的，以满足社区居民不同需求为目的，以社区为主要活动范围的非营利性、公益性、服务性的社会团体或民办非企业单位。

社区组织是社区建设的重要力量。近年来，随着城市社区建设的不断推进，我国社区组织也取得了很大的发展，涌现了一大批自发组建的社区组织，如志愿者服务组织、公益互助组织和非营利性便民服务机构等民办非企业单位。这些社区组织在完善社区自治、加强社区管理、活跃社区文化、丰富业余生活、增强社区凝聚力、密切党群干群关系等方面起到了重要的作用。重视和加强社区组织的发展，有利于扩大社会主义基层民主、提高社区治理水平，有利于更好地解决当前形势下的就业、稳定等问题，有利于推动和谐社会的全面发展。

在整个社区建设过程中，社区组织建设是一个关键性的内容，也是社区功能发挥的主要用武之地。社区组织建设的目的：第一，重建居民共有生活空间，促进邻里间的交往和交流，强化邻里连带关系；第二，重建居民共有价值理念，凝聚全体居民，增强居民的社区认同。这两点也就构成城市和城市化社会中的社区建设的基本任务。从本质上来说，社区建设就是通过上述两个方面把独立的居民个体组织成现代型社区的过程，即社区组织化（community organization）的过程。如何加强社区的组织化问题：一方面，将社区力量组织起来实现它的服务于居民的目的；另一方面，通过社区服务来增强社区的组织化过程，巩固和发展基层社会的组织建设。社区组织化的核心内容是社区和谐，现代型社区需要和谐社区，和谐社区需要和谐家庭。所以，在社区组织建设构建现代型社区中，家事纠纷解决机制成为现代型和谐社区必不可少的内容。

社区组织建设是改善民生和创新社会管理的重要形式，是党的十八大报告强调的社会主义和谐社会建设的题中之义。家事纠纷的有效解决是社区组织建设的重要环节。

在社区组织建设中，重点培育发展社区服务、社会事务和社区维权类等社区组织。而社区家事纠纷解决机制的构建正是以服务社会、服务家庭、维护当事人合法权益为目的，建立孵化机制，为新组建的社区家事纠纷解决机制提供办公场所、办公设备、政策引导、资金援助、现场指导等支持，优先孵化基本型社区社会组织。完善政府购买服务机制，出台相关实施意见和配套政策，建立社区社会组织承接政府购买服务长效机制。强化人才能力建设，加大社区家事纠纷解决机制专业人员建设，加强与法学院校合作，建立社会组织人才资源合作共建基地，使专业人才培训、培养常态化、科学化。整合社会资源，搭建家事纠纷解决平台，发掘智力资源，提倡和调动相关专家学者与社区社会组织共建共营，参与社区家事纠纷解决服务。

实践证明社区在解决家事纠纷方面具有很重要的作用，要充分发挥社区对家事纠纷解决的作用，就要建立起相对完善的家事纠纷的社区解决机制，而这项工程的重中之重还是要建立起专门的解决纠纷的机构和完善社区调解的制度。

第三节　家庭

家庭是一个自然的社会系统。在这样一个系统里，个体与其他成员被有力的、持久而互惠的情感依恋和忠诚联结在一起。尽管成员之间的这种感情依恋和忠诚在不同时候于强度和心理距离上有所变化，但是仍然将维系到家庭的生命全程。

一、家庭的含义

家庭是由婚姻、血缘或收养关系所组成的社会生活的基本单位。对家庭含义本质的认识是从近代才开始的。马克思、恩格斯认为：“每日都在重新生产自己生命的人们开始生产另外一些人，即增殖。这就是夫妻之间的关系，父母和子女之间的关系，也就是家庭。”①奥地利心理学家弗洛伊德认为，家庭是“肉体生活同社会机体生活之间的联系环节”。美国社会学家伯吉斯和洛克在《家庭》（1953）一书中提出：“家庭是被婚姻、血缘或收养的纽带联合起来的人的群体，各人以其作为父母、夫妻或兄弟姐妹的社会身份相互作用和交往，创造一个共同的文化。”中国社会学家孙本文认为，家庭是夫妇子女等亲属所结合的团体。中国社会学家费孝通认为，家庭是父母子女形成的团体。

《中国大百科全书》（社会学卷）将家庭定义为：家庭是由婚姻、血缘或收养关系所组成的社会生活的基本单位。②台湾学者谢秀芬认为：“家庭的成立乃是基于婚姻、血缘和收养三种关系所构成，在相同的屋檐下共同生活，彼此互动，是意识、情感交流与互助的整合体。”③可见，连接家庭成员的纽带一般是婚姻和血缘，还有法律上的收养关系，以及以爱情或性为基础的同居关系。

从家庭法的角度，家庭有广义和狭义之分，广义的家庭是指人类进化的不同阶段上的各种家庭利益集团即家族（祖父母、外祖父母、姨婶、叔舅，外甥、侄儿女）；狭义的家庭则是指一夫一妻制构成的个体家庭（父亲、母亲和孩子）。从关系来说，家庭是由具有婚姻、血缘和收养关系的人们长期居住的共同群体。从功能来

---

① 中共中央马克思恩格斯列宁斯大林著作编译局：《马克思恩格斯全集》（第三卷）人民出版社2002年版，第32页。

② 中国大百科全书总编辑委员会《社会学》编辑委员会编：《中国大百科全书》（社会学卷），中国大百科全书出版社1991年版，第102页。

③ 谢秀芬：《家庭与家庭服务——家庭整体为中心的福利服务之研究》，台北五南图书出版公司1998年版，第1页。

说，家庭是具有儿童社会化、供养老人、性满足、经济合作等功能，是普遍意义上人类亲密关系的基本单位。从社会设置[①]来说，家庭是最基本的社会设置之一，是人类最基本、最重要的一种制度和群体形式。

二、家庭的类型

在我国常见的家庭类型主要包括以下六种：

（一）核心家庭

核心家庭，是指由已婚夫妇和未婚子女两代组成的家庭。核心家庭已成为我国主要的家庭类型。核心家庭的特点是人数少、结构简单，家庭内只有一个权力和活动中心，家庭成员间容易沟通、相处。

（二）主干家庭

主干家庭，又称直系家庭，是指由父母、有孩子的已婚子女三代人所组成的家庭。在我国，主干家庭曾为主要家庭类型，但随着社会的发展，此家庭类型已不再占主导地位。主干家庭特点是家庭内不仅有一个主要的权力和活动中心，还有一个权力和活动的次中心存在。

（三）联合家庭

联合家庭，是指包括父母、已婚子女、未婚子女、孙子女、曾孙子女等几代居住在一起的家庭。联合家庭的特点是人数多、结构

① 社会设置，是指组织起来满足一个社会基本需要的社会结构丛。

复杂，家庭内存在一个主要的权力和活动中心，几个权力和活动的次中心。

（四）单亲家庭

单亲家庭，是指由离异、丧偶或未婚的单身父亲或母亲及其子女或领养子女组成的家庭。单亲家庭的特点是人数少、结构简单，家庭内只有一个权力和活动中心，但可能会受其他关系的影响。此外，经济来源相对不足。

（五）重组家庭

重组家庭，是指夫妇双方至少有一人已经历过一次婚姻，并可有一个或多个前次婚姻的子女及夫妇重组后的共同子女。重组家庭的特点是人数相对较多、结构复杂。

（六）丁克家庭

丁克家庭，是指由夫妇两人组成的无子女家庭。目前，丁克家庭的数量在我国逐渐增多。丁克家庭的特点是人数少、结构简单。

三、核心家庭

目前核心家庭（nuclear family）已经成为我国家庭的主要形式，与之相对的就是大家庭（extended family）。核心家庭是由一对夫妻及其子女组成，并且共同居住在同一屋檐下的家庭。核心家庭中的子女，无论是亲生的还是收养的，在数量上并无限制。

美国人类学家乔治·彼得·默多克首先提出了核心家庭概念。他在1949年的《社会结构》一书中认为，从亲属关系着眼可把人类家庭分为核心家庭、复婚家庭、扩大家庭等三种基本单位，其中核心家庭是其他几种家庭形式赖以扩大的基本单位。核心家庭这一概念被人类学、社会学广泛使用。

按照默多克的观点，核心家庭所起的作用是其他集团不能起到的极为重要的作用。默多克把这些作用归纳为：一是，核心家庭满足性需要，减少导致家庭破裂的性竞争；二是，核心家庭保证妇女在其怀孕和哺乳期间受到保护；三是，核心家庭是濡化[①]的必要条件，只有在一起生活的成年男子和女子才有足够的知识使男孩子和女孩子濡化；四是，女子因其生育作用而具有某种行为特点，男女之间存在解剖学上和生理上的差别，因此男女分工更有利于生活。根据这种观点，核心家庭在异性性生活、生育、濡化和经济支持上起的有效作用超过其他任何制度。

核心家庭是社会学家研究家庭的一个重要方面。美国社会学家古德、伯吉斯（E. W，Burgess1886—1966）等人的研究指出，核心家庭占主导地位是现代社会的显著特征。帕森斯（T. Parsons）也曾经强调过核心家庭的重要性，他提出，孤立的核心家庭可能有利于满足工业化城市社会固有的职业流动和地域流动需要，满足儿童社会化和情感交流两大功能，适合现代工业城市生活。他还归纳出一个社会学命题：随着社会的现代化进程，核心家庭在各种结构形式家庭中的比例呈现上升趋势。尽管有许多社会学家提出了不同的意见，但一个可见的社会事实是：核心家庭已经成为现代社会主流的家庭结构形式，并且随着现代化的发展，家庭的核心化成为趋势。[②] 正如威廉古德所言：“无论在什么地方，工业化和都市化，

① 濡化：在特定文化中个体或群体继承和延续传统的过程，其本质意义是人的学习和教育。其含义包括：教化和学习、文化延续、族群自立。

② 张文霞、朱冬亮：《家庭社会工作》，社会科学文献出版社2005年版，第18页。

都会使家庭改变，扩大的亲属关系纽带被削弱了，血亲组织解体了，日益向夫妻家庭普及化的方向发展——就是说核心家庭是最为普遍的家庭形式”。[①] 目前，我国由于受快速实施的工业化、城镇化进程、社会流动加速以及计划生育政策的推行等各种因素的影响，人们的婚姻家庭观念也在相应地发生改变，家庭结构也日益小型化、核心化和多样化。

第四节　家庭关系

一、家庭关系的内涵

家庭关系，是指基于婚姻、血缘或法律拟制而形成的一定范围的亲属之间的权利和义务关系。家庭关系依据主体标准可以分为夫妻关系、父母与子女之间的关系和其他家庭成员之间的关系。

（一）夫妻关系

我国《婚姻法》规定夫妻在家庭中地位平等，其主要内容是：夫妻对于共同生活中的共同事务如住所、生活方式等拥有平等的决策权；夫妻拥有平等的姓名权、人身自由权和生育权；夫妻对共同财产拥有平等的所有权、管理权、用益处分权；对子女拥有平等的监护权。

夫妻关系依据是否具有直接财产内容可以分为夫妻人身关系和夫妻财产关系两种。

---

① ［美］威廉·J. 古德：《世界革命和家庭典型》，自由出版社 1963 年版，第6页。

1. 夫妻之间的人身关系

依据我国《婚姻法》的规定，夫妻之间的人身权利义务有以下几方面的内容：(1) 夫妻都有各自使用自己姓名的权利；(2) 夫妻都有生产、工作、学习和社会活动的自由，任何一方都不得对他方加以限制或干涉；(3) 夫妻都享有生育的权利。

2. 夫妻之间的财产关系

(1) 夫妻财产制。我国夫妻财产制是婚后所得共同制。夫妻在婚姻关系存续期间所得的下列财产，归夫妻共同所有，双方另有约定的除外：①工资、奖金；②生产、经营的收益；③知识产权的收益；④因继承或赠与所得的财产，但遗嘱或赠与合同中确定只归一方的财产除外；⑤其他共同财产。夫妻对共同所有的财产，有平等的处理权。

下列财产归夫妻个人所有，双方另有约定的除外：①一方的婚前财产；②因一方身体受到伤害获得的医疗费、残疾人生活补助费等费用；③遗嘱或赠与合同中确定只归一方的财产；④一方专用的生活用品；⑤其他应当归一方的财产。

夫妻共同财产制并不排斥夫妻就财产的归属另行约定。夫妻可以书面约定婚前财产以及婚姻关系存续期间的财产归共同所有或各自所有，或部分共同所有、部分各自所有。夫妻对财产的归属一经约定，任何一方不得擅自变更或解除。在夫妻对婚姻关系存续期间财产约定归各自所有且第三人知道该约定的，夫或妻一方对外所负的债务以夫或妻一方的财产清偿。

(2) 夫妻有互相扶养的义务。一方不履行扶养义务时，需要扶养的一方，有要求对方付给扶养费的权利。

(3) 夫妻作为第一顺序法定继承人相互享有继承权。

（二）父母与子女之间的关系

父母子女之间的关系，也称亲子关系，是指父母和子女之间的权利、义务关系。依据我国《婚姻法》的规定，父母子女关系可以分为婚生父母子女关系、非婚生父母子女关系、养父母养子女关系和继父母继子女关系四类。

1. 婚生父母子女之间的权利义务

依据我国《婚姻法》的规定，婚生父母子女之间的权利义务主要有：(1）父母对子女有抚养教育的义务。父母不履行抚养义务时，未成年的或不能独立生活的成年子女，有要求父母付给抚养费的权利。(2）子女对父母有赡养扶助的义务。子女不履行赡养义务时，无劳动能力的或生活困难的父母，有要求子女付给赡养费的权利。禁止溺婴、弃婴和其他残害婴儿的行为。(3）子女可以随父姓，可以随母姓。(4）父母有管教和保护未成年子女的权利和义务。在未成年子女对国家、集体或他人造成损害时，父母有承担民事责任的义务。(5）父母和子女有相互继承遗产的权利。(6）子女应当尊重父母的婚姻权利，不得干涉父母再婚以及婚后的生活。子女对父母的赡养义务，不因父母的婚姻关系变化而终止。

2. 非婚生父母子女之间的权利义务

(1）非婚生子女享有与婚生子女同等的权利，任何人不得加以危害和歧视；(2）非婚生子女的生父母，都应负担子女的生活费和教育费，直至子女能独立生活为止；(3）非婚生父母子女之间相互享有继承权。

3. 养父母和养子女间的权利和义务

依据《婚姻法》和《收养法》的有关规定，养父母和养子女之间的权利和义务主要有：(1）养父母子女之间的权利义务适用

《婚姻法》对婚生父母子女关系的有关规定，但对于养子女的姓氏，《收养法》规定可以随养父或养母的姓，经过协商同意可以保留原姓；（2）养子女和养父母的其他亲属之间的权利和义务适用《婚姻法》对子女和其他亲属之间权利义务的有关规定；（3）养子女和生父母间的权利和义务，因收养关系的成立而暂停，在收养关系解除后生父母与生子女之间的权利义务关系恢复。

4. 继父母与继子女之间的权利义务

（1）继父母与继子女之间，不得虐待或歧视；（2）继父或继母和受其抚养教育的继子女间的权利和义务，适用《婚姻法》对婚生父母子女关系的有关规定；（3）有扶养关系的继父母与继子女作为第一顺序继承人相互享有继承权。

（三）其他家庭成员之间的关系

其他家庭成员之间的关系，是指其他家庭成员之间的权利义务关系，包括祖孙之间的权利和义务与兄弟姐妹之间的权利和义务。

1. 祖孙之间的权利义务

（1）有负担能力的祖父母、外祖父母，对于父母已经死亡或父母无力抚养的未成年的孙子女、外孙子女，有抚养的义务；（2）有负担能力的孙子女、外孙子女，对于子女已经死亡或子女无力赡养的祖父母、外祖父母，有赡养的义务；（3）祖孙之间依据《继承法》的规定作为第二顺序继承人相互享有继承权。

2. 兄弟姐妹之间的权利义务

（1）有负担能力的兄、姐，对于父母已经死亡或父母无力抚养的未成年的弟、妹，有扶养的义务；（2）由兄、姐扶养长大的有负担能力的弟、妹，对于缺乏劳动能力又缺乏生活来源的兄、姐，有扶养的义务；（3）兄弟姐妹之间作为第二顺序继承人相互享有继承权。

二、家庭关系的核心

家庭的基本关系有两种：一是夫妻关系，二是亲子关系，两者构成了家庭结构的基础。其他关系，如祖父母（外祖父母）与孙子女（外孙子女）关系、兄弟姐妹关系、姑嫂关系以及婆媳关系等都是在此基础上派生出来的。

家庭是传递爱的载体，从父母传给孩子，再由孩子向下传递。家庭中居第一位的，不应是亲子关系，而是夫妻关系。对此，国内知名的心理学家曾奇峰形容说，夫妻关系是“家庭的定海神针”，在有公婆、夫妻和孩子的“三世同堂”的家庭中，如果坚守夫妻关系是家庭核心，拥有第一发言权，那么这个家庭就会稳如磐石。

由此可知，家庭关系的核心关系是法律认可的夫妻关系。任何一个家庭，都必须以夫妻关系作为这个家庭的轴心，脱离了这个轴心，这个家庭必然会出现各种问题。夫妻在结婚前，家庭的轴心是以各自父母的夫妻关系作为轴心的，这是核心的、占主导地位的关系，而父母与子女、子女与子女的关系都是从属的关系，在父母这个大家庭中不占主导地位。夫妻在结婚以后，家庭人际关系就发生了根本性的变化。这就是夫妻关系演变成这个家庭的核心的、占主导地位的关系，而与各自父母、姊妹的关系则演变成从属的关系了。许多人尤其是新婚夫妇不明白这个道理，仍然把自己与父母和姊妹之间的关系视为高于自己的夫妻关系，总觉得自己与父母和姊妹之间的关系神圣不可侵犯，对方侵犯了这种关系，我就和你急，因此吵架也就在所难免。

毋庸置疑，夫妻之间的核心关系，在家庭人际关系中具有十分重要的地位和作用。它能化解家庭中的绝大多数矛盾，譬如，当妻子与婆婆有矛盾时，丈夫应站在妻子的立场上对母亲做工作，就很容易化解婆媳之间的矛盾。因为丈夫和自己的母亲有着血缘关系，而这种血缘关系并不因母子之间的不和而消亡，矛盾再大，母亲仍然是母亲，儿子仍然是儿子，这是天然的血统关系使然。再譬如，当有了孩子后，夫妻各自与孩子的关系是从属关系，而不是核心关系。许多人也没弄清这个问题，宁愿满足孩子，也不怕得罪丈夫（或妻子），从而使家庭矛盾升级。尤其值得一提的是，把与孩子之间的关系视为高于夫妻关系，会使孩子的教育失败，从而反过来影响夫妻关系。

正确处理好家庭人际关系是一门永远学不完的学问，它不仅关系到自身家庭的稳定，也关系到与双方父母、姊妹和其他亲属的和谐相处。必须牢记，要想营造一个健康的家庭系统，使家庭幸福美满，必须将夫妻关系置于家庭中最重要的位置，必须永远把夫妻关系看成是核心的、占主导地位的、第一重要的关系。

三、家庭关系的特殊性

本书所指的家庭关系是存在于家庭成员之间的、为法律确认并赋予权利、义务内容的法律关系。它是一种民事法律关系，具有民事法律关系的一般特征，同时，基于婚姻家庭法律固有的特殊性，它又是一种特殊的民事法律关系，具有不同于其他民事法律关系的鲜明特点。家庭关系的特殊性主要表现在：

（一）主体的单一性和身份性

首先，自然人是家庭关系的唯一主体。一般的民事法律关系主体，包括自然人、法人、其他组织和作为特殊主体的国家。而在家庭法律关系中，主体只能是自然人而不能是其他。同时，一般民事领域中的“自然人”，不仅包括个体的公民，而且包括个体工商户、农村承包经营户和个人合伙，而家庭法领域中的自然人是严格意义上的个体自然人，不能做任何扩大的解释。诚然，家庭是一种社会细胞组织，但是，如果以家庭（或者是“户”）的形态作为主体从事民事法律行为，它所介入的就只能是一般的民事法律关系，而不是家庭法律关系本身。

其次，家庭关系的主体是具有特殊身份的自然人。即家庭关系只存在于特定的家庭成员之间，存在于具有特定“身份”的自然人之间。如夫妻关系只存在于配偶相互之间，亲子关系只存在于父母与子女之间。

在实际生活中，许多社会关系的主体也只能是自然人个人，比如同事关系、同学关系、朋友关系等。但家庭关系是法律关系，不同于一般的社会关系，它的主体必须具有特定的亲属身份。

家庭关系的主体只能是用法定的特殊纽带联结起来的自然人，这种纽带，一是结婚，二是生育，三是收养。所以，法律上的家庭关系是一种个体自然人之间的法定的特殊身份关系。

（二）人身关系具有主导性

从家庭关系发生的角度看，亲属关系的创设，绝不是为了追求直接的经济利益，与商品生产和交换具有完全不同的性质。结婚与卖淫，生育与畜牧、收养与雇工都有原则的区别。我国法律充分尊重和维护家庭关系的本质。在社会主义市场经济体制下，有商品市场、劳务市场和其他的服务性市场，但绝对不能开辟“婚姻市场”“亲属市场”，不能把婚姻家庭关系商业化。

从家庭关系的内容看，虽然它包括人身关系和财产关系两个方面，但是任何财产关系都派生于、服从于人身关系。没有特定的人身关系就不发生相应的财产关系，人身关系的变动导致财产关系的变动。婚姻家庭领域的财产关系往往具有“单务无偿”的特点，不具有“双务有偿性”，不适用等价有偿的原则。比如父母对子女的抚养义务和子女对父母的赡养义务，夫妻之间互相扶养的义务等，都是无条件的，不以索取经济上的回报为前提。

（三）人身关系的不可处分性

法律规定的家庭关系，有人身关系和财产关系，其中因血缘而形成的人身关系不能作为其主体处分的对象，任何人不能人为地加以解除，如即使父母子女之间发生冲突也不能宣告解除亲子关系，法院也绝不受理自然血亲关系的解除之诉。任何人不得通过个人行为而转让或放弃其作为家庭成员的身份。

（四）权利与义务的不可分割性、相对性和可转换性

法律赋予家庭成员之间的权利与义务是不能分离的，是统一的、完整的，任何人不得只享受其在家庭中的权利而拒绝履行法定的义务，也不得以放弃权利而不履行义务。

家庭关系的构成，必须有两个以上互相依存的自然人主体。这些主体之间的身份关系具有特定性，绝对不可互易与替代。正是由于不同的身份决定了各自的权利和义务，所以，婚姻家庭权利不同于民法中其他的人身权利。一般的人格权和身份权，比如姓名权、健康权、生命权、名誉权、荣誉权等都是绝对权，而在婚姻家庭领域中，夫妻、父母子女、祖父母（外祖父母）和孙子女（外孙子女）、兄弟姐妹的身份都是相对存在的，基于这些相对存在的身份关系而发生的一切权利都是相对权。这种相对性决

定了设定和履行权利义务时的互动性。在一组家庭关系中，一方的权利就是另一方的义务，比如未成年子女有受抚养教育的权利，他们的父母就有抚养教育未成年子女的义务；夫妻之间一方享有参加生产、劳动和社会活动的自由权，另一方就有尊重这种权利的义务。

同时，在特定的情形下，多数婚姻家庭财产权利和义务都带有单向性，即一方只享有权利而另一方只承担义务。这些权利义务关系不是固定不变的，权利人和义务人将会随着条件的变化而发生转换。比如，在抚养关系中，未成年子女是权利人，他们的父母是义务人；而当子女成年以后形成的赡养关系中，父母成为权利人而子女变成了义务人。再比如，夫妻一方可能因为特定的条件成为被扶养人，也可能因为条件的变化成为扶养人。

（五）本质上的鲜明伦理性

以两性的结合与生命的繁衍为基本特征的家庭关系，是人类社会最古老，也是最恒久的社会关系；夫妻、父母子女、兄弟姐妹一直被视为而且今后也必将是人伦之本。与之相适应的婚姻家庭组织，从本质上说是一种伦理实体。在法律对家庭关系加以调整的时候，绝对不能忽视它的以伦理组合为中心的基本特征。因此，任何时期的家庭法总是与当时占据统治地位的道德观念和为社会所承认的道德规范紧密联系在一起：许多最基本的道德准则成为立法的根据，大量的道德规范被法律所肯定。这是调整其他社会关系的任何法律所无法比拟的。

诚然，婚姻家庭道德具有历史性，总是与一定的生产力发展水平、社会经济、政治制度以及相应的生活方式相适应。正因为如此，许多古老的道德观念和道德规范已经陈旧落后，必定被新的时代所摒弃。同时，由于婚姻家庭基本性质的不可改变性和婚姻家庭观念的可传承性，许多婚姻家庭道德也具有民族性，成为优秀民族文化传统的一个有机组成部分。弘扬这些优秀的道德传统，赋予其与社会主义制度相适应的新内涵，正是我国精神文明建设的一项重要任务，也是我国社会主义家庭法制建设的一个重要方面。实际上，我国现行《婚姻法》不但充分体现了社会主义婚姻家庭道德的要求，而且已经将许多道德规范法律化。

强调家庭法律关系具有鲜明的伦理性，并不是将法律与道德完全混同。家庭法毕竟是人们从事婚姻家庭行为最基本的准绳，而道德往往反映更高的境界，因此，不少道德准则是游离于法律之外的。同时，道德往往偏重于人们对自己行为的约束，而家庭法则更多地注意从国家的角度确认和保护人们在婚姻家庭生活中的基本权利。因此，说婚姻家庭法律关系具有鲜明的伦理性，并不意味着婚姻家庭法的“伦理化”。

（六）客体的特定性

婚姻家庭法中的多数规范都是当事人必须遵行的强制规范，特别是在人身关系方面，权利义务是法定的，相关的客体也是法定的。有关的身份法律行为和它们所指向的对象，即婚姻家庭生活中的人身利益，完全由法律严格加以规定，当事人没有任何选择的余地。在财产关系中，一方面，有相当多的权利客体由法律明确限定，比如扶养人对被扶养人提供的必需的物质生活资料和其他扶养教育费用，不能低于实际的需求或者法定的标准；另一方面，夫妻财产关系具有一定的可选择性，但是一旦选定实行某种特定的财产制，其权利客体的范围仍然是确定的。在我国，如果双方没有约定而实行法定的婚后财产共同制，对于共有的和个人所有的财产都必须遵循有关的法律规则，依法正确行使权利；如果双方作出了财产约定，则必须按照约定的内容确认权利客体。

（七）身份的无时效性

家庭成员的身份不会因时间的效力而取得或丧失，父母与子女虽失散日久，但父母子女关系不会因此而消灭。①

第五节　家事纠纷

家事纠纷是最古老最典型的民事纠纷之一，在人类历史上家事纠纷总是与婚姻家庭一道产生，相伴而来。

一、家事纠纷的界定

所谓家事纠纷，亦称家事冲突、家庭冲突（纠纷）、家事事件等。关于家事纠纷的界定，目前，理论界并没有形成统一的范式，存在较大分歧。有人认为，家事纠纷，即婚姻家庭纠纷，其通常包括婚姻、亲子、收养、扶养、子女监护与探望以及其他家庭成员之间可由家事法律规范之纠纷。② 还有人认为，家事纠纷主要是在家庭成员之间发生的，关于离婚、亲子关系、继承、分割家庭财产等方面的纠纷，还有可能涉及家庭暴力、婚约、离婚后非监护方对子女的探望权、非婚生子女的权利保护问题等。③另有人认为，家事纠

① 汉英：《澳门家庭法》，澳门基金会 1996 年版，第 29 页。

② 来文彬：“家事调解制度研究”，西南政法大学 2010 年博士学位论文。

③ 孟慧：“家事纠纷解决机制研究”，中国政法大学 2008 年硕士学位论文。

纷是由家庭法所规定的影响家庭的成立、结束、家庭成员之间权利义务关系的事件，涉及婚姻、未婚同居、亲子关系确定、人工授精、生育限制、亲权、抚养、监护等案件。① 中国人民大学法学院范愉教授认为，“家事纠纷是指涉及婚姻家庭，包括离婚、亲子关系、继承、家庭财产等方面的纠纷”。② 台北地方家事法院彭南元法官把家事事件定义为“通常涉及家庭成员之身份及财产关系”的纠纷。③

以上家事纠纷的界定主要立足两个方面，一是家事纠纷的客体，即涉及婚姻家庭方面的纠纷；二是家事纠纷的主体，即家庭成员之间发生的纠纷。其争议在于，家庭成员的范围究竟有多大。亲缘关系是结成家庭的纽带，也是构建家事法和家事诉讼程序的基础。因此，家庭成员的范围即家事纠纷主体的范围虽然在一定程度上取决于现实家庭生活习惯，但在形式上则主要是由法律规定的亲缘或亲属的范围决定的。

在大陆法系国家通常亲属的范围是由亲属法或家庭法规定。我国现行法律体系中并无亲属法，也无家庭法。与亲属法或家庭法最相类似的是婚姻法、继承法和收养法，但我国的婚姻法、继承法和收养法并没有亲属范围的直接界定，也没有明确亲等的计算方法，常常使用的是“五代以内的旁系血亲”“三代以内旁系血亲”及“近亲属”之类的用语。如1950年《婚姻法》第5条第2款第1项规定的禁止结婚的范围是：直系血亲，或同胞的兄弟姊妹和同父异母或同母异父的兄弟姊妹。其他五代内的旁系血亲间禁止结婚的问

① 李学经：“家事审判程序研究”，西南政法大学2003年硕士学位论文。

② 范愉：《诉讼纠纷解决机制研究》中国人民大学出版社2000年版，第208页。

③ 彭南元：“让当事人转危为安——我国家事审判实务采用心理咨询服务成果之初探”，载《月旦法学》2003年第12期。

题，从习惯。1980年《婚姻法》第5条第2款第1项将禁止结婚的范围修改为："直系血亲和三代以内的旁系血亲。"2001年第九届全国人民代表大会常务委员会关于婚姻法的修正案保留了直系血亲和三代以内的旁系血亲禁止结婚的规定。

直系血亲是指具有直接血缘关系的亲属，即生育自己和自己所生育的上下各代亲属。包括从己身所出的直系长辈血亲和从己身所出的直系晚辈血亲。如父母与子女、祖父母与孙子女、外祖父母与外孙子女等。

旁系血亲是指彼此间具有间接血缘关系的亲属，即非直系血亲而在血缘上和自己同出一源的亲属。按照中国古代宗亲制度，有所谓九族宗亲的说法，九族宗亲包括直系血亲和旁系血亲。从直系血亲看，是由己身向上推至父母、祖父母、曾祖父母、高祖父母，向下推至子、孙、曾孙、玄孙，上下共九代；从旁系血亲看，是从己身向右推至兄弟、从父兄弟（堂兄弟）、再从兄弟（从祖兄弟）、三从兄弟（族兄弟），向左推至姊妹、从父姊妹（堂姊妹）、再从姊妹（从祖姊妹）、三从姊妹（族姊妹）。这样，以己身为中心，上下为九，左右为九，称为九族宗亲。

新中国成立后，有关司法解释在保持原宗亲亲属的同时，对宗法亲系制度进行了修改，主要是增加了母系亲属和后代女系亲属，并将与自己无血缘关系的亲属配偶排除在旁系血亲之外。1953年，最高人民法院、司法部《关于五代内的解释的复函》指出，据中央法制委员会1952年6月13日检字第77号及同年8月25日普字第206号的解释，所谓旁系血亲，是指直系血亲之外的血统上和自己出于同源之人，例如自己的叔伯、姑母、兄弟姊妹等。所谓"五代"，是指从己身往上数，己身为一代，父母为一代，祖父母为一代，曾祖父母为一代，高祖父母为一代，旁系血亲如从高祖父母同源而出的，即为五代以内。按照这一解释，五代以内的直系血亲向上要到高祖父母、外高祖父母，向下要至玄孙子女、外玄孙子女；旁系血亲要到族兄弟的范围。显然，据此如果将上述范围的直系血亲和旁系血亲均视为家庭成员，进而作为家事纠纷的主体是不切实际的。

我国1986年的《民法通则》第16条、第17条使用了近亲属的概念，但并没有具体规定其范围。《最高人民法院关于贯彻执行〈中华人民共和国民法通则〉若干问题的意见（试行）》（以下简称《民通意见》）第12条对此的解释是："民法通则中规定的近亲属，包括配偶、父母、子女、兄弟姐妹、祖父母、外祖父母、孙子女、外孙子女。"现行《婚姻法》第20条规定的夫妻之间的相互扶养的权利义务，第21条规定的父母与子女之间的抚养和赡养的权利义务，第28条规定的祖父母、外祖父母与孙子女、外孙子女之间于特殊情况下抚养和赡养的权利义务，第29条规定的兄弟姐妹之间于特殊情况下相互扶养的权利义务等，与《民法通则》及《民通意见》所规定的近亲属的范围是基本一致的。《继承法》第10条也把法定继承人的范围规定为配偶、父母、子女、兄弟姐妹、祖父母和外祖父母。

可见，将配偶、父母、子女、兄弟姐妹、祖父母、外祖父母、孙子女和外孙子女界定为家庭成员和家事纠纷的主体，是有充分法律根据且较合理。但这并不意味着家庭成员及家事纠纷的主体的范围仅仅局限于此，按照传统中国的亲属制度，亲属的范围除了直系血亲和旁系血亲外，还应当包括因为结婚而产生的姻亲。事实上，即便是在当代中国，儿媳与公婆、女婿与岳父母的关系在绝大多数家庭生活中都是客观存在的，有的还是维系家庭生活的关键性因素，尤其是在实行"一对夫妇只生一个孩子"生育政策情况下的中国更是如此。同时，《继承法》对此也作了明确回应，其第12条规定，丧偶儿媳对公婆，丧偶女婿对岳父岳母，尽了主要赡养义务的，作为第一顺序继承人。

基于我国家庭生活的现实和亲属制度的历史，我们可以把家事纠纷界定为：以血缘、婚姻家庭关系为基础的，发生在夫妻、子女、父母、兄弟姐妹、祖父母、外祖父母、孙子女、外孙子女以及儿媳与公婆、女婿与岳父母之间的民事纠纷。[①]

二、家事纠纷的范围

关于家事纠纷的范围，我国法律没有明确规定。从国外立法看，关于家事纠纷的范围主要有三种情形：

第一，最广泛意义上规定家事纠纷的范围，如德国、日本和我国台湾地区。《德国民事诉讼法》规定的家事纠纷主要包括：婚姻案件（离婚之诉、撤销婚姻之诉、确认婚姻成立或不成立之诉、同居之诉等）；亲子案件（确认子女关系存在或不存在之诉、否认对父亲身份的承认生效或不生效之诉、否认子女的亲生关系之诉、对父亲身份确认的否认之诉、确认当事人一方对另一方是否具有亲权之诉等）；抚养案件（变更抚养名义之诉和对非婚子女的经常抚养之诉）；同居案件（生活伴侣关系案件）；关于家庭的其

① 有学者认为，随着快速实施的工业化、城镇化进程，社会流动加速以及计划生育政策的继续推行等各种因素的影响，家庭结构已经从以前的祖孙四世同堂日益缩小为父母和子女的核心家庭，而核心家庭中的关系主要有夫妻关系、父母子女关系以及兄弟姐妹关系几种。参见张晓茹：《家事裁判制度研究》，中国法制出版社2011年版，第5页。在社会学上，这种看法是有道理的，但这与我国《民法通则》及其司法解释、《婚姻法》和《继承法》的规定并不一致，家事纠纷的主体至少不应当将祖父母、外祖父母、孙子女、外孙子女排除在外。

他纠纷案件。①

《日本家事审判法》和《人事诉讼程序法》规定的家事纠纷主要有：婚姻案件，主要包括婚姻无效或撤销之诉、离婚或撤销离婚之诉、协议离婚无效之诉、婚姻关系存否确认之诉；亲子关系案件，主要包括亲生子女的否认之诉、子女认领之诉、认领无效之诉、认领撤销之诉、确定父亲之诉、亲子关系存否确认之诉；收养关系案件，主要包括收养关系无效之诉、撤销收养之诉、解除收养或撤销解除收养无效之诉、收养关系存否确认之诉。

《日本家事审判法》将家事案件分为不经调解的案件（甲类案件）和须经调解的案件（乙类案件）。根据《日本家事审判法》第9条第1款规定，甲类审判案件包括：宣告或撤销禁治产案件、宣告或撤销失踪案件、选任监护人案件、认证遗嘱案件等无争议性的案件属于不经调解案件。而须经调解的乙类案件包括：夫妻同居、夫妻协助、婚姻费用的分担、离婚财产的分配、夫妻财产契约管理人的变更及夫妻共同财产的分配、指定祭祀财产的继承；与父母子女及亲属有关的亲权人的指定和变更、子女监护人的指定和变更、抚养费的请求；遗产分割、（生前）推定继承人的废除、取消等案件。②

我国台湾地区2012年1月11日最新公布的《家事事件法》第3条，将家事纠纷分为甲、乙、丙、丁、戊五类。

甲类事件包括：（1）确认婚姻无效、婚姻关系存在或不存在事件；（2）确定母亲再婚后所生子女生父事件；（3）确认亲子关系

① ［德］罗森贝克、施瓦布、戈特瓦尔德：《德国民事诉讼法》（下），李大雪译，中国法制出版社2007年版，第1257～1349页。

② ［日］中村英郎：《日本新民事诉讼法讲义》，陈刚等译，法律出版社2001年版，第15～16页。

存在或不存在事件；（4）确认收养关系存在或不存在事件。

乙类事件包括：（1）撤销婚姻事件；（2）离婚事件；（3）否认子女事件、认领子女事件；（4）撤销收养事件、撤销终止收养事件。

丙类事件包括：（1）因婚约无效、解除、撤销、违反婚约之损害赔偿、返还婚约赠与物事件；（2）因婚姻无效、撤销婚姻、离婚、婚姻消灭之损害赔偿事件；（3）夫妻财产之补偿、分配、分割、取回、返还及其他因夫妻财产关系所生请求事件；（4）因判决终止收养关系给予相当金额事件；（5）因监护所生损害赔偿事件；（6）因继承回复、遗产分割、特留份、遗赠、确认遗嘱真伪或其他继承关系所生请求事件。

丁类事件包括：（1）宣告死亡事件；（2）撤销死亡宣告事件；（3）失踪人财产管理事件；（4）监护或辅助宣告事件；（5）撤销监护或辅助宣告事件；（6）指定监护人事件、选任“台湾民法典”第1086条规定的特别代理人事件；（7）认可收养或终止收养、许可终止收养事件；（8）亲属事件；（9）抛弃继承、无人承认继承及其他继承事件；（10）指定遗嘱执行人事件；（11）儿童、少年或身心障碍者保护安置事件；（12）停止紧急安置或强制住院事件；（13）民事保护令事件。

戊类事件包括：（1）因婚姻无效、撤销或离婚之给予赡养费事件；（2）夫妻同居事件；（3）指定夫妻住所事件；（4）报告夫妻财产状况事件；（5）给付家庭生活费用事件；（6）宣告改用分别财产制事件；（7）变更子女姓氏事件；（8）指定对于未成年子女权利义务之行使负担事件；（9）交付子女事件；（10）宣告停止亲权或监护权及撤销其宣告事件；（11）监护人报告财产状况及监护人报酬事件；（12）扶养事件；（13）宣告终止收养关系事件。

第二，在相对广泛意义上规定家事纠纷的范围，如东德、希腊、奥地利等国，大多数情况下仅将婚姻案件、亲子案件和监护案件作为家事案件，其他案件则不视为家事案件。

第三，在狭义上规定家事纠纷的范围，如澳大利亚仅将婚姻案件作为家事案件的范围。

以上三种情况表明，国外家事纠纷均是以婚姻家庭关系为基础的，但具体范围的大小则主要取决于各国法制历史、自然成长的法律文化生态和持续进行的法律实践。从这种意义上来说，我们将国外任何一个国家对家事纠纷范围的立法规定，或者是综合所有这些国家的立法规定，搬移到我国都是不妥当的。要确定中国的家事纠纷的范围，笔者认为，应当主要考虑两个方面的因素：一是在质上必须具有家事纠纷的规定性，即必须是发生在夫妻、父母、子女、兄弟姐妹、祖父母、外祖父母、孙子女、外孙子女以及儿媳与公婆、女婿与岳父母之间的民事纠纷；二是在量上必须尊重我国传统法律文化和现实法律实践，透过现行的实体法、程序法及相关司法解释寻找具体的家事纠纷。

为了正确统一适用法律，方便当事人进行民事诉讼，方便法院对受理案件进行分类管理，进而确定各民事审判业务庭的管辖分工，提高民事案件司法统计的准确性和科学性，更好地为创新和加强民事审判管理，为人民法院司法决策服务，最高人民法院先后三次规定和公布民事案件的案由，最近一次是 2011 年。最高人民法院确定民事案件案由的根据可以概括为两个方面：一是现行的民事实体法和民事程序法的规定；二是人民法院民事审判工作的实际情况。这一确定根据与确定家事纠纷范围必须考虑的两个因素不谋而合。因此，我们不妨将最高人民法院公布的涉及婚姻家庭法律关系的案件范围视为家事纠纷的范围。

根据2011年最高人民法院发布的《民事案件案由规定》，家事纠纷的范围主要包括婚约财产纠纷、离婚纠纷、离婚后财产纠纷、离婚后损害赔偿责任纠纷、婚姻无效纠纷、撤销婚姻纠纷、夫妻财产约定纠纷、同居关系析产纠纷、同居关系子女抚养纠纷、抚养费纠纷、变更抚养关系纠纷、扶养费纠纷、变更扶养关系纠纷、赡养费纠纷、变更赡养关系纠纷、确认收养关系纠纷、解除收养关系纠纷、监护权纠纷、探望权纠纷、分家析产纠纷、转继承纠纷、代位继承纠纷、遗嘱继承纠纷、被继承人债务清偿纠纷、遗赠纠纷、遗赠扶养协议纠纷①、申请宣告公民失踪、申请撤销宣告失踪、申请为失踪人财产指定和变更代管人、失踪人债务支付纠纷、申请宣告公民死亡、申请撤销宣告公民死亡、被撤销死亡宣告人请求返还财产纠纷、申请宣告公民无民事行为能力、申请宣告公民限制民事行为能力、申请宣告公民恢复限制民事行为能力、申请宣告公民恢复完全民事行为能力、申请认定财产无主、申请撤销认定财产无主、申请确定监护人、申请变更监护人、申请撤销监护人资格等案件。② 此外，亲子关系案件也应当属于家事纠纷的范围。

当然，最高人民法院对民事案件案由的规定不可能完全囊括所有的实际发生的家事纠纷。随着时间的推移和社会的进步，新的家事纠纷还会不断出现。

---

① 2011年2月18日发布的《最高人民法院关于修改〈民事案件案由规定〉的决定》（法〔2011〕41号），对2007年10月29日最高人民法院审判委员会第1438次会议讨论通过《民事案件案由规定》第一次修正。第二部分：婚姻家庭、继承纠纷，第10～29条。

② 2011年2月18日发布的《最高人民法院关于修改〈民事案件案由规定〉的决定》（法〔2011〕41号），对2007年10月29日最高人民法院审判委员会第1438次会议讨论通过《民事案件案由规定》第一次修正。第十部分：适用特殊程序案件案由，第372～387条。

三、家事纠纷的特殊性

随着社会的不断发展，家事纠纷也呈现出不同的类型，要建立家事纠纷的社区解决机制，必须与时俱进深入研究家事纠纷本质特征，这样才能实现社区对构建和谐社会的作用。

（一）家事纠纷的身份性

家事纠纷可以说是家庭成员之间因身份或基于身份的财产关系而产生影响有关维持家庭成员之和睦、健全共同生活等纷争事件的统称。[①] 由此可见，家事纠纷发生于家庭成员之间，具有家庭成员的身份是家事纠纷产生的前提；而这样的“身份关系”是源于婚姻缔结、血缘以及收养关系成立等基础上的，这些关系共同外化于婚姻家庭这一物质外壳。

“特定的身份关系是家事纠纷之前提”，此“前提”为身份关系本身的“事实在先性”所决定；且这种“事实在先性”并非如梅因提出的“从身份到契约”运动而消亡，即身份关系的“存在永恒性”。换言之，“身份性存在”而非“契约性存在”，是家事纠纷的根本性质。

1. 身份关系的“事实在先性”。无可厚非，不论是婚姻、亲情或拟制血缘关系，还是其他的亲属关系，以婚姻缔结为基础的“家庭”正是这些关系“事实在先性”的基础。萨维尼提出，家庭制度是建立在一个以自然习惯关系为基础的法律前事实，而且这个事实是由人类自然决定的。人之身份关系，详言之就是人与人之间有

① ［日］山本户克己：《家事审判》，东京弘文堂1957年版，第83页。

何关系，其内容效力如何（何种情形始可谓夫妻、亲子、亲属、家属等），大多数都是以社会风俗习惯为基础，法律仅仅对极个别身份关系进行了规定，以维持并发展这种身份关系。此性质可谓“事实在先”，换言之，先有身份关系，而后法律之确定，而并非是先有法律后成立身份关系，身份行为亦仅具“宣言的性质”而已。[①] 史尚宽先生也认为，身份法自带习俗性——事实即已存在，唯待正式行为之补充。换言之，身份关系的“事实在先性”，即先有身份事实的存在，然后才出现法律之规定。法律只对已经存在的身份事实，以自然血统或社会习俗为基础，并以人类应有的生活尊严、秩序或法律作出评价是否承认或应当如何维护这样的身份关系。

2. 身份关系的“存在永恒性”。“事实在先”的身份关系是一直存在的。梅因曾经提到，所有社会的运动都是一个从身份到契约的运动过程。可能后来者以此为根据，将现代社会看作一元化的“契约论”而否定身份关系的特殊性存在。

“身份”最终不可能变成“契约”，亲属身份这一本质的社会结合关系必定会永远的存在。到目前为止，没有一个社会可以达到不需要以亲属关系为基础的社会关系。

（二）家事纠纷的情感性

家庭成员天性应该是相爱的，一旦发生冲突，当事人一般都从自身的利益和观点出发，认为自己是爱的付出者，是无辜的受害人，而把对方看做是家庭生活的妨碍者或加害人，将对方行为理解为恶意。现实中，如果家事纠纷的当事人通过诉讼解决纠纷，现有

---

① 戴炎辉、戴东雄：《亲属法》（修订版），台北顺庆文化事业有限公司2002年版，第5页。

的诉讼程序要求当事人积极举证证明其主张的事实，这使得在诉讼中，纠纷一方当事人往往极力控诉对方不是，有些甚至无中生有，以达到其诉讼目的，这使得原本并不激烈的矛盾尖锐化，甚至可能引发其他恶性纠纷。所以，家事纠纷的情感性特征，决定了家事纠纷不适合采取对抗式的诉讼，它容易激化家庭矛盾。

（三）家事纠纷的牵连性

家事纠纷并非是两个人之间的纠纷，在法律程序上可能只有原告、被告，但在纠纷的背后还隐藏着很多其他利害关系人，不仅造成两者之间的关系紧张，对父母、子女等亲属也造成了不利的影响，对子女的影响尤为深刻。以离婚讼争为例，形式上的夫妻争论，实际却牵扯着两个家族的纷争，由于父母离异、家庭分裂，不免对孩子的精神平衡造成重大伤害并破坏其归属感，令心理健康与认同感遭到不利影响。① 离婚对夫妻双方固然是一大不幸，“但最大打击莫过无辜子女，沦为自私父母意气用事下的受害者，且所受打击是永久的，其不幸远远超过父母。”② 所以离婚纠纷往往涉及妇女权益、未成年人利益及老年人权益保护；继承纠纷往往牵动一系列家庭成员关系，有时甚至涉及家庭成员以外的其他利害关系人利益。

总之，家事纠纷作为一种特殊的纠纷类型，当婚姻家庭中发生纠纷时往往会对纠纷当事人以外的其他家庭成员的财产、地位产生直接或间接的影响，即一旦这种关系发生纠纷，其主体的权益与其他家庭成员的利益有着极为密切的牵连性。

---

① ［美］E·博登海默：《法理学·法律哲学与法律方法》，邓正来译，中国政法大学出版社2004年版，第318页。

② 林秀雄：《婚姻家庭法之研究》，中国政法大学出版社2001年版，第88页。

（四）家事纠纷的隐秘性

家事事件常常涉及当事人间极其隐秘的事情，家庭内部纷争自然更不愿被外人知晓。如婚姻事件，牵涉夫妻生活细节，其间微妙即使本人也常难以言表；又如子女认领等亲子关系事件，因血统传承与牵连多有难以对外明言的苦衷；再如继承事件，也可能出现原来家庭外的法定继承人的情况（如事实上之夫或妻等）。加上受“家丑不外扬”的传统影响，家事纠纷发生后当事人都不愿意让外人知道自己家里有了矛盾，基本上都是先尽量自己内部解决，很多小的矛盾一般家庭内部就可以化解，但是当较大的矛盾发生，家庭内部无法解决，此时就不得不请第三人出面，有时甚至对簿公堂，但是即便到了这种地步，当事人也不愿将家里的矛盾公之于众。在这样相对隐秘的环境下，经过第三人调解，纠纷还有可能和平解决。一旦纠纷公开，当事人感觉颜面无存，矛盾很容易被激化，在这种非常冲动的情绪作用下，当事人往往会走极端，更不利于纠纷的解决。

更进一步说，公民的隐私受宪法和法律保护。为保护人性尊严，在应对家事事件时应当有妥当的隐秘性保护程序，避免当事人由于顾虑到家庭秘密泄露而对处理家事纷争的工作失去信任。也正因为如此，世界各国对此类纠纷一般都采取诉讼外解决或不公开审理的方式，有的国家甚至设置专门的非诉讼家事纠纷解决机制或成立专门的家事审判机构对此类案件进行审理。

（五）婚姻家庭的伦理性

坚实的伦理基础是婚姻家庭和谐不可缺少的基本条件。婚姻家庭是最现实、最直接的伦理实体和伦理关系，家庭成员之间的关系，隐含着尊卑长幼之间的关系。一个时代有一个时代的伦理，在古代封建社会的中国，三纲五常作为伦理道德，是一个封建的伦理。我们现在的婚姻家庭所包含的伦理道德，应该是我们新时代的伦理，是不同于封建婚姻家庭伦理的。如现代婚姻伦理的基本要求：把爱情作为婚姻的基础（本质）、婚姻自由、一夫一妻制、男女双方权利和义务平等、遵守两性道德等。婚姻家庭伦理的基本规范包括尊老爱幼、男女平等、夫妻和睦、勤俭持家、邻里团结等。

家庭是“摆脱夫妻任性的伦理实体”。① 婚姻家庭是一个多人在一起协作的一个基于社会秩序的组织，不是一般的人身财产关系。离婚的结果大多是家庭分散，即使从法律的角度来看，孩子们和他们的财产，也不能由他们父母武断的决定所处理。社会伦理性的重要功能和社会关系的客观物质性决定了解除婚姻关系不仅意味着夫妻关系的解除，被解除的还包括家庭关系。因此，时刻记住，婚姻不仅仅是两个人的幸福，而且也关系着整个家庭的幸福。正确认识婚姻家庭伦理性，有利于调节家庭关系、培养良好的个人道德、促进社会和谐发展。

（六）家事纠纷的社会性

家庭是社会的细胞，是社会稳定的基础，是一国社会秩序的重要组成部分，婚姻家庭的和谐对构建和谐社会有着至关重要的作用。如果此类纠纷产生后由个人依照自己的方式自主解决，势必会引发一些严重的家庭危机或社会问题。如儿女的抚养教育、非婚生子女的利益以及妇女、儿童、老人等弱势群体的合法权益保障等问题，这些不仅与每个家庭有关，更关系到社会的稳定、民族的希

① 杨怀英：《中国婚姻法论》，重庆出版社 1989 年版，第 48～61 页。

望、国家的未来。所以，社会秩序的稳定在一定程度上取决于家庭的和睦相处。

在现代社会中，不论是有无意愿或有无意识，都无法否认个人及家庭受到社会、国家、经济、全球化等因素的直接或间接影响，没有家庭，文明就不会产生，社会就不会进步。

而目前在世界范围内，家庭被界定为社会秩序稳定的重要因素，因为不管社会如何复杂，不可否认的是个人或家庭生活绝不可能与其他人或社会之间毫无牵连。因此，世界各国都将婚姻家庭关系视为重要的社会关系，对家事纠纷都采取谨慎的态度予以对待。故在家事纠纷处理上，应该采取有别于其他民事纠纷的处理程序，非诉讼解决机制就是较好的选择。

另外，对家事纠纷的特殊性，国外学者也有不同的概括，特别是日本很多学者对家事纠纷有着深刻的分析和独特的见解。日本学者高野耕一先生通过研究发现，家事纠纷与通常民事纠纷相比有以下几个重要的特征：第一，引起家事纠纷的原因复杂，不能轻易地探明；第二，家事纠纷的过程时时刻刻在流动，对它的变化无法预先判断；第三，解决家事纠纷的方法和途径多种多样；第四，家事纠纷的处理，结果往往伴随着家事纠纷的拖沓、复杂和呈现出的困难态势，而出现当事人不予执行的情况。① 日本学者我妻荣先生将家事纠纷的特征概括为财产关系的合理性和身份关系的非合理性。他认为，财产关系是合理的关系，可以用合理的一般的解决基准来对待，而身份关系是非合理的关系，家事纠纷的基础就是身份关系，其背后潜藏着复杂的人际关系。表面上看，有财产分割、精神安慰费、养育费等支付金钱的请求，其根本则是夫妻间、亲属间情

---

① ［日］高野耕一："家事调停中裁判官的责任"，载《案例》第71号。

感上、心理上的纠葛，即埋藏着的非合理要素。因此，为了合理地解决表面上的法律纠纷，有必要先解决这些非合理的要素。显然，对待非合理的关系，适用合理的一般基准是不适当的。① 由于家事纠纷的身份性质与公益性质，决定了它不能采用处理财产纠纷的办法去解决亲属与家庭之间的争议。

总之，研究家事纠纷的特殊性，我们可以得知，家事纠纷双方不是契约关系，而是基于血缘或者婚姻形成的身份关系。因而家事纠纷不可能像其他财产纠纷那样对公平、正义有强烈的需求，其更加注重消除隔阂、恢复感情，故明辨是非的对抗式诉讼原则与多变的感情关系有时并不同步。这主要源于财产关系诉讼和家事关系诉讼价值取向的相异性，家事纠纷多涉及家庭成员之间的感情、亲情等因素，不宜用简单的契约关系及其诉讼调整方式来解决，也不能简单地以权威性的裁判“分辨是非”来进行处理，而应当把促成当事人之间恢复感情、消除对立、实现和解，作为纠纷解决的根本目标和价值取向，它并不追求家事成员间简单的所谓“平等”，而更多的是促成彼此的接受与容纳。所以，家事纠纷解决机制的设立必须符合其纠纷的特点，具有针对性，才能更好地解决纠纷，实现家庭的和睦。

① 李青：“中日家事调停的比较研究”，载《比较法研究》2003 年第 1 期。

第二章　构建社区家事纠纷解决机制的依据

家事纠纷当事人之间存在着特殊的身份或血缘关系，争议的内容不仅仅是法律上的权利、义务关系，而且还涉及更深层次的感情、心理等复杂因素。同时，家庭是社会的基本构成要素，家庭关系的稳定是社会安定的基础，家事纠纷如果得不到及时合理的解决，往往会酿成个人、家庭甚至社会的悲剧，转化为暴力事件，对社会造成威胁。因此，国家都将婚姻家庭关系视为一种最重要的社会关系和法律关系，在处理此类纠纷时往往持慎重保守的态度，并且干预较多。

第一节　家事纠纷解决的特殊性

一、家事纠纷解决不能简单地用财产、契约纠纷之自治性程序来解决

一方面，从本质上说，婚姻家庭是一种社会行为。

社会之所以要有婚姻，还要建立家庭，并用法律来保护它，用伦理来规范它，是因为要用家庭来承担和完成一系列责任，发挥重要的功能，如生育和抚育功能等。因此，在婚姻家庭关系中包括了多方面的利益，它是个人利益、社会利益、公共利益、国家利益的交织，家庭是社会的细胞，家庭组织从来就是更广阔的社会集团的简单缩影。家庭是国家和个人之间的媒介，国家和当事人双方都渴望在家庭中找到自身。这表明，婚姻家事纠纷的解决关系到公共利益、社会利益，所以能否找到适合的解决家事纠纷的方式及能否正确解决婚姻家事纠纷是关系整个社会稳定的重要因素。

另一方面，家事纠纷的争议标的主要是家庭身份关系或与身份有关的财产关系，它与一般民事纠纷的财产关系相比具有公益性。财产关系纠纷，本质上是一种私权纠纷，多数属于陌生人的争议，具有较强的诉争性。这类纠纷与一般社会公益或国家利益无关，仅涉及当事人双方的个人利益。而家事纠纷表面上看，似乎属于私人之间的争执，但实质上它不仅涉及个人之间的利益，更与国家和社会的利益紧密相连，带有浓厚的公益色彩，其内容不允许当事人自由处分。对身份关系的案件，不实行“意思自治”的原则，当事人也不得随意处分自己的身份权。相应地，家事纠纷的解决便不能简单地用财产、契约纠纷之自治性程序来解决。

二、家事纠纷解决不仅遵循现行的实体法规范，还应适当引用道德、风俗习惯等特殊规范

家事纠纷的当事人存在亲属法上的身份关系，它不仅具有公益性，而且具有浓厚的伦理道德性。因为亲属法上的身份关系，包括夫妻、亲子及家长亲属关系，它们在伦理秩序上即已存在，并非由法律赋予才发生。所以解决此类纠纷不仅要遵循现行的实体法规

范，还要适当引用诸如道德、民族或地方风俗、习惯等特殊规范。由于婚姻家庭关系不同于契约式关系和财产关系，不能简单地以权威性的裁判“分清是非”进行处理，而必须把促成恢复感情、消除对立、实现和解、维持身份关系作为纠纷解决的根本目标和价值取向。

三、家事纠纷解决应将恢复感情、消除对立、实现和解作为纠纷解决的根本目标和价值取向

家事纠纷是人们基于婚姻、血缘或收养而形成的家庭成员之间在行使权利或履行义务过程中引起的纠纷或矛盾。它是基于一定的亲情、情感、身份产生的财产纠纷或人身纠纷，争议的内容不仅仅是法律上的权利、义务关系，而且还涉及更深层次的感情、心理等复杂的非理性因素。

从当事人角度看，当事人往往处在矛盾之中。当事人内心都希望既能解决纠纷，保护自己的合法权益，又不伤和气、不撕破脸面，以便日后能长期相处。因此，当事人大多具有和解、调解的愿望。和解、调解更有助于化解矛盾，取得判决难以比拟的法律效果和社会效果。

从纠纷解决方式上看，一般财产纠纷中当事人对公平、正义有强烈的需求，而家事纠纷双方当事人相互对抗的地位不如普通民事诉讼那么强烈，因此既不宜用简单的契约关系及其调整方式来解决，也不能简单地以权威性的裁判“分辨是非”来进行处理，而必须把促成当事人之间恢复感情、消除隔阂、消除对立、实现和解作为纠纷解决的根本目标和价值取向。家事纠纷解决目的并不在于对双方纷争作出一个孰是孰非的明确判断，也不追求家庭成员间简单的所谓“平等”，而是在于为纠纷当事人寻找一条和谐共处的途径，

找到一个能和平解决矛盾的平衡点，更多的是促成彼此的接受与容纳，在不影响双方当事人感情的基础上解决纠纷。所以，对抗式解决程序对家事纠纷来说是不适当的，是一种拙劣的方式。社区家事纠纷解决机制与诉讼相比较，有利于恢复感情、消除隔阂，实现和解。

日本学者我妻荣先生将家事纠纷的特征概括为“财产关系的合理性和身份关系的非合理性”。他认为，“财产关系是合理的关系，可以用合理的一般的解决基准来对待，而身份关系是非合理的关系，家事纠纷的基础就是身份关系，其背后潜藏着复杂的人际关系。表面上看，有财产分割、精神安慰费、养育费等支付金钱的请求，其根本则是夫妻间、亲族间情感上、心理上的纠葛，即埋藏着的非合理因素。因此，为了合理地解决表面上的法律纠纷，有必要先解决这些非合理的要素。显然，对待非合理的关系，适用合理的一般基准是不适当的。”①

我国有学者把家事纠纷归类于人格型纠纷。“人格型纠纷，是指与人格关联的纠纷，如婚姻、抚养、分家析产等纠纷，这类纠纷具有相当的感情特征，由于不仅有权利、义务性，还有亲属性、血缘性，所以在纠纷的处理上，除了依法处理外，充分尊重当事人的意愿，进行多方面的说服等是必须的。”②

由此可见，由于家事纠纷的当事人之间存在着某种血缘或感情的联系，使得当事人和好的可能性较大，成为家事纠纷解决的显著特点之一，这一特点为社区家事纠纷调解、和解等以“柔性”见长的纠纷解决机制提供了运作空间。另外，由于家中的权利与义务关

---

① ［日］我妻荣：“家事调停序论”，载《家族法的诸问题（穗积先生追悼论文集）》，有斐阁昭和 27 年第 1 版。

② 刘荣军：《程序保障的理论视角》，法律出版社 1999 年版，第 29 页。

系表现得相对复杂，不能简单地作出是非分明的处理，而必须把促成当事人之间恢复感情、消除对立、实现和解作为纠纷解决的根本目标和价值取向。而社区家事纠纷解决机制的设立正是针对家事纠纷的特点，注重家事纠纷的预防和和解，将亲情、感情的维护及实现家庭的和睦作为其最终目标。

四、家事纠纷影响社会的稳定、和谐，解决家事纠纷体现社会公益性

“家事纠纷尽管表面上纯属私人间的问题，但实质上与国家、社会的根本利益息息相关。因为家庭是社会的基本构成要素，家庭关系的稳定是社会安定的基础，家事纠纷如果得不到及时合理的解决，往往会酿成个人、家庭甚至社会的悲剧，转化为暴力的私力救济甚至复仇，对社会造成威胁。因此，国家都将婚姻家庭关系视为一种最重要的社会关系和法律关系，在处理此类纠纷时往往持慎重保守的态度，并且干预较多。”①

合理解决家事纠纷中的社会公益主要体现在哪里？庞德认为，社会公益在家庭中体现为家庭体制的安全，它属于社会体制中的社会利益。家庭体制安全的维护需要防止和消除有害于家庭关系和婚姻安全的行为。② 这里的“家庭体制安全的维护需要防止”就体现在非诉讼社区家事纠纷解决机制中的预防，这里的“家庭体制安全的维护需要消除”就体现在非诉讼社区家事纠纷解决机制中的调解，即对家庭关系的确认与修复。

此外，家事纠纷中往往涉及妇女、儿童、老年人及非婚生子女

① 张乃根：《西方法哲学史纲》，中国政法大学出版社 1997 年修订版，第 302 页。

② 范愉：《非诉讼纠纷解决机制研究》，人民大学出版社 2000 年版，第 208 ~ 209 页。

的权益保护问题，这属于社会利益和弱者权益保护范畴，需要国家或社会给予特殊方式加以保护，必须由国家或社会承担责任。近年来，世界各国都比较重视妇女、儿童和老年人权益的保护，比如，联合国人权委员会在它的两项一般评论中均将“儿童的首要利益”作为解决婚姻案件的准则。[①] 更重要的是，这一原则不仅得到了国际社会的普遍接受，并且在解决有关儿童问题时，该原则被作为解决相关法律条文的依据。[②] 为了应对家庭暴力，目前全世界有40多个国家制定了专门的家庭暴力法。依据专门立法，相关救助包括免受暴力和暴力威胁的保护、对受害女性安全的保护、对受害子女和财产的保护，以及帮助受害人继续自己的生活不再受进一步破坏的援助。[③] 这些都体现了家事纠纷的社会性，家事纠纷需要国家和社会重视，需要成立专门的非诉讼社区家事纠纷解决机构，将家事纠纷及早预防和和解在萌芽状态。

五、家事纠纷发生在亲属之间，解决人员构成具有多样化

家事纠纷解决的目的并不是裁断当事人谁是谁非的问题，也不是单纯得到一个“非黑即白”的结果，而是用“温情”融化纠纷当事人内心的“积雪”，在不伤害彼此感情的前提下解决双方的矛盾，所以常常通过在当事人心里有地位、有能力、熟悉的人进行调解、斡旋，可以充分发挥当事人自主解决纠纷的积极性，为双方搭

---

① General Comment No. 17（35）, Report of the Human Rights committee, UN doc A/44/40（1989）, Annex VI, para6; and General Comment No. 19（39）, Report of the Human Rights committee, UN doc A/45/40（1990）, Annex VI, para 6.

② 王雪梅：“儿童权利保护的‘最大利益原则’研究（上）”，载《环球法律评论》2002年冬季号。

③ 黄列：“家庭暴力：从国际到国内的应对（下）”，载《环球法律评论》2002年夏季号。

建一个重新认识、自我反省的平台。在诉讼中，法官可以加大调解力度，对双方当事人晓之以理动之以情，必要时也可以邀请社会学、心理学、医学等方面的专家予以配合和支持；在社会上，可以调动人民调解力量，发挥行政调解作用，如人民调解委员会、妇联、居民委员会、乡镇政府、村民委员会等都可以成为家事纠纷的解决者，由此也形成了家事纠纷解决人员构成的多元化。

第二节　社区在家事纠纷解决中的独特优势

社区是若干社会群体或社会组织聚集在某一个区域里所形成的一个生活上相互关联的大集体，是人们社会生活的共同体和家庭居住的基本平台。社区作为社会的基本单元，是我国行政体系中最基层的准行政机构和群众组织，是居民群众生活的主要空间，是政府与群众、政府与社会、政府与家庭接触最密切的组织，也是政府基层管理、服务群众、开展各项社会工作的平台。它为居住在一定固定区域群体范围内的居民，提供各项生活服务，是平安社区、和谐社区、和谐家庭、和谐社会建设不可缺少的一支力量，起着一种媒介桥梁作用。社区和谐是社会和谐的基础。加强社会管理的重心在社区，改善民生的依托在社区，维护稳定的根基也在社区。

随着我国改革开放的逐渐深入，国内经济、社会形势发生着深刻的变化，我国的城市社区管理也伴随着市场经济的发展而需要新的管理模式。新的管理模式的首要特点就是由单位的附属性向社区参与、社区自治方向的转变。

目前随着经济的发展，家庭的富裕，家庭结构的变化，家事纠纷频发，且难以彻底解决。社区组织作为最基层，又是与群众和家庭接触最为密切的组织，是家事纠纷发现和解决的第一平台。家事纠纷一旦产生，社区就近、快捷将家庭纠纷遏制在萌芽状态，以避免纠纷的进一步升级、恶化，既便民，又增效。因此，社区必然成为适合解决此类纠纷的主要承担者。

在社区构建家事纠纷解决机制，可以维护当事人之间的情感纽带、消除和化解矛盾、实现和解，从而稳定和密织社会防患体系，加强对社情民意和家庭关系的正确引导，减少社会对抗，弥合各利益力量的分歧，进而促进社会和谐。

在“构建平安社区，和谐社会”的今天，家庭作为社区的基本构成要素，其关系的稳定是和谐社会的基石，而家事纠纷在得不到及时合理解决的情况下，定会助长“家庭暴力”等恶性社会事件，危害社会安定。可见，社区家事纠纷解决机制的设立在社区和谐家庭的构建中必然发挥着不可忽视的作用。

第三节　社区组织建设的良好环境

一个社区所面临的问题，往往是更大社会范围内问题的具体表现。从一定意义上说，社区研究是研究整个社会的起点。因而，社区组织建设的研究，有助于发现和解决更广泛的社会问题。

社区组织建设是由政府推动的社会体制改革，使政府从权力、责任、利益中脱离出来，通过培育社区组织，形成政府与社区组织共同服务和管理社区的形式。社区建设和管理已成为我国当前城市建设和管理的基础工作。加强社区组织建设、设立家事纠纷调解机构，能够完善社区组织功能，创新社会管理。

党的十七大为社区建设指明了方向，把管理有序、服务完善、文明祥和作为社区建设的目标。社区建设是指在党和政府的领导下，依靠社区力量，利用社区资源，强化社区功能，解决社区问题，促进社区政治、经济、文化、环境协调和健康发展，不断提高社区成员生活水平和生活质量的过程。社区建设的内容包括社区服务、社区组织、社区文化、社区治安、社区卫生、社区环境等。社区组织建设是社区建设的核心和基础，因为社区的全面发展是以社区组织为依托，通过社区组织来实现的，社区组织建设的发展决定着社区服务、社区治安、社区文化、社区环境等的发展。

社区组织建设主要包括社区党组织、社区自治组织和社区中介组织建设。社区党组织建设是社区事业的领导核心，社区居委会和非营利组织是社区建设工作的主要承担者。家事纠纷作为最常见，并且最难彻底解决的纠纷之一。社区组织是最基层，与群众接触最为密切的组织，必然成为适合解决此类纠纷的主要承担者，建立完善的社区解决机制对解决家事纠纷具有重大的意义。

社区组织建设是改善民生和创新社会管理的重要形式，是党的十八大报告强调的社会主义和谐社会建设的题中之义。家事纠纷的有效解决是社区组织建设的关键环节。在社区组织建设中，我们发现了能反映、维护自身利益的有效组织途径，而政府则找到了与社会组织及个体市民的整合点。

第三章　我国家事纠纷解决机制的历史考察

第一节　古代家事纠纷解决机制的考察

一、家事纠纷解决机制的萌芽

我国家事纠纷的解决制度萌芽于原始社会末期。原始社会后期，随着生产力发展、私有制的出现，婚姻状态也由对偶婚向个体婚逐步过渡，父权制下私有财产的继承制度构成了一夫一妻制产生的直接诱因，[①] 由此家庭关系也相对确定。随着生育、财产分配与继承、家庭中尊长与子女利益关系等问题的出现，婚姻家庭内部的纠纷随之出现并需要得到解决，所以，在奴隶社会中，解决家事纠纷成为统治者管理社会、维持社会秩序的重要内容。当时婚姻、家庭与氏族部落息息相关，氏族部

① 王明霞：《婚姻家庭法》，中国政法大学出版社 2008 年版，第 13 页。

落内部的礼制、习俗也渐渐地成为调整氏族之间、氏族内部人们之间的争端和纠纷的方式之一。

商周时期，统治者对家事纠纷的认识，首先是从维护宗法等级秩序的观念出发，强调礼的作用来实现对家庭成员的家庭地位、社会地位的确认，借以缓解家庭矛盾的发生。如西周时期就是通过“六礼”“七出”“三不去”这些婚姻关系中的礼制规范，将宗法制所需要的一夫一妻制牢牢地确立，将婚姻关系中的妻妾及子女的地位等级规定得泾渭分明；通过将“兄终弟及”与“父死子继”并行的继承制演化为嫡长子继承的单一继承方式，将因权位、财产继承而导致的纠纷事先固化出一种解决方式。为此，周代在地方官吏中就设立了“司万民之难而谐和之”的“调人”，使得“调人”成为包括家事纠纷在内的民事纠纷的调解官员。

孔子为鲁国司寇时，竭力提倡以调解的方式解决家事纠纷。《孔子家语（卷一）·相鲁》中记载：“有父子讼者，夫子同狴（bì，监狱）执之，狴狱牢也三月不别，其父请止，夫子赦之焉。”① 孔子“无讼”观念在行政司法合一的农业文明社会中，最主要的作用是调解国民争讼、特别是家族内的争讼，以求家庭成员之间、君臣之间秩序的和谐。但它客观上压抑了家庭中弱势个体的权利，加剧了家庭成员地位和社会不平等关系的稳固。

秦朝时期，地方基层乡中设有“三老”，即农老、工老、商老，掌管道德教化，调处民间纷争。法律规定，家庭内部将子女盗窃父母财产、父母擅自杀死子女或父母对子女施加肉刑、髡刑等行为规定为“非公室告”案件，不得向官府告发，即使纠纷当事人坚持向

① 本段话的大意为：有一位父亲状告他的儿子，孔子让人把他们关在一起，三个月后，父亲要求撤诉，孔子释放了他们。这里孔子便是采用使双方冷静下来进行反省的方式，而没有采取第三人积极干预，更没有通过诉讼的方式加以解决。

官府告发，官府也不得受理。

自西汉开始，礼法融合成为中国传统法律发展的主旋律，“德主刑辅”成为中国传统法的主要特色。融合儒、道、法、阴阳等学派观点并加以改造后而形成之儒术，强调的不是个人的权利，而是对社会秩序的调节，群体的存续。“秩序、责任、等级与和谐”是主流社会规范，是“礼”的核心。为了更好地解决婚姻家庭中存在的各类纠纷，为了限制家庭中诉讼行为的发生，刑事法律规范中规定了“亲亲得相首匿”的原则；调解被作为一项制度普遍运用到处理民事纠纷以及家事纠纷的处理中。

商周到汉朝时期是中国婚姻家庭纠纷传统调解方式的创立时期，这一时期，调解家事纠纷的基本思想以孔子“无讼”思想为主①，以商周宗法社会以来形成的“礼”为基本规范，在司法实践中，通过限制官府对家庭内部争讼的受理规定，使得非诉讼的纠纷解决方式得到社会的认可，对民间家庭纠纷的解决和社会秩序的维护起到了积极的作用。

二、家事纠纷解决机制的发展

我国家事纠纷的解决制度在唐朝至清朝时期得到了较快的发展。该阶段随着社会经济的不断发展和统治策略的不断丰富，“礼”已成为深入人心的衡量是非、判断正误的标准，“礼”也严格规定了在家庭和社会中人的等级定位以及行为模式。“礼”教导人们在家庭生活中，要仁慈友好地对待触犯自己的人。一旦婚姻家庭内部

① 有学者认为，“无讼”思想是调解制度的理论基础，调解成为封建统治阶级推行礼制和德化教育的工具。参见薛晨皓：“论我国人民调解制度的变迁”，载《法制与社会》2008 年第 11 期。

发生纠纷，最好通过调和予以修复，以树立家庭和睦的典范。调解不仅仅局限于婚姻、家庭、家族纠纷，而且扩及乡里。乡里讼事，必须先交里正、村正、坊正调解，只有经过调解，双方不能达成和解者，才可讼于官府，并已形成一种相对完整的制度。

到宋代随着商品经济发展，宗法组织也大量增加。与经济活动相伴而生的民事纠纷，更多地涉及经济领域，为此，解决方式不仅多样化，而且逐步完善。其中宗族法积极承担了家庭、宗族内部的几乎全部的民事纠纷及轻微刑事案件，国家也往往授权支持或认可家族组织和族长的司法权力，结合以礼教感化进行调解的传统方式，宋代家事纠纷的调解方式进一步完善，调解基本形成制度化，调解制度得到了法律的确认。

元朝在法典中专列“诉讼”篇，将诉讼调解制度称为调处制度。此时的司法官吏也较多地从法律的角度考虑调解问题，赋予调处制度以法律效力，强调凡是调处结案的诉讼，当事人不得再依据同样的事实和理由提起诉讼。元代乡里设社，社由社长负责，对家事纠纷“以理喻解”。《至元新格》中所规定的社长的职能之一是“诸论诉婚姻、家财、田宅、债负，若不系违法重事，并听社长以理谕解，免使妨废农务，烦扰官司”。

明代将儒家的“无讼”观念付诸实践，即使出现民事纠纷，也尽量以不烦扰官府，以调处息讼为上策。明朝最具特色的婚姻家庭纠纷的解决方式就是乡里调解，各乡都有乡约，各村都有会日。每当会日，里长甲首与里老集合里民，讲解法令规约。各乡设立申明亭，由本乡推举公正的老人三五人，主要调解民间的家事纠纷，甚至规定户婚案件必须经过申明亭，申明亭成为基层司法单位。申明亭里长将不孝不悌或犯奸盗者的姓名写在亭上，以示警戒，当其改过自新后再删除。乡里调解是一种具有“半官方性质”的调解制度。乡里调解萌芽于原始部落协商解决纠纷的方式，至明初通过《教民榜文》的颁行而被固定成为一种法定的调解制度。虽后榜文被废除，但作为一种伴有官方权威的特殊调解方式，其已被民众深深所认同，其精神一直被沿用至今，对当今的基层调解方式亦产生了不可小觑的影响。明代乡里调解制度因其调解人的权威性和亲近性，以及解决纠纷的快速性和便捷性，而深受民众的肯定。

清政权在全国范围内确立后，鼓励各种形式的民间调处稳定社会基础。清律明文规定族内纠纷一般先由族长剖决是非，不得轻易告官涉讼，族长负责族内纠纷的解决，如《大清律·户律·户役》载“妇人夫亡无子守志者，合承夫分，须凭族长择昭穆相当之人继嗣”。族长为了维护族权和本族声誉，往往对族人的诉权加以干涉，令其在本族内“私休”，不许擅告官府，否则即予责罚。至于乡邻调解或基于亲情友情，或基于威望，而可以起到一定的作用。生活环境中充斥的大量乡规民约，不仅仅是道德标准和生活准则，而且还是调解乡邻纠纷的参考依据。

清代《户部则例》规定族长有查举该族良莠权，即包括对宗族内部纠纷的调处权。除了官方专设调解人之外，乡绅、族长和家长也被国家赋予了解决乡里、家族内纠纷之职权。清代民事案件多发生在州县基层，官府和法律上因此称之为“民间细故”[①]。又因民事案件多土地、继承、婚姻纠纷，又以“田土户婚”称之。清代调解制度可以分为民间调解、官府调解和官批民调（即半官方性质的调解）三种类型。

1. 民间调解，它是一种诉讼外调解，在清代称为“私休”，是指发生纠纷当事人为解决纠纷而邀请民间组织或个人作为中间人出

① 在清代，涉及户婚田土钱债的讼案被官府视为民间细故。

面调停纠纷，通过劝解、说服，促使纠纷双方互谅互让达成一致协议，使争端得以解决的一种活动。民间调解的案件比较广，包括婚姻、继承、债务、土地等各个方面的民事纠纷和轻微刑事纠纷，其形式多种多样，调解方式比较灵活，没有固定的程序。它本着团结和睦、便于纠纷解决的原则，是一种相当和缓、体面的息讼方式。民间调解根据主持调解者的身份不同，又可分为乡邻调解、亲族调解、中人调解、乡绅调解。

（1）所谓乡邻调解，是指家事纠纷发生后，由纠纷当事人所在地的乡亲或左邻右居，以中立的身份，出于对纠纷发生过程的了解，出面调停双方纠纷的活动。这类纠纷调解数量上比较多，由于乡邻调解的调解人本人与纠纷当事人联系紧密，所以在调停中更容易达成协议。大量现存的判例和档案材料告诉我们，虽然很多民间家事纠纷被告到官府，但在乡邻的主动调解下很快得到结案，到官府申请销案。乡邻调解的成功率比较高，其原因是乡土社会是个熟人社会，人与人之间联系紧密、互相了解，发生纠纷以后，乡邻可以从中立的立场出发对纠纷双方进行劝导，使之和睦相处，这些也是州县官吏治理地方的最终目标。

（2）所谓亲族调解，是指家事纠纷发生后，由当事人的亲友或宗族之人对双方当事人进行疏导、劝解，从而调停纠纷的活动。亲族是属于同宗同族之人，清代以法律的形式赋予家族族长、宗族族长维持地方秩序的职责，调解便是其职责之一。若发生牙角纠纷，应先向族长、户长禀告，禁止直接告到官府，否则宗族还有权对其进行惩罚。亲族调解所管辖的范围主要是宗族内部的有关纠纷，比如继承纠纷、分家纠纷、家庭其他纠纷。因为亲族对宗族内部比较熟悉，亲族在调解纠纷方面比县官更为灵活，如果调解人是族长、或是较有威望的长辈，那么其调解的成功率较高，可以收到很好的效果。亲族在解决族内纠纷方面能够发挥官府所不能发挥的作用。

（3）所谓中人调解，是古代处理契约纠纷的一种调解方式。中人，即为双方介绍买卖、调解纠纷并做见证的人。他在清代民间经济活动中扮演着十分重要的角色，是典当、买卖、借贷、租佃等交易活动的经纪人和说合者。中人既可以是亲戚朋友，也可以是邻居或其他有威望的人，中人既可以是一个，也可以是多个。因为中人是双方当事人交易的介绍人或见证人，并在交易协约上签字，对双方的交易很了解，所以当双方当事人产生经济纠纷时，中人常常起到调解人的作用。中人调解的范围主要涉及债务纠纷、买卖、典当等交易活动领域，既充当经纪人或见证人，当双方当事人因交易活动发生矛盾时，又充当了调解人的角色。因为他对当事人的交易活动比较了解，所以调解的成功率相对较高。可见，中人在乡土社会的调解过程中发挥了重要的作用。

（4）所谓乡绅调解，是指家庭纠纷产生后，将纠纷交由当官退休、辞官回乡之人或科举及第未能仕官及落第士子等在当地有一定影响的人调解。首先，乡绅首先来自乡土社会，具有“乡土性”，对乡土社会比较熟悉；其次，他们比较有文化，这样他们就具有了很高的威望和声誉，使得百姓对他们很敬仰，如果有纠纷的话，愿意找他们去评理，也乐于遵从他们的调解。乡绅对农村社会的影响很大，这也导致了他们在农村的威望很高，也使得他们在调解过程中发挥很大的作用。这种由乡里有威望之人出面调解的纠纷，顾及各方相对利益，在人情和伦常的支撑下取得了良好的社会效果。

2. 官府调解，是指在州县官的主持下进行的调解，官府兼理司法，调解也是地方官的职责之一，属于诉讼内的调解，由地方官府的州县官当堂调解，该种调解形式不是诉讼的必经程序，但一经调解结案的家事纠纷即具有强制性，也是最具有权威性的调解。此种诉讼内的调解，范围限于民事纠纷和轻微的刑事案件，调解的依据是法律、礼俗、家法。在孔子无讼思想的指导下，调处劝和成为州县官吏的普遍做法，州县官对于受理的民事案件或轻微刑事案件，先予以调处，调处不成时，才予以判决。但大多数情况下，案件在告到官府的同时，民间调解也同步进行，民间调处成功的话，直接可以到官府息讼；即使民间调处不成，州县官也会对案件先进行调解，很少直接审判的。

3. 官批民调，它是一种半官方性质的调解，是介于民间调解和官府调解之间，被称为“第三领域”，是官府接到诉状后，认为属于有关亲族伦理关系或当地风俗习惯等，不便公开传讯，便令乡保、里正、族长等进行调解的制度。调解成功，应上呈官府说明案件处理结果，请求官府销案；调解不成，则说明理由，交官府处理。因为清代民事纠纷增多，司法资源紧缺，官批民调是一种常见的有效解决纠纷的方式。

三、我国古代家事纠纷解决机制的总评

我国古代家事纠纷解决机制，受古代中国“家国一体”“家国同态”的影响，建立在血缘关系上的宗法制、家族组织、宗法观念、儒家文化根深蒂固，人们充满了对家族的敬畏与崇拜，逐渐形成了与国家法律机制并行的社会法律机制——家族法，这就形成了我国家事纠纷解决机制的雏形。

（一）家法族规有法律化、规范化的特点

我国古代传统法律制度的特点就是诸法合体，刑主民辅，刑事方面的法律远远多于民事方面，并且刑事方面法律的发达程度也远

远高于民事方面，而民事诉讼更是基本依附于刑事诉讼。但是家法族规却自成一派，有学者曾指出在我国古代“家庭实为政治、法律的单位，政治、法律组织只是这些的组合而已。这是家族本位政治理论的基础，也是齐家治国理论的基础，每一家族能维持其单位内秩序而对国家负责。”① 因此“齐家治国”一直是中国古代重要的封建统治思想，统治者为了维护社会的安定与统一，格外重视“家族”作为中国古代社会基本单位对整个社会稳定所起到的重要作用。

在封建社会，家族的作用是全方位且多样化的。家族作为一个个独立的小团体，基于血缘和地域等关系紧密联系起来，将家族的利益凌驾于个人利益之上，一荣俱荣，一损俱损。一个家族的族长通常是由德高望重的老人担任，同时族长为了更好地管理家族内部事务，还会制定专门的家法族规。

早期的家法基本属于“软性”家法，家法中并未对违反家规如何处罚进行规定。汉晋时期，在家法族规与封建正统儒家思想糅合以后，家法族规逐渐出现了“刚性”的规定，家法族规的强制性规定标志着家法族规的规范化、法律化程度提高。到了唐宋，家法族规的规范化、法律化程度进一步提高，成文的家法族规开始大量被制订出来，家族的机构设置相应的也逐渐完善。到宋元时期，家法族规已经相当成熟，在理学家的大力主张下，家族纷纷修建家族宗祠，订立家法族规。北宋思想家司马光所著《居家杂仪》就是一部具有典型意义的家法族规，对后世造成了不小的影响。明清时期家法族规得以进一步普及，明太祖颁布的“圣谕”六条以及康熙皇帝的“圣谕”十六条，成为了家法族规的指导思想和基本原则。当

① 李交发：《中国诉讼法史》，中国检察出版社 2002 年版，第 313 页。

然，我国古代的家法族规所调整范围与我们现在所指的家事纠纷涵盖的范围并不完全一致，但是这种数千年流传下来的家族宗法观念仍然对当代国人产生了深远的影响，相当一部分已成为了家庭伦理道德的重要内容。

（二）家族组织内部设有专门的机构

随着家法族规的逐渐规范化、法律化，家族内部的机构也逐渐完善。但家族组织实际是以血缘亲族关系为纽带组建而成的，所以宗族组织本身作为了司法机构，中国古代家族司法机构设置跟宗族组织的设置一样为族、房、家。族是最高的宗族机构，族长是家族最高的权力掌控者，拥有绝对权威的地位。处理家族内的各种事务，实施宗族法，都需要族长主持。族以下设房，房长由“德才兼备”者担任，处理房内纠纷，审理房内案件，相当于法官。家则是宗族中最基层的诉讼机构，家长对一家有管理教育的权力，对妻子、儿女有训斥惩罚权，而家长的这种突出地位甚至保留到了今天。

如果家庭产生纠纷或出现问题，族长、房长、家长的决定都在自己管辖范围内具有绝对的权威，祖宗祠堂成为最常见的解决家族纠纷和各种问题的场所。有时会根据纠纷的大小、案件的情节轻重交上一级处置，家族内部的惩罚措施也是多种多样的，比如斥责、辱名、罚拜跪、禁锁、罚钱、出族，甚至处死。

为预防家事纠纷，家族组织常常通过家庭、宗族等背景单位对家庭或宗族成员进行伦理道德、文化知识、生产技能等多方面的教育培养。强化对宗族成员的道德教化，培养宗族子弟的良好品行，以及宣扬封建等级观念，便可以能动有效地维持社会基本秩序。加强文化知识教育，培养宗族子弟，可以达到光宗耀祖，提高宗族社会地位的目的，从而在地方事务中发挥巨大作用。此外，处于较低社会阶层的宗族为维持族人的基本生活，便特别注重加强对其成员进行生产技能的教育。

古人认为“天下之本在家”，只有通过“齐家”，才能实现“国治天下平”。而“齐家”在于“修身”，是以古代家庭教育甚至于家族宗族教育都把道德教育放在首位，尤其突出遵守礼制原则下的道德观和伦理观，希望通过传授为人处世之道以求“家庭和睦”“天下”长治久安。

在宗族基本伦理道德教育中，孝道是最重要的内容。曹端在《童子畿》中写道：“孝乃百行之原，万善之首，上足以感天，下足以感地，明足以感人，幽足以感鬼神，所以古之君子，自生至死，顷步而不敢忘孝也。”宗族所宣扬的孝道，除了对父母之爱外，还推而广之，强调要服从尊长，具体包括家庭、宗族的长辈和年龄长、地位高的人，做到宗族内部排列长幼、尊卑井然有序，“凡子事父母，弟事兄长，侄事叔伯，孙事祖父母，侄孙事伯叔祖父母，各宜尽职”，以达到维护族内人际关系和谐的目的。宗族基本伦理道德教育的另外一个重要内容便为“忠”，即强调对统治者的承认和顺从。

传统调解制度的延续与传统宗法家族的社会组织结构是分不开的。乡村社会表现得尤为明显，传统乡村社会是一个以宗族组织为主要结合形式的社会。在生产力低下、社会保障制度极度匮乏的乡村社会，个人或单个家庭自发形成了互助性组织，以保证自己和家庭成员的平安生活。尽管不同时代的表现形式并不一致，但是具有血缘和姻缘关系的宗族社会作为基层社会最基本的组织形式，其内部的规则性却一直延续着——在社会生活中，宗族内部的管理权掌握在族长手中，家族内部的族规、乡约指导着族内成员日常的行为。

（三）调解是中国古代解决家事纠纷的传统模式

自古以来，我国的调解形式多种多样，大体可以分为三类：民间调解、官批民调和官府调解。其中，民间调解最为流行，更为常见，是指家事纠纷发生后，与当事人没有利害关系且具有较高声誉的家长、族长、亲友、邻里等对纠纷双方进行调解，将纠纷消除于民间的调解方式。民间调解包含乡里调解、宗族调解、邻里乡亲调解和亲友调解等，其中又以乡里调解、宗族调解适用最为普遍。它是一种诉讼外调解，没有固定程序，方法简单灵活。官批民调，即官府受理家事纠纷案件中认为案件轻微，事关伦理风化、亲族事务，可以指令亲族内部族长、乡保进行调处，最后将调处结果报告给官府备案销案即可，这是一种官方和民间合作解决纠纷的有效形式。调解不成，则需说明两方不愿私休，然后交予官府处理。官府调解最具权威性，即家事纠纷已然激化，无法由身边人或组织进行调解，最终告上公堂，当地官员仍然会优先选择调解结案，这就是官府调解，又称为司法调解或诉讼调解，在当时调解息诉被看做是一种政绩。

民间调解与官府调解最大的区别除了作为第三方调解人的主体性质不同外，还在于该调解合意达成后，对双方当事人是否具有法律上的拘束力，若仅有道德上的约束力，在其中一方违约后，仍需要通过诉讼方式得以解决的纠纷属于民间调解的范畴；若该合意对双方均具有法律强制性，则属于官府调解的范畴。除此之外从功能上看，传统的民间调解是为了息事宁人解决纠纷；而官府调解除了上述功能外，还承担着宣传国家法律和统治者道德理念的职责。

在中国古代传统几千年的社会里，儒家文化一直占据着统治地位，受我国传统文化中的儒家文化、宗法制度以及“无讼”价值取向的影响，古人对理想社会的追求就是“天人合一”的“大同”世界，封建社会的历朝统治者也不约而同地推行“无讼”“息讼”的诉讼价值取向。传统社会的价值取向表现为两方面，一方面，为追求无讼，民间的财产、田土、婚姻等民事纠纷被视为“细故”，以劝讼、止讼、息讼为宗旨的调解在民间领域经久不衰，人们遇到民事纠纷时，通常求助于宗族内、行会里、亲友间的长者等权威人士居中调和，以解决纠纷，求得与他人、社会间的和谐共处。另外，在“德主刑辅”的立法思想指导下，法律制度以“重刑轻民”“出礼入刑”为核心，官方对于民间纠纷特别是家事纠纷，往往一味压制，希望调解和息讼。

中国古代调解制度的指导思想是传统的道德，其核心思想是“礼”。古代的家事调解往往伴随着道德的教化过程，“动之以情，晓之以理”成为调解的主要手段，息事宁人成为调解家事纠纷的主要原则和目标，逐步被统治阶级作为教化的一种方式。“从秦汉以来，调解即被视为一项制度普遍应用到处理民事纠纷上，虽经历两千年的朝代更替，但调解制度不仅不衰，其生命力反而日益增强，其制度更是推陈出新。”[①]《论语》有云：“礼之用，和为贵”，受千百年来儒家传统文化的影响，中国人逐渐形成了中庸之道、以和为贵的处世之道和价值观。人们对待日常的矛盾纠纷更多的是采用一种温和、折中、妥协的态度，以得到息事宁人、皆大欢喜的结果。进入封建社会，法律、封建的伦理道德、宗族法规等成为调处息讼的依据，儒家的传统伦理道德讲“重义轻利”，官员为了标榜自己能“以德化民，政平讼理”，往往也采取种种手段推行调处息讼，甚至压制人民诉权。当事人一般也不得径行起诉至

① 刘艳芳：“我国古代调解制度解析”，载《安徽大学学报》（哲学社会科学版）2006 年第 2 期。

实际相结合，有效解决纠纷，化解内部矛盾。

抗日根据地司法与行政相结合，以调解为主、审判为辅的裁判方式，不仅在当时快速便捷地解决了家事纠纷，而且其利用民间人士调解纠纷的机制，也逐渐成为我国历史上乃至现今的一大优良传统。随着抗日根据地建设的发展，调解制度的不断实践，调解人员技能和素质的逐步提高，纠纷调解经验的丰富积累，调解的作用发挥得淋漓尽致。在纠纷调解过程中，一方面，出现了被国外誉为“东方经验”而受推崇的人民调解模式；另一方面，司法机关从当地群众的实际情况出发，深入案发地，以调解的方式就地解决，形式灵活地解决各种家事疑难案件，产生了带有职权主义色彩的“马锡五审判方式”。这种审判方式简便易行，便利群众，受到群众的欢迎。之后，调解组织形式逐渐多样化，为各地抗日民主政府的法律所确定和认可的调解工作组织形式有民间自行调解、群众团体调解、政府调解和法院调解四种。①

实践证明，在当时司法资源不足的情况下，这种纠纷调解制度适应时局、顺应民心，化解了矛盾，提高了纠纷解决的质量，对维护边区稳定发挥了积极的作用。

三、我国近代家事纠纷解决机制的总评

新民主主义革命时期，中国共产党政权走“农村包围城市”路线，在农村开展了较大规模的法律制度建设活动，并且将影响逐渐扩展到了全国。在当时的社会条件下，家事纠纷和土地纠纷是最主要的纠纷类型，家事纠纷内容主要涉及婚姻、抚养、继承、分家析

① 于语和、刘志松：“从民间调解的历史性与现实性看中国法学的发展”，载《徐州师范大学学报》（哲学社会科学版）2008 年第 1 期。

产等问题。受这一社会现实影响，革命根据地的相关法制建设也基本围绕着家事纠纷的解决而展开，很多方面都有意识的契合家事纠纷对程序立法的特殊要求。

革命根据地时期，依靠广大的人民群众，对于一切封建性的法律、社会管理方式一律被摒弃，其“反封、反资”的革命性决定其司法行政工作的“人民性”。体现革命精神的人民调解制度与人民司法制度成为社会纠纷解决的主要机制，调解主要采取人民内部矛盾的“批评、教育、帮助”等方式，创制了人民调解制度，并且在新中国成立后一直保存下来，直到今天。

（一）家事纠纷解决逐渐现代化、法制化

红色革命政权组织通过政策、法律等形式将其“反封、反资”的革命理念予以确定、宣传和贯彻实施。特别是对封建社会依据宗法制度建立的家事自治制度，如身份等级制度、“三从”制度、妾制、童养媳、包办、买卖婚姻等予以摒弃。家事不再完全依据传统的“礼治”，而转归法制。① 民间传统“礼治”规则的权威随之逐渐衰落，即使是符合新精神的情理性民间自治规则（习惯法）也只作为非正式性的行为规则，只有经政策、法律认可、确定，才具有正式的“权威”。

---

① 1927年以后，工农革命政权在革命根据地十分注重运用法律手段改革旧的婚姻制度，纷纷制定了相应的法律规范，如1930年的《闽西婚姻法》、1931年的《婚姻问题决议案》（鄂豫皖革命根据地颁布）、《中华苏维埃共和国婚姻条例》、1933年的《川陕省苏维埃政府婚姻条例》及1934年在其基础上修改制定的《中华苏维埃共和国婚姻法》、1939年的《陕甘宁边区婚姻条例》、1940年的《晋西北婚姻暂行条例》、《晋察冀鲁豫边区婚姻条例》等。这些均以废除封建的包办、买卖婚姻、童养媳制度，保障“婚姻自由、一夫一妻、男女平等”等为重要内容，就结婚、离婚等事宜予以具体规定，甚至包括婚约的规范。特别是在离婚问题上，早期的婚姻规范并未规定离婚条件，无论是合意还是一方的意愿均准许离婚。

（二）家事纠纷解决的“司法”化

传统社会婚姻家庭纠纷通常被认为是家事、私事，大多由民间自治解决，新民主主义革命时期，家事纠纷解决已经逐渐“国法化”、“司法化”。具体而言，体现在两个方面：一是传统民间调解的分化。传统家族（家族长者、亲友等）调解部分，因家族制度自治权威的弱化，其机制与效力也不再如传统社会那样能够产生“权威性”约束效力（无论是内心的道德感化还是外在的道德强制约束力）；亲友、邻里的调解仅作为非正式性的纠纷解决方式，其完全由当事人自愿，协议也不具有任何法定效力。传统民间调解中由社区自治组织提供的调解形式被“正式化”，不仅成立了专门的调解委员会（其成员来自群众，通常包括体现新时代精神的干部以及群众信赖的其他社会威望人士），而且制定了专门的调解规则，要求调解人依法进行，负责社区纠纷调解工作。[①] 二是人民司法的建立。农村路线、“反封、反资”的革命性，决定新政权的社会治理规则不可能延续传统制度或者“西方化”，只能是从长期的生活实践中，探索符合新精神的规则和纠纷解决方式的基础上，结合社会主义性质国家的法制来发展人民的司法制度。由此，将体现传统文化特色、符合民间实际的调解制度与国家纠纷裁判权相结合的人民司法制度得以形成和发展。法律与司法规则均走“群众路线”：规则来源于社会实践、服务于社会生活；司法“急人民所急、想人民所想”，深入群众之中，“到田边地头”为人民群众服务；相信人民群众的眼睛是雪亮的、人民群众的力量是无穷的，在实地调查中依靠人民群众解决纠纷；对待人民内部矛盾，采取批评、教育、帮

① 《当代中国》丛书编辑委员会编：《当代中国的司法行政工作》，当代中国出版社1995年版，第415～416页。

助、挽救的方式来解决，注重实际效果，以调解为主，尽可能调和，形成了人民调解与审判相结合的调解特色，其典型代表即“马锡五审判方式”。

（三）家事纠纷调解的实用主义色彩较浓

无论是人民调解还是法院调解，调解人员多是依据有关政策、法律的精神与规定来调解案件，采取劝解、说理、批评、教育、帮助等方式化解纠纷，着重于调解的实际效果、社会治理的功效，调解的具体进行则完全交由调解人员依据经验来把握。

选择从实际情况出发，走群众路线，同时借鉴西方先进的法律制度，是革命根据地法制建设的整体特征。虽然受当时的社会环境影响，这一时期各根据地之间的法律规定难以保持一致，体系也不健全，但是积累了较为丰富的实践经验，为之后的社会主义法制建设打下了基础。

第三节　现代家事纠纷解决机制的考察

新中国成立后，随着法制的健全，我国家事纠纷的解决机制逐步完善，家事纠纷解决主体除人民法院的诉讼解决外，还有基层组织如村民委员会（以下简称村委会）、居民委员会（以下简称居委会）或人民公社生产大队（以下简称大队）的人民调解；司法所的行政性调解；民政局离婚登记部门对离婚案件的行政性调解；其他社会组织如妇女联合会（以下简称妇联）的介入调解；其他附带解决家事纠纷的机构，如派出所对辖区群众家事纠纷的应急调处；宗亲（乡里长辈）、亲朋邻里的民间调解等，逐步形成了诉讼和非诉讼家事纠纷解决机制。

从新中国成立到 20 世纪 80 年代，家事纠纷的解决仍然采用"齐抓共管"的多种解决方式并存的模式。正如一位在新中国成立后参加工作的法官所言，法官人数很少，纠纷很多都在基层解决，一般闹到法院来的离婚案件，都是经过亲朋劝解、基层组织好几道处理，仍无法解决的案件。法院做工作一般也会请基层组织、妇联或亲朋好友介入。赡养案件非常少见，基本上都由亲属调解、大队调解或者在妇联教育解决，这一时期妇联在化解家事纠纷方面也发挥了重要作用。

到 20 世纪 80 年代末，民事诉讼制度改革，以司法中心主义的纠纷解决模式，导致其他纠纷解决方式的衰落，诉讼急剧增加，其他纠纷解决机构的作用被弱化或被取消，大量纠纷直接涌向法院，最典型的表现是民政部门离婚调解功能的消失。

而在 1987 年之前民政局婚姻登记部门长期扮演着离婚纠纷调解者的角色，一直在处理离婚纠纷方面发挥着积极的作用，调解和好的离婚案件远高于法院受理的离婚案件的数量，法院受理的离婚案件有相当一部分是民政局转送过来的。鼓励诉讼之风一起，特别是 2003 年《婚姻登记条例》颁布，取消了婚姻登记机关调处离婚纠纷的规定，婚姻登记机关不再履行调解职能。

与此同时，其他纠纷解决方式如人民调解和司法所行政性调解也相应衰退，妇联、派出所等部门也弱化了其介入调解家事纠纷的程度。

许多地方的人民调解工作基本处于瘫痪状态。由于经费的限制，调解委员会主任没有工资，在"多一事不如少一事"的社会风气下，没有什么人愿意再干这种吃力不讨好的事。有的地方只好由领国家财政工资的治保主任兼任调解委员会主任，且这项工作的开展也因人而异，基本都是“良心活”。

妇联方面，妇联组织在解决家事纠纷方面确实发挥了积极作用，但在不同的历史阶段其作用不同。在新中国成立初期到20世纪80年代期间妇联组织介入家事纠纷的调解之中，在保护妇女和儿童权益、化解纠纷方面发挥了重要的作用。但是，近年来妇联在解决家事纠纷方面的作用大大削弱。现在妇联基本不再介入家事纠纷的解决，一般只是被动地接受妇女的家庭暴力的投诉，且大多情况下劝解妇女一方勇敢离婚。对于个别妇女权益受到特别严重侵害的案件，妇联所能做的也只是向报纸、电视台等新闻媒体或向法院通气表示关注。在村委会和居委会层面，妇女主任所发挥的作用也是因地因人而异，如有个别地方的妇女主任较热心、能力较强，就能发挥一定的解决家事纠纷的作用。

派出所方面，对于家事纠纷，除非由于家庭暴力或家庭成员互殴转化成治安案件，否则公安部门原则上不予介入。但是，实践中遇到辖区群众找上门来的家事纠纷，派出所也会加以训斥以防止纠纷恶化。许多地方派出所与妇联协作成立了“家庭暴力投诉中心”，据报道投诉案件极少。如果发生家庭暴力事件，派出所会召集居委会、妇联等部门以及当事人的亲朋好友联合开展工作。

由于受到家事纠纷的隐蔽性及“多一事不如少一事”思想的影响，亲属邻里涉入别人家事纠纷调解等民间纠纷解决方式也大大弱化。在婚姻出现危机时，绝大多数当事人都会直接采取诉讼方式来解决问题。其他方式介入解决家庭纠纷的比例逐年递减。

一、现代家事纠纷诉讼解决机制的考察

新中国成立后的民事审判继承了陕甘宁边区时期形成的“马锡

五审判方式”，无论是婚姻纠纷，还是分家析产的财产纠纷，法院的审判员们都会深入案发地，以调解的方式就地解决。在很长一段时期，民事审判工作的方针是“依靠群众、调查研究、调解为主、就地解决”。无论是法庭调解还是民间调解，“调解为主，审判为辅”都是一个基本原则。这种沿用了较长时间的审判方式简便易行，受到群众的欢迎。20 世纪 50 - 80 年代，曾一度片面强调“调解为主”，法院追求调解率，把调解绝对化，婚姻家庭纠纷当事人只要有一方实施暗箱操作，离婚案件就久拖不决、法院强行调解的情况时有发生，调解结果不仅当事人不满意，人民群众认可度差，而且也使法院的工作陷入到极大的被动之中。

1982 年《民事诉讼法（试行）》的颁布，标志着审判、判决结案的规范化。家事纠纷的解决在强调法制化、正规化的背景下出现了强化诉讼，弱化其他纠纷解决方式，从多个纠纷解决主体的“齐抓共管”走向司法解决主导乃至司法一元化的局面，在诉讼中也出现了调解结案率降低、判决率提升的现象。

直到 20 世纪 90 年代，针对婚姻家庭纠纷的诉讼解决在立法上规定了“着重调解”的原则，替代了原来的“调解为主”的工作方式。“着重调解”与“调解为主”相比，在理想化状态下这是一大进步，法官在审判婚姻家庭纠纷案件之前，首先需要征求双方当事人意见，只有当事人都同意调解的才进行调解。但由于缺乏必要的程序保障，一些暗箱操作行为，导致法官包揽诉讼等问题没有得到有效的解决。

1991 年《民事诉讼法》正式实施，确立了“自愿、合法”的调解原则，调解与判决不再有主次之分，共同构成了较完整的审判方式。从此，全国法院系统以公开审判为核心的审判制度得到了迅速发展。随着社会经济的不断发展，人们的自我维权意识增强，就算是婚姻、家庭成员，一旦发生纠纷就会向中立的第三方寻求援助，特别是在《婚姻登记条例》实施后，更多的家事纠纷的当事人看到行政离婚法律规范的漏洞，便采用诉讼这一相对公平的解决纠纷的方式。

二、现代家事纠纷非诉讼解决机制的考察

（一）人民调解制度的变迁

人民调解作为家事纠纷非诉讼解决的主要方式之一，其立法可以追溯到革命根据地时期，到 1941 年，共产党领导的地方政府先后制定和颁布了十余部条例、规章、通令、办法等，对人民调解的组织、方法等予以规定。1949 年，中华人民共和国成立后，人民调解工作得到中央人民政府的高度重视，但像老解放区那样统一的调解委员会体系并没有在全国范围内马上建立起来。

随着农村生产合作化的进行，农民形成了以生产队为单位的社区生活模式，“纠纷少有发生，所发生的纠纷限于婚姻家庭纠纷、邻里纠纷、债务纠纷、伤害或侵权纠纷，纠纷种类少、数额小，且纠纷大多是事实较清楚、情节简单，争议数额不大，这就为以人民调解方式解决争端，提供了便利。”① 在城市，居民在计划经济时代工作主要由国家计划安排，收入来自单位分发的工资，住的大多是单位分配的公房，职业活动稳定，收入有限，工作之余大部分时间用在家庭事务上，社会生活十分单调。在这样的经济条件下，城市市民人际关系简单、朴素，引发纠纷的因素少，所发生的纠纷主

① 蒋月：《人民调解制度的理论与实践》，群众出版社 1994 年版，第 122 页。

要为婚姻纠纷、家庭纠纷、房产纠纷、邻里纠纷等。由于这些纠纷双方无根本利害冲突，能够通过说服教育方法，使当事人互让互谅达到消除纠纷的目的，人民调解员正是充当第三者角色的最恰当调停人。

1953 年，第二届全国司法工作会议通过决议，在全国范围内有领导、有计划、有步骤地建立健全人民调解组织。1954 年 3 月政务院颁布《人民调解委员会暂行组织通则》，系统规定了人民调解委员会的名称、性质、任务、组织、职权、活动方式、工作原则和方法等，确立了人民调解制度在新中国的法律地位。

《人民调解委员会暂行组织通则》旨在“规范建立人民调解委员会，及时解决民间纠纷，以利人民生产和国家建设”。调解委员会的组织形式、性质和任务在该通则中被规范下来，即选拔“人民中政治面貌清楚、为人公正、联系群众、热心调解的工作者”，成立“群众性的调解组织，在基层人民政府与基层人民法院指导下进行工作，并通过调解进行政策法令的宣传教育”。调解委员会设主任委员一人，副主任委员一人至二人，由调解委员会委员中互选。城市调解委员会委员在基层人民政府主持下，由居民代表推选，农村由乡人民代表大会推选。

调解委员会将纠纷解决与社会主义建设需要联系在一起，在农村，以户为单位成立农业合作社，乡以社或组为单位成立调解小组，调解小组吸收妇女和少数民族群众参加，发挥集体智慧，使调解组织成员都分布到生产社内去，明确职责，解决问题全面，易于说服当事人，这既便于为农业生产服务，也便于调解组织发挥作用。

直到 1980 年，国家重新颁布了《人民调解委员会暂行组织通则》，对旧的通则进行了相应修改。1982 年《宪法》《民事诉讼法》和 1987 年《村民委员会组织法（试行）》等法律对人民调解制度作了专门规定，提高了其在中国法律体系中的地位。1989 年 6 月国务院颁布的《人民调解委员会组织条例》对人民调解制度作了更为详尽的规定，强调了人民调解委员会的群众性和自治性特征。1990 年 4 月，司法部又发布《民间纠纷处理办法》，限定了民间纠纷的范围。1989 年 12 月《城市居民委员会组织法》、1991 年 4 月颁布的《民事诉讼法》第 16 条和 1998 年 11 月颁布的《村民委员会组织法》都规定了人民调解制度。针对人民调解协议不具有约束力引发人们对民间调解的"信任危机"的情况，最高人民法院于 2002 年 9 月通过了《关于审理涉及人民调解协议的民事案件的若干规定》，以司法解释的形式正式赋予了人民调解协议以合同的效力。2002 年司法部制定了《人民调解工作若干规定》，对人民调解委员会的工作范围、组织形式、调解程序等做出了具体规定，进一步加强和规范了人民调解工作。人民调解立法不断完善，特别是 2002 年最高人民法院《关于审理涉及人民调解协议的民事案件的若干规定》的出台，为人民调解制度焕发青春创造了关键性契机。

（二）行政调解制度的变迁

家事纠纷的行政调解，主要包括民政部门调解和公安机关调解两大部分。

从 1950 年第一部《婚姻法》到 2001 年《婚姻法》修正案，都规定了男女一方提出离婚，可由有关部门（区人民政府、婚姻登记机关）进行调解或直接向人民法院提出诉讼离婚。男女双方自愿离婚的，可以共同到婚姻登记机关申请。因而，婚姻登记机关可以对婚姻双方当事人的离婚纠纷进行调解，以有利于婚姻家庭的正常发展。这里所涉及的调解，就是行政调解，即国家机关在法律授权下，在其行使行政管理的职权范围内，对涉及的婚姻家庭问题进行调解，也是法学界所称的协议离婚制度，它是中国特色社会主义离婚制度的重要组成部分。在新中国成立的半个多世纪的实践中，家事纠纷的行政调解制度已被大多数群众充分认同，行政机关在处理家事纠纷中也积累了丰富经验。无论当事人是出于息讼的目的，还是为了减少诉累，有相当一部分人愿意采用协议方式处理家事纠纷。但 2003 年 10 月 1 日起开始实施的《婚姻登记条例》将婚姻登记机关调解的职能取消。在婚姻登记机关的实践当中，关于调解的认识更为模糊，调解因其没有强行性法律规范的支撑，它没有被作为法定程序和法定方式。即使在某些机关注重调解，对协议离婚当事人作些调解工作，也仅仅是出于情理的考虑，甚至仅仅将其作为一种经验或习惯，但不是法律上的必经程序，更体现不出对调解机制价值功能的重视，而其他类型的婚姻家庭纠纷就更没有纳入行政调解管辖范围的可能了。①

而对于那些发生于家庭成员之间的争吵、轻微伤害、虐待、遗弃、财产侵害等未构成犯罪的行为，家庭成员之间也希望通过国家机构的救助予以解决。自 1987 年《治安管理处罚条例》出台后，一些婚姻家庭内部矛盾导致的治安案件可由公安机关予以行政调解或行政处罚。根据《治安管理处罚条例》第 5 条的规定，因民间纠纷引起的打架斗殴或者损毁他人财物等违反治安管理行为，情节轻微的，公安机关可以调解处理。这里的因民间纠纷引起的违反治安管理的行为，就包括家庭内部的家事纠纷，如离婚纠纷、兄弟姐妹之间的争斗、婆媳不和、分家析产、不履行赡养老年人义务而产生的矛盾等，且这些行为已构成违反治安管理的行为、而当事人各方都自愿接受调解且公安机关认为可以调解的行为。由于公安机关具

① 丁惠等："婚姻家庭纠纷调解机制问题研究"，载《辽宁师范大学学报》（社会科学版）2008 年第 6 期。

有国家行政权的性质、公安机关进行治安调解不收取任何费用以及公安机关 24 小时全天候不限时地服务，因此，许多家事纠纷案件的当事人都愿意选择公安机关处理纠纷，将纠纷转入治安调解的范畴。2006 年开始实施的《治安管理处罚法》最大的亮点就是体现出人性化管理，对家庭成员之间纠纷而导致的违反治安管理的行为，一方面将家事纠纷纳入可以进行治安调解的范围；另一方面，在第 9 条明确规定，“……经公安机关调解，当事人达成协议的，不予处罚。经调解未达成协议或者达成协议后不履行的，公安机关应当依照本法的规定对违反治安管理行为人予以处罚，并告知当事人可以就民事争议依法向人民法院提起民事诉讼。”《治安管理处罚法》较之《治安管理处罚条例》，赋予婚姻家庭纠纷当事人更多的救济手段，可以通过公安机关进行治安调解，此路不通或治安调解协议未被履行时，还可以依法提起民事诉讼。根据公安部 2007 年 12 月颁布的《公安机关治安调解工作规范》，公安机关在处理纠纷过程中，具有告知的义务，即对不构成违反治安管理行为的民间纠纷（含家事纠纷），应当告知当事人向人民法院或者人民调解组织申请处理。

家事纠纷的解决机构，除了法院家事纠纷的诉讼、人民调解委员会的调解、民政局婚姻登记部门对离婚案件的行政性调解和公安派出所对辖区群众家事纠纷的应急调处外，还有司法所的行政性调解，基层组织村委会、居委会或生产大队的人民调解，其他社会组织如妇联的介入调解，宗亲（乡里长辈）、亲朋邻里的民间调解等。

三、我国现代家事纠纷解决机制的总评

新中国成立后，社会结构发生了深刻变化，宗法社会被政社合

一的体制所代替，但抗日战争时期，革命根据地发展起来的人民调解工作继承和发扬了我国民间调解的优良传统，为调解婚姻家庭纠纷发挥着重要的作用。

这个时期成立的人民调解委员会是一个半官方、半民间的组织，人民政府在这一时期所具有的高度合法性，使得由它制定的各项政策和法令都获得了人民群众充分的认可。[①] 人民调解组织在建立之后的相当长时间内，在解决家事纠纷方面一直发挥主力军的作用，对社会稳定起到积极作用。相当部分的家事纠纷都是通过人民调解组织化解的，即使在诉讼率急剧上升的今天，通过人民调解解决的家事纠纷在数量上也是十分可观的，以人民调解为代表的民间调解在社会生活中确实发挥着十分重要的作用，其价值主要表现在：第一，解决家事纠纷，维护当事人利益；第二，防止家事纠纷激化，维持家庭和社会关系和睦，防止恶性事件发生，维护社会稳定；第三，协调人际关系，提高社会凝聚力，创造民主和谐；第四，减轻法院审判负担，弥补诉讼缺憾；第五，减少个人和社会成本，符合经济性原则；第六，传承民族道德和文化，保持民族文化的连续性。

然而随着社会转型带来的人际关系、思想观念的变化，加上调解组织自身的原因，尽管我国人民调解组织和调解人员的数量逐年上升，但是每年通过人民调解组织解决的纠纷数却逐年下降。人民调解组织调解的民事纠纷数逐年下降，与同期人民法院受理的民事案件数的逐年上升形成强烈的反差。

1966 年到 1976 年 10 年动乱期间，我国的人民调解制度也被视为“阶级调和”路线的产物而被取消。1979 年以后，国家对人民

---

① 王亚明：“1949 年以来中国大陆的纠纷解决机制”，载《阿坝师范高等专科学校学报》2008 年第 4 期。

调解委员会的设置进行了调整，城市调解委员会设在居委会，农村设在村委会，调解委员会成为基层群众自治组织，不再具有半官方性质，人民调解的权威性因为失去国家权力支撑和对国家法律的准确把握而大大削弱。[①] 1982 年的《宪法》第一次将人民调解委员会界定为“基层群众性自治组织”，从而确立了人民调解的法律地位，为我国人民调解制度的健全和发展提供了充分的宪法保障。2002 年 9 月 11 日司法部通过的《人民调解工作若干规定》，第一次以行政法规的方式对人民调解协议的性质和效力作出明确规定，指出人民调解员经群众选举或者聘任，在人民调解委员会领导下，从事人民调解工作。发生婚姻家庭纠纷的当事人在自愿平等的基础上，由人民调解委员会主持，依据法律、法规、规章和政策进行调解，法律、法规、规章和政策没有明确规定的，依据社会主义道德进行调解，调解达成协议并由双方当事人签字或者盖章，就具有民事合同性质。当事人应当按照约定履行自己的义务，不得擅自变更或者解除调解协议。

近年来，通过人民调解解决的纠纷数从绝对总量上看，仍具有相当的规模，说明人民调解仍然是一种十分重要的不容轻易否定、抛弃的纠纷解决方式。但是人民调解解决纠纷的数量正逐年急剧减少，人们对纠纷解决方式的偏好发生转变，即从对人民调解的重视转向对法院解决纠纷的认同和关注。

在民政部门的行政调解范围相对较窄的情况下，规定公安机关负责对因家庭内部纠纷而导致治安案件的行政调解处理，恰恰可以弥补其不足，同时由于公安机关性质的特殊性和服务的低成本性，在家事纠纷发生后寻求公安机关的帮助便成为公众的一项较好选

---

① 王亚明：“1949 年以来中国大陆的纠纷解决机制”，载《阿坝师范高等专科学校学报》2008 年第 4 期。

择。公安机关在治安案件办理过程中，所碰到的很多婚姻家庭纠纷事实不清，或者要查清事实需要大量的成本，在这种情况下进行调解，是一种低成本、高效益的解决纠纷的方式，由公安机关负责解决的婚姻家庭内部纠纷对社会稳定起着越来越大的作用。

在新中国成立初期到20世纪80年代期间妇联组织在解决家事纠纷、保护妇女权益、化解矛盾中发挥了较大作用。但是，近年来妇联在解决家事纠纷方面的作用大大削弱。现在妇联基本不再介入家事纠纷的解决，一般只是被动地接受受害妇女针对家庭暴力的投诉，且大多情况下劝解妇女一方勇敢离婚。对于个别妇女权益受到特别严重侵害的案件，妇联所能做的也只是建议受害人向法院起诉。

20世纪80年代以来随着民事诉讼制度改革的推进，家事纠纷的解决在强调法制化、正规化的背景下出现了强化诉讼，弱化其他纠纷解决方式，从多个纠纷解决主体的“齐抓共管”走向司法解决主导乃至司法一元化的局面，形成了以司法中心主义的纠纷解决模式，导致其他纠纷解决方式的衰落或被取消，诉讼急剧增加，① 在诉讼中也出现了调解结案率降低、判决率提升的现象。具体到家事领域，尽管家事纠纷具有情感性和公益性特点，家事纠纷的解决在历史上始终以非诉讼解决方式为主，我国现行法律也确立了调解前

---

① 范愉教授认为，中国的调解是一种既古老又现代的社会机制，它既是我们文化的象征，又曾经被视为我们传统的负担。20世纪80年代至90年代，当国外ADR开始蓬勃发展之际，我国刚刚进入法制现代化建设的高潮。国家很自然地把法院和诉讼作为建立法治权威的制度性象征，把司法向基层社会的全面推进作为提高社会法律意识、建立法治秩序和信念的基本进路；同时积极地以诉讼统合替代传统的调解、行政裁决等纠纷解决方式。然而，在这一进程中，也不可避免地出现了某些虚无主义倾向以及浮躁和急功近利的趋势。一时，为权利而斗争、走上法庭成为社会的时尚，在诉讼日益增加的同时，以调解为象征的非诉讼纠纷解决机制被作为落后于时代的事物而遭到冷落，似乎正逐渐走向衰退甚至消亡。参见范愉：“以多元化纠纷解决机制保证社会的可持续发展”，载《法律适用》2005年第2期。

置的制度。[①] 但在以司法中心主义为导向的情况下，家事纠纷的特质近乎被忽略不计，家事纠纷的解决未能幸免卷入司法中心主义的大潮之中。最典型的表现是民政部门离婚调解功能的消失。民政局婚姻登记部门长期扮演着离婚纠纷调解者的角色，民政局在1987年之前一直在处理离婚纠纷方面发挥着积极的作用，调解和好的离婚案件远高于法院受理的离婚案件的数量，法院受理的离婚案件有相当一部分是民政局转送过来的。鼓励诉讼之风一起，尤其是2004年《婚姻登记条例》取消了婚姻登记机关调处离婚纠纷的规定后，婚姻登记机关不再履行调解职能。与此同时，其他纠纷解决方式如人民调解和司法所行政性调解也相应衰退，妇联、派出所等部门也弱化其介入调解家事纠纷的程度。

20世纪80年代的司法改革提倡当事人以对抗式诉讼模式取代国家职权主义，要求法官调查取证、注重调解的模式，实际上与西方国家在家事案件的审理中采取的准国家职权主义诉讼模式大不相同。如此一来，司法改革举措与有效审理家庭案件的矛盾日益尖锐。在美国，考虑到家庭案件的特殊性，其离婚调解制度的最初提出者来自实务界的法律人士。[②] 在我国，对有悖于法律维护家庭稳定、保护妇女、儿童合法权益的宗旨、忽略家事案件特殊性的司法改革举措，率先提出质疑的是接触实际案件的法官，并进一步激发了诉讼法实务界与学界关于构建家事案件审判特别程序的讨论和相关的研究。[③] 进入21世纪以来，法院系统开始重视调解等非诉讼机制的作用，家事纠纷解决机制的特殊性开始受到关注，构建家事程

① 范愉：《ADR原理与实务》，厦门大学出版社2002年版，第611～613页。

② See Lenard Marlow and S. Richard Sauber: The Handbook of Divorce Mediation, Plenum Press, 1990, pp. 6－10.

③ 《中国法律年鉴》编辑部编：《中国法律年鉴》（2004年卷），中国法律年鉴出版社2005年版，第202页。

序法及家事纠纷解决机制被提上了司法界和学界的议事日程。

很显然，20 世纪 80 年代中期开始的民事司法改革，呈现出来的对“中国”因素与“家事”因素的双重弱化和背离，不仅忽略了作为中国本土经验的法庭调解制度与多元纠纷调解制度的有效性与合理性，抛弃这一“中国”本土因素，片面推进所谓的现代西方法治，片面强化司法正规化与一元化，而且未注意到家事案件的身份性、情感性、公益性等特性，以当事人主义的对抗诉讼模式取代了原来的国家职权主义的法官介入模式，忽略了“家事”的因素。当然，新的追求形式主义正义的改革也有其符合社会需要之处。在人口流动日益频繁的社会条件下，有些举措（如当事人举证）虽然适应了新的现实需要，[①] 但其意义对家事案件来说主要属于技术的、附带的层面。

无论是人民调解、行政调解还是法院的诉讼调解，作为家事纠纷解决的方式之一，在形式上并没有实质性区别，法官或者调解委员会成员均是亲自到案发地点，采取说理、批评教育的方式处理问题，均在一定程度上依靠社会群体的强制力使双方当事人达成和解。在解决纠纷的同时宣传政策法令，其功能主要是通过双方当事人达成合意，解决家事纠纷，维持社会秩序和经济活动的有序进行。

---

① 黄宗智、巫若枝：“取证程序改革——离婚法的合理与不合理实践”，载《政法论坛》2008 年第 1 期。

第四章　我国家事纠纷解决机制的现状及其存在的问题

家事纠纷的解决机制是一个非常复杂的系统，无论是案件类型，还是裁判机构或中立的第三方，或是纠纷解决类型都呈现多样性与广泛性的特点，这决定了我国的家事纠纷解决机制从来都不是单一的，而是多种家事纠纷解决机制并存的机制。

可从不同角度对我国现行的家事纠纷解决机制进行不同分类。

第一，依据裁判机构的权威性以及裁判结果是否有效，家事纠纷的解决机制可以分为正式纠纷解决机制和非正式纠纷解决机制。

正式的纠纷解决机制包括司法机关、行政机关等国家机关的解决，它是严格依照法律规定处理家事纠纷的方式，具有一定的法律效力。非正式纠纷解决机制包括法院外非诉讼调解、当事人的协商、单位或居委会等第三方的斡旋和调停等，它相对比较随意，由当事人根据自己的意愿选择调解人、具体方式及调解协议，一般不具有强制执行力，全靠当事人自觉履行。

第二，依据当事人选择救济的方式不同，家事纠纷的解决又可分为公力救济（诉讼）、社会救济（调解）与私力救济（和解）三种方式。

公力救济即国家机关运用公权力对被侵害权利予以救济。世界各国都将公力救济作为最后一种同时也是最权威、最广泛的解决家事纠纷的方式，其理应成为我国多元化解决家事纠纷体系中最为重要方式之一。在家事纠纷的解决机制中，人民调解是其重要的社会救济形式。人民调解这种非正式的纠纷解决机制具有非对抗性、保密性、人性化优势，是一种传统而温和的纠纷解决方式，有利于实现社会效果和法律效果的有机统一，人民调解机制已成为家事纠纷解决机制重要的组成部分。私力救济，即当事人双方在没有第三方介入的情况下通过相互交涉、沟通，彼此互相做出让步，进而达成合意，最终解决纠纷的形式，私力救济的典型形式就是和解。

第三，依据家事纠纷解决是否通过诉讼来解决，家事纠纷的解决机制可以分为家事纠纷的诉讼解决机制和家事纠纷的非诉讼解决机制。

家事纠纷的诉讼解决机制是指，家事纠纷当事人通过向法院起诉，由法院依照法定程序，通过法庭调查、举证质证、法庭辩论、法庭调解、评议判决等程序来解决家事纠纷。与一般民事纠纷的审理程序并无区别，需要纠纷当事人对自己提出的主张提供证据证明，双方需要举证质证，通过法庭辩论，从认定事实、适用法律等方面驳斥对方，来保护自己的合法利益。可见，通过普通民事诉讼程序解决家事纠纷，容易激化家庭矛盾，不利于家事情感的修复和纠纷的彻底解决。同时，我国现有的法院调解模式是法官调审一体，法官在同一诉讼结构中的双重身份，决定了其在调解中无法真正体现中立性。

家事纠纷的非诉讼解决机制是通过和解、调解等各种非诉讼活动解决婚姻家庭争议的机制，在国外通常称为替代性纠纷解决机制，即 ADR（Alternative Dispute Resolution）。各国 ADR 的具体内容不尽相同，但多以和解、调解与仲裁为基本类型，其中，调解机制（包括人民调解、行政调解和其他民间调解）是家事纠纷非诉讼解决机制的主要内容。我国的替代性多元化的非诉讼解决机制在现实中分流化解了大量家事纠纷。所以，目前我国的家事纠纷解决机制是一个以诉讼解决机制为中心，主体多元，职能交错，各体系彼此联系、相互补充的整体框架。

由于本书是社区家事纠纷解决机制研究，属于非诉讼家事纠纷解决机制的一部分，所以，这里将家事纠纷的非诉讼解决机制作为重点进行探讨。

第一节　我国家事纠纷解决机制的现状

一、我国家事纠纷诉讼解决机制的基本情况

（一）诉讼解决家事纠纷的法律规定

新中国成立后，我国于 1950 年 4 月 13 日颁布了《中华人民共和国婚姻法》，确立了全新的婚姻家庭关系，旧社会的婚姻家庭关系被废除，体现了国家立法对婚姻家庭的重视。

1980 年 9 月 10 日，五届全国人大三次会议通过了新的《中华人民共和国婚姻法》，涉及家事纠纷的法律及司法解释都相继出台，1985 年 4 月通过了《中华人民共和国继承法》、1991 年 12 月通过

了《中华人民共和国收养法》。至此，我国的婚姻家庭方面的法律制度逐步完善，家事纠纷的实体法方面已经初具雏形。

遗憾的是，在清朝末期和民国政府时期还存在的关于家事诉讼程序的立法探索，在新中国成立后却一度少有人问津。1991 年 4 月 9 日我国正式颁布了《中华人民共和国民事诉讼法》，并且在 2007 年 10 月进行了局部修正，随后又在 2012 年 8 月对其进行了一次大的修订。在最近的一次修订过程中，要求建立家事诉讼程序的呼声在民事诉讼修正案征集意见期间一直很高，但是家事诉讼程序最终也未能列入修订通过的民事诉讼法中。

从我国现行的法律规定来看，除民事诉讼特别程序中属于家事非讼程序的宣告失踪、宣告死亡，认定公民无民事行为能力、限制民事行为能力案件程序外，真正涉及一般家事案件审判的程序性法律条文数量很少，且规定的范围比较狭窄。相关内容主要是来自于民事诉讼法某些章节的零散规定，内容涉及如判决不准离婚和调解和好的离婚案件，在法定期限内没有合理的理由不能再次起诉，离婚案件可以根据当事人的需要不公开审理等。还有《婚姻法》以及婚姻法司法解释中的有关规定，如《婚姻法》第 32 条第 2 款规定："人民法院审理离婚案件，应当进行调解；如感情确已破裂，调解无效，应准许离婚。"第 34 条规定："如女方在怀孕期间、分娩后一年内或中止妊娠后六个月内，男方不得提出离婚。女方提出离婚的，或人民法院认为确有必要受理男方离婚请求的，不在此限。"

此外，2003 年的最高人民法院《关于适用简易程序审理民事案件的若干规定》第 14 条规定："下列民事案件，人民法院在开庭审理时应当先行调解：（一）婚姻家庭纠纷和继承纠纷；……"2004 年最高人民法院《关于人民法院民事调解工作若干问题的规定》第 2 条也规定："对于可能通过调解解决的民事案件，人民法院应当调解。……”最高人民法院在《关于适用〈中华人民共和国民事诉讼法〉若干问题的意见》① 和《关于民事诉讼证据的若干规定》中也补充了一部分关于家事案件的规定，但是总的来说家事诉讼程序并没有成为一个独立完整的体系。直到现在，婚姻家庭案件整体上仍然适用的是普通民事审判程序。

从形式上看，上述规定似乎类似于国外普遍建立的家事调解制度，但从实质上看，二者在效果和理念上却有很大的差异。具体来说，我国现有的诉讼家事调解制度尚存在许多结构性缺陷。

1. 家事调解的时机缺乏科学性

国外的家事调解大都是诉前调解，即进入审判程序之前的调解。他们认为在“法律诉讼程序”之下所进行的调解，其调解效果可能不及在法律诉讼程序提起之前所进行的早期诉前调解。

而我国的家事调解是诉讼中的调解，即审判法官在审理案件过程中随时启动调解。与诉前调解相比，进入诉讼后再适用调解很有可能会遇到许多障碍。因为进入诉讼程序后，法官按诉讼程序审理，当事人自然而然地也是按照诉讼程序和规则行事，如为了证明对方的过错或证明感情破裂，双方都收集了大量的证据资料，这些证据资料会有意无意地强化了对方当事人的不满；在随后的举证、质证和辩论中，面对一方的证据资料，另一方可能会恼羞成怒，很容易激化矛盾，在此情景下，如果法官突然提出调解，双方当事人在情感上、心理上、面子上都将难以接受，因为在情绪激动时谁都不愿意做出让步、原谅对方；此外，诉讼的对抗性本质，常常使细小的纠纷、矛盾放大数倍，常常会进一步强化当事人之间的对立。在此种情况下进行调解，当事人之间达成协议的可能性很小。

---

① 已于2015年1月30日被《最高人民法院关于适用〈中华人民共和国民事诉讼法〉的解释》（法释〔2015〕5号）废止。

2. 家事调解的前置性和强制性不明确

对离婚等家事案件，我国立法也使用了“应当进行调解”，这一规定似乎类似于日本等国的强制调解或调停前置制度，但仔细分析两国的法律规定，就会发现还是存在较大的差异。我国《婚姻法》第32条规定中的“应当进行调解”的“应当”二字在此处并没有“强制”的意蕴，因为现有立法中没有相应的制度来约束法官“必须”对家事案件进行调解，甚至没有体现“强制”的任何制度或配套措施。从实践看，法官努力尝试调解和不进行调解或敷衍一下当事人不会有什么本质的差异，也不会有什么违法或不利后果之虞。相反，努力尝试调解可能影响该法官的办案速度和办案数量，其结果是降低其工作成效，并最终直接影响其收入、晋升、评优等现实利益。因此，现实中许多法官会例行公事地询问一下离婚的双方当事人是否愿意调解，只要一方说不愿意调解，或双方的调解条件相差太远，审判长就选择不进行调解，宣布休庭，择日宣判。所以，我国的家事调解不是强制性的“应当”，而是非强制性的、倡导性的“应当”。在这种状况下，家事调解的目的、宗旨很难真正地、有效地实现。

3. 调解主体缺乏专业性

国外的家事调解员多数是由具有社会学、医学、教育学、心理学、行为学知识以及经过法律训练的专门调解员担任，即便有法官参与，该法官也不可能在调解失败后的诉讼程序中担任审理法官。家事调解中的调解人员通常精通调解的方法、技巧和策略，能充分发挥自己的特长帮助当事人找到问题结症，说服或鼓励当事人自己达成合意，从而妥善解决家庭纷争。而在我国，诉讼中的家事调解是由审理案件的法官兼任，这种格局尽管可以使调解具有一定的权威性，但调解的成效并不高，而且还存在诸多弊端。首先，通常情况下，法官擅长的是法律判断而不是涉及人情事理的调解，法官的职业本性促使他们不由自主地“厚判轻调”；其次，即使法官愿意进行调解，也往往难以胜任，因为法官多半缺乏调解的专门知识、技能和科学训练，不能对当事人的性格、心理、出身、成长环境等事项作出科学判断，此种状况下很难进行富有成效的调解；再次，审理法官主持调解，还可能产生滥用职权的风险，如出现“以判压调”“以拖压调”等强制调解倾向，这既损害了法院的司法权威，也背离了家事调解的宗旨。

4. 法院查明事实、分清是非的调解原则，不利于家事调解的实施

查明事实、分清是非是我国《民事诉讼法》规定的一项调解原则，它对所有案件包括家事纠纷案件都适用。然而，这一原则并不完全适应家事纠纷案件的调解。首先，它会使家事调解的时间严重滞后，使诉前调解在逻辑上难以成立。因为查明事实、分清是非必须经过开庭、举证、质证，甚至开庭结束后才能实现，而在诉前阶段，法官还未能通过有效的手段获知案件的事实。因此，这一阶段的调解面临法律和逻辑上的双重障碍。所以，从理论上讲，离婚等家事案件的调解只能在法庭辩论结束后至判决做出前这段时间进行，否则便可能做无用功。其次，会使家事调解的综合价值和意义难以实现。因为一旦案件出现事实清楚、是非分明的情况下，调解抑或判决已没有什么本质差别，调解的内容实质就是判决内容，因而即使当事人经调解达成了协议，也不能实现调解的那些独特价值。再次，上述原则还可能加剧离婚案件当事人之间的对立，激化矛盾。因为查明事实、分清是非的过程往往是再现当事人之间纠纷矛盾的过程，而开庭审理固有的举证、质证、辩论等场面则会进一步加剧双方当事人的对抗，当事人可能会不由自主地再陷入情绪激

动的相互指责之中。这对家事纠纷达成调解协议非常不利。

5. 缺乏家事调解的有效调查机制，不利于法官进行有针对性的调解

尽管如前所述，查明事实、分清是非的调解原则不利于家事调解的实施，但这并不意味着法院对家事案件的调解不需要了解事实、分清是非，问题是如何查明、由谁查明。从国外情况看，很多国家在家事法院设置专门的调查官，在调停程序开始前调查、发现问题，查明纠纷原因，并向调解员提交报告。调解员自己也可以对离婚案件当事人的背景进行调查、了解，有时甚至将人生史追溯到其童年时代。目的是帮助当事人获得公正意识、洞察力和理性。①

而我国的情况是，离婚案件实行当事人举证原则，即当事人必须自己调查、收集必要的证据来证明某些事实，只有对那些“属于当事人或其代理人因客观原因不能自行收集的证据”，才可以申请法院去调查。家事案件的特殊性使得该类案件之事实调查具有较高的难度，尤其对那些涉及与第三者婚外同居、通奸、家庭暴力、虐待等事实，当事人常常无法举证。法院对离婚案件事实调查的消极态度导致法官即使想调解也“心有余而力不足”，因为要么法官不了解案情，无法进行针对性的调解；要么法官虽通过案件的审理了解了案情，但却因丧失了调解的最好时机而使得调解最终难见成效。

（二）家事纠纷诉讼程序的变化发展

在新中国成立以后的很长一段时间里，家事纠纷成为了民事案件的最主要构成部分，占到了民事案件的一半以上。因此，我国民

① 刘瑞川：《民商案件调解实务》，人民法院出版社2004年版，第79页。

事诉讼继续继承了“马锡五审判方式”的主要特点。一是，民事纠纷案件审理过程中由法官负责证据的收集和提出，是以职权探知主义的方式来查明案件事实；二是，在解决民事纠纷过程中，贴近群众，重视以调解结案。

随着市场经济的到来，我国政治、经济体制以及社会生活经历了一个不断变化发展的过程。为了适应社会发展需要，国家司法机关也进行了大规模的司法改革，民事诉讼的两大特征都发生了重大变化。一方面，市场经济下强调民事权利的自由处分，原有的职权主义诉讼模式受到了越来越多的批判，为了提高当事人的诉讼地位，民事审判的改革方向开始向当事人主义靠拢，做出强化当事人的举证责任，实行庭前证据交换制度等一系列改革。另一方面，调解在民事诉讼的中心定位也经历了一个不断调整变化的过程，大致可分为四个阶段：第一阶段（新中国成立至 1981 年）是以调解为主的阶段，表现为通过政策和情理来化解社会中各种不同形态的矛盾，调解成为改造社会、建立社会主义新秩序的有效途径。第二阶段（1982—1990 年）是着重调解阶段，我国的人民法院调解制度在第一部《中华人民共和国民事诉讼法（试行）》中得以正式确立。第三阶段（1991—2003 年）为自愿调解阶段，《中华人民共和国民事诉讼法》将“自愿合法”原则代替了此前规定的“着重调解”原则。而第四阶段（2004 年以来）为调判结合、调解优先阶段，最高人民法院总结了多年以来调解工作存在的问题和不足，最终明确了“调解优先，调判结合”的审判工作原则。60 多年来的变化趋势说明，调解仍然在民事诉讼中占主导地位。

从我国现阶段家事诉讼的变化发展过程来看，诉讼模式的转变，主要纠纷解决方式的选择，都突出了私法自治原则，本质上适应了我国市场经济发展的需要。但是站在建立家事纠纷解决机制的立场，改革的内容则完全忽视了家事纠纷的特殊性。家事纠纷的社会性要求家事诉讼程序必须以职权主义诉讼模式为基础，家事纠纷的身份性、情感性决定，其应当是与一般民事审判方式改革完全不同的道路。无论是大陆法系还是英美法系国家的家事诉讼程序，都具有职权主义的特点，在德日的家事诉讼程序中都有关于法官依职权调查取证，排除自认的规定；英美法律则规定法官对家事纠纷中的某些个案有较大的自由裁量权。

二、我国非诉讼家事纠纷解决机制的基本情况

非诉讼的家事纠纷解决机制，主要是指诉讼外的家事调解。我国诉讼外家事调解主体构成多样，既有传统的亲戚、同事、朋友都可以参与的私人调解；也有依靠妇联、工会、司法所、街道办事处、派出所、居民委员会、信访窗口、基层法律服务所、律师事务所等组织介入的调解；还可以在行政机关的主持下，以国家政策法律为依据，以自愿为原则，通过说服教育等方法，促使双方当事人协商解决争议。①

（一）亲戚、同事、朋友等参与的私人调解

由亲友主持的家事调解是民间解决家事纠纷的常见方式之一。这类调解在解决家庭纠纷、维持家庭和睦方面发挥着重要的作用，但是这种调解属于民间自发行为，达成的调解协议主要依靠当事人的自觉和自律保证履行，如当事人反悔，也不能对其采取强制措施。此种家事调解很难进行程序化规定，如非要对私人调解进行严

① 熊文钊：《现代行政法原理》，法律出版社 2000 年版，第 480 页。

格规定，那必将限制其灵活性和有效性，最终必然导致家庭关系的僵化。

（二）妇联等组织的调解

妇联等社会团体在实际生活中也具有一定程度的解决家事纠纷的功能。妇联组织在解决家事纠纷方面曾经确实发挥了积极的作用，但在不同的历史阶段作用不同，近年来有所削弱。目前，调解不是妇联等组织的主要职责，而是这些组织或单位的附带性工作，组织内部并没有调解的规程，具有较强的灵活性。实践中，这些组织并不会主动寻找纠纷来进行调解，即便对某些家事纠纷进行了调解，也不过是例行公事，并不具有制度性的特点。即便达成了调解协议也不具有法律效力，充其量只是有道德上的拘束力，当事人是可以随意反悔的。妇联等社会组织的调解已经纳入到了“大调解”模式之中，在实际工作中也是依附于人民调解和司法调解的。

（三）司法所的调解

乡镇调解中心设在司法所，与司法所实质上是“一套人马，两块牌子”。乡镇司法所属于县司法局派出机构，实际上附属于镇政府，是建设新农村的一种重要力量，司法所对于农村家事纠纷的解决尤为重要。司法所的职责涵盖了乡镇调解中心、法律援助中心和法律服务所的职责。在不发达的地区，司法所的家事调解大都具有法律援助的性质，在这些地区，由于经济方面的因素，司法所的调解是解决家事纠纷的主要渠道之一。当出现需要乡镇调解中心处理的家事纠纷时，主要由司法所出面进行调解或与其他单位协调处理。

（四）婚姻登记机关的调解

民政局的婚姻登记机关，是负责结婚登记和离婚登记的机关。2004 年新的婚姻登记条例出台之前，婚姻登记机关对离婚纠纷具有调解职能。但是，现在婚姻登记机关的职责在于为离婚者提供服务，不再具备调解职能，通常事先要求当事人慎重考虑，希望不要一时冲动，作出后悔终生的事情。只要双方自愿离婚，并对财产分割、未成年子女抚养等问题达成协议，就可以开出离婚证。如果双方对离婚财产分割或未成年子女抚养未达成一致意见，婚姻登记机关一般不会受理。

（五）基层人民调解委员会的调解

人民调解制度是我国所特有的调解制度，在解决家事纠纷中发挥着重要的作用。人民调解委员会设在基层村民委员会、居民委员会以及某些有需要的企事业单位，组成人员一般是由村民会议或村民代表会议、居民会议和职工大会、职工代表大会、工会等组织推选产生。婚姻家庭纠纷是基层人民调解委员会经常会面对的纠纷，人民调解委员会在家事调解这方面积累了丰富的经验。

然而随着社会结构的变化以及国家政策的不确定，城乡人民调解委员会的功能一度出现弱化。但后来由于社会纠纷解决的实际需求和严峻局面，人民调解再度受到关注，在这种背景下，人民调解组织开始扭转下滑走势，重新焕发生机。人民调解最大特点是“立足基层，体察民情，联系百姓”，因此，不论过去还是现在，婚姻家庭纠纷仍然是基层人民调解委员会经常会面对的纠纷。[①]

人民调解协议的法律效力问题，一直是学界争议的焦点问题，曾一度严重制约着人民调解制度的发展。人民调解的程序及结果不具有法律和行政的强制性，一度使得人民调解制度处于尴尬的局面。直到2010年8月28日第十一届全国人民代表大会常务委员会第十六次会议通过《中华人民共和国人民调解法》，才使得人民调解协议的法律效力问题得以解决。依照本法的相关规定，当事人可以将人民调解协议在限期内提交法院进行司法确认，经法院确认有效后，调解协议具有强制执行力。虽然一度有学者认为“法院对诉前调解协议直接予以司法审查，赋予其强制执行力，不仅剥夺了当事人的诉权，也导致法院放弃审判权，违背了民事诉讼的基本原理。”[②] 但是通常还是认为调解协议的司法确认与司法程序的正当性并无矛盾之处，并且司法确认也是克服人民调解局限性，实现诉调对接的有效形式。为了肯定人民调解协议司法确认的价值，2011年3月21日由最高人民法院审判委员会第1515次会议通过了《关于人民调解协议司法确认程序的若干规定》，2012年修改后的《民事诉讼法》增加了“确认调解协议案件”一节，由此，将人民调解协议确认程序正式写入了国家基本法律当中。可以说，这为人民调解制度的顺利运行扫清了一大障碍，为建立健全诉讼与非诉讼相衔接的纠纷解决机制创造了条件。

我国非诉讼的家事纠纷解决机制，作为解决家事纠纷的第一道防线，也是最重要的防线，其明显的优势在于主持调解的一方更加

---

① 2000年全国人民调解委员会共计调解家庭纠纷1,951,114件，比同期人民法院审结的家庭纠纷数量多603,306。范愉：《ADR原理与实务》，厦门大学出版社2002年版，第626页。

② 冯伟、舒秋膂：“诉调对接的理论透视及制度建构——司法救济与社会救济的互补性研究”，载《中南大学学报》（社会科学版）2008年第1期。

贴近家庭、贴近生活，对家事纠纷的基本情况有较多的了解，能够对症下药、灵活快速地解决当事人间的婚姻家庭纠纷，防止矛盾进一步激化，消除双方对立情绪，同时还有助于改善家庭关系，让双方当事人心理上乐于接受。可以说，相当一部分纠纷简单、双方当事人争议较小的家事纠纷都能以诉讼外调解的方式得到解决。而我国目前尚没有专门解决家事纠纷的非诉讼机构和人员，现有的家事纠纷主要是由人民调解委员会调解或出现家庭暴力时向公安机关报案或向妇联请求帮助。向公安机关请求帮助，也只是暂时制止了正在进行的家庭暴力侵权；向妇联求救，也只会在妇联的帮助下，向公安报案或向法院起诉，并不能真正彻底解决家庭纠纷。所以，在非诉讼家事纠纷的解决中，人民调解委员会的调解是最主要的家事纠纷解决途径，具有群众性、便捷性、低成本等特征，是解决社区纠纷的主要渠道。目前，家事纠纷作为社区纠纷中最主要的部分，一般是由人民调解委员会来解决的。但是随着人们法律意识的不断提高、人民调解制度的不完善，使得社区人民调解制度在实际工作中得不到充分的运行。因此，要充分发挥社区人民调解制度在解决家事纠纷中的作用，完善家事纠纷解决机制，就必须要了解其存在的不足和面临的困境，并分析其产生的根源。

综上所述，目前我国诉讼外的家事纠纷解决机制并不统一，表现为机构众多、名称多样、隶属各异、权限交织。众多机构间的关系错综复杂，有的还是联合办公，甚至是一个机构两块牌子，导致缺少社会的认同和公信力，专门机构缺失、专业人员缺位、职责不明确、纠纷解决机制不健全，常常出现部门之间相互推诿的现象，还存在有关部门对纠纷解决组织的指导不到位等问题。

三、对家事纠纷解决机制变化发展的认识

我国家事纠纷的解决机制是多种纠纷解决方式并存的机制。作为一个解决纠纷的系统，从总体上看，具有以下几个特点：

（一）古代以家族为核心的家事纠纷解决机制已基本不复存在

随着封建社会的瓦解，古代家事纠纷解决机制失去了赖以生存的社会基础。随着社会的进步，市场经济的发展，以地域分明、人口众多的大家族逐渐解体，分裂成了一个个以三到五个人为单位的小家庭，家族机构也随之消亡，家庭类型逐步由三代人组成的主干家庭为主，转变为由一代人或两代人组成的核心家庭为主；古代盛行一时的家法族规也退出了历史的舞台。与此同时，解决家事纠纷的实体法律得以完善，原先的家族成员现在只能基于法律规定或社会关系参与到家事纠纷的解决中来，大大削弱了传统风俗习惯中其他家族成员对解决家事纠纷的影响。

（二）家事纠纷非诉讼解决机制发展迅速

“无讼”作为我国千百年来传统的法律文化观念已经深入人心，非诉讼方式作为解决家事纠纷的主要手段，很快被广大群众高度认可和接受，特别是调解，还一度被司法界誉为“东方经验”。非诉讼纠纷解决方式，解决了大量社会纠纷的同时，也经历了时代的考验，积累了许多丰富的理论和实践经验。时至今日我们的非诉讼方式不但向着多元化方向发展，还创造出全新的人民调解制度；而且逐步的制度化、体系化，建立起了诉讼与非诉相衔接的矛盾纠纷解

决机制。在大多数人的认识中，以两千多年来形成的传统伦理观念、社会习惯，甚至人情、礼俗来进行说服劝解，远比一板一眼的法律权利、义务关系更让人感到亲切，而且非诉讼方式程序简单，没有特殊要求，显然能够使更多人熟练运用，更加符合当事人和整个社会的利益。

（三）对诉讼解决家事纠纷的作用缺乏认识

如果说“无讼”的传统法律观念和“重实体、轻程序”的法律特点是家事诉讼在历史上昙花一现的主要原因。那么，在人们法律意识不断加强的今天，家事诉讼仍然未付诸实践的症结，恐怕就在于我们在强调司法改革要适应市场经济发展需要的时候，未能考虑到家事纠纷的特殊性，没有针对家事纠纷设立专门的家事法院或家事法庭，也没有专门的家事诉讼程序，没有真正认识到建立特殊的家事诉讼程序对解决家事纠纷的必要性。

（四）尚未形成有机协调的家事纠纷解决体制

家事纠纷的非诉机制与诉讼机制的对接缺位，家事纠纷解决整体效力没有显现。婚姻家庭诉讼中调解与审判的关系，以及非诉纠纷解决机制的协调和发展都需要深入探讨。笔者认为，我国有必要建立一个与家事纠纷相适应的纠纷解决机制，使纠纷解决体系中的非诉机制与诉讼机制协调对接，形成一个统一的整体，使得家事纠纷得以全面有效的解决，以稳定社会秩序和家庭秩序。

第二节 对我国目前家事纠纷解决机制的评析

一、对诉讼模式解决家事纠纷的评析

家事纠纷案件是个复杂的体系，不仅数量上占据了民事诉讼案件近30%以上，而且其审理内容复杂和特殊，既包括诉讼案件，也包括非诉案件。

（一）诉讼模式解决家事纠纷的比较优势

1. 诉讼模式解决家事纠纷适用范围广泛。它适合夫妻离婚纠纷、家庭财产分割、继承纠纷、未成年子女的抚养纠纷、父母的赡养纠纷、家庭暴力等一切家事案件。

2. 诉讼模式解决家事纠纷最具有权威性。与和解、人民调解相比，通过诉讼解决家事纠纷，是由一方当事人向人民法院起诉，法院受理后，由国家审判机关严格依照民事诉讼程序，开庭查明事实、分清是非，依据法律进行裁决，民事审判具有法律规定的效力，民事裁决具有法律强制力。

3. 诉讼模式解决家事纠纷具有确定力、执行力。通过诉讼解决家事纠纷，法院在明确双方当事人之间权利、义务的基础上，作出裁决，具有确定力和执行力，不管当事人是否意愿，都必须接受法院已经生效的裁判结果。如果当事人不按裁决内容执行，将会被强制执行或要承担不履行生效判决、裁定的法律责任。

（二）诉讼模式解决家事纠纷的不足

1. 普通民事诉讼程序的“对抗式”诉讼结构，不能适应家事纠纷案件的特殊性

家事纠纷具有情感性、身份性等特征，解决家事纠纷需要一种与之相符的、有别于契约型关系的特殊纠纷解决方法，这是设立家事调解制度最基本的依据所在。通常用来解决一般民事纠纷的对抗式诉讼纠纷解决程序，不适合甚至不利于家事纠纷的解决。

我国民事诉讼制度通常采取“对抗式”审判模式，在处理一般民事案件时是基于抽象权利平等的两相对立的诉讼构造设立，并贯彻“以事实为依据，以法律为准绳”的优势主义现代证明标准。但家事纠纷案件由于当事人之间特殊的身份关系，其自然属性、人身关系和伦理属性较强，加之以现代的破裂主义离婚标准，使得他们之间的纠纷不仅需要运用事实和证据解决，更需要以情感人、以理服人；为维护伦理秩序和道德生活，《婚姻法》《继承法》《收养法》等家事法律已经对弱者地位给予了应有的倾斜性照顾，以使案件得到合情合理的解决，而处理一般民事案件的“对抗式”程序，在一定程度上则会妨碍家事纠纷或争议的和平解决。正如美国学者迈克尔·D·贝勒斯所说的：“对于解决争执发生后仍继续打交道的当事人之间的争执——雇主与雇员、房主与房客、夫妻、邻里及其他人之间的争执，对抗式程序是一种拙劣的方法。”一般认为，“不与律师打交道时，夫妻双方往往能合理分割财产、友好分手，但律师一旦插手，情况就不同了。许多律师怂恿其当事人争夺财产的较大份额，从而造成夫妻双方互不相让、彼此敌视。”① 所以，

① ［美］迈克尔·D·贝勒斯：《法律的原则——一个规范的分析》，中国大百科全书出版社1996年版，第41～42页。

如果家事纠纷在未经过调解的情况下，纠纷一发生就运用诉讼程序来解决家事纠纷无疑是一种不明智的选择。因为冰冷的法律条文，威严的法庭只会使纠纷雪上加霜，只会使当事人对司法过程产生权能虚化、耗时、耗财的挫折感。家事案件中当事人原本都是彼此非常熟悉、曾经是共同居住、生活的家庭成员，关系较为密切，产生纠纷之前具有较深厚的亲情关系和伦理感情，可一旦进入诉讼程序，打起官司后就往往会反目成仇、相互攻击。显而易见，诉讼必然会给当事人的心理和精神上带来极大的伤害。依法判决的诉讼“常常导致当事者之间发生不必要的感情对立，不仅不能助长合理解决问题的态度，还往往引起纠纷当事人之间的长期敌对。”① 在对抗式敌对性质的诉讼程序中处理家事纠纷，其结果常常是将关键问题恶化并使纠纷、争执陷入僵局，极有可能会令纠纷双方当事人之间的矛盾激化，甚至走向极端，从而令法庭难以获得诸如子女由谁监护、双方的感情基础如何、共同生活期间的财产状况等真实情况，不能知悉与案件有关的全部事实，很难作出准确、公平的判决。故“因配偶、直系亲属、四亲等内之旁系血亲、三亲等内之旁系姻亲、家长或家属相互间之亲谊非疏，如因财产权发生争执，为顾及伦理、维持家庭秩序及亲属间之和谐，实不宜进行诉讼。”②同时家事纠纷往往涉及纠纷当事人的个人和家庭的隐私，而这些隐私是不宜公开审理的。“如果说媒体的关注已经对双方当事人造成侵犯，那么法律诉讼本身将更具入侵性。”③ 如果一个家庭纠纷所

---

① ［日］棚濑孝雄：《纠纷的解决与审判制度》，王亚新译，中国政法大学出版社2004年版，第62页。

② 吴明轩：《民事调解、简易及小额诉讼程序》，台北五南图书出版股份有限公司2004年版，第16页。

③ ［美］爱伦·艾德曼、卡洛琳·肯尼迪：《隐私的权利》，吴懿婷译，当代世界出版社2003年版，第82页。

涉及的种种隐私都被拿到法庭上公布于陌生人的话，当事人就会因感觉到自己像是赤裸裸地被人观看一样而感到羞愧和痛苦。进而会将由此产生的这种埋怨和忿恨指向对方当事人，不利于缓和双方矛盾和日后双方的和平相处，也不利于整个大家庭的和睦相处。

通过诉讼程序解决民事纠纷的目的在于，通过法庭审理查清当事人纠纷的事实之真相，查清纠纷的原因、确认纠纷的事实、确定既存的权利义务关系，依据法律解决纠纷。而对于家事纠纷来说，由于证据的难以证明性，很多事实是无法得以证实的，根本就无法确定谁是谁非。当然对于有些家事纠纷来说也没有必要去分清对错，因为解决家事纠纷的目的不在于确定权利关系之有无或事实真相如何，也不在于确定双方当事人谁是谁非，而在于如何让双方当事人能够冷静下来，立足现实理性地达成共识，消除矛盾而让当事人重归于好。基于此，通过调解，以情感人、以理服人的方式，让家事纠纷的当事人自己达成相互认可的调解协议来和平解决纠纷是较好的选择。此外，在经济分析学家看来，如果用普通的诉讼程序来解决特殊的家事纠纷，不仅不利于纠纷的解决，还有可能损害当事人的利益，也会浪费国家有限的诉讼资源，损害社会整体利益，不利于社会的稳定。

总之，家事纠纷因“所涉及家庭生态（family ecology）及权力动力（power dynamics），关系复杂，牵扯层面甚广，专以裁判方式绝非终极解决之道”。[①] 正是基于此种认识，英国官方曾明确宣布，非诉讼的家事调解服务是解决大部分家事案件及其所衍生问题的较为适合且更为有效的救济机制，与其相比，诉讼只能作为解决家事纠纷的最终和最权威的司法救济机制，也是不得已采取的一种救济

① 彭南元：“让当事人转危为安——我国家事审判实务采用心理咨询服务成果之初探”，载《月旦法学》2003 年版第 12 期。

手段。

2. 对抗式的民事诉讼在解决纠纷时，讲求公正与效率，而忽略对人的关怀

公正与效率是民事诉讼活动期望实现的目标，而公正作为民事诉讼活动首要目标的地位是不容动摇的。在一般民事诉讼中强调的“迟来的正义为非正义”的论断，并不能确认其在家事纠纷解决中的适用性。对于家事纠纷而言，对效率的追求未必有益。由于家事纠纷具有一定的偶然临时性，考虑到家事纠纷事件在双方当事人心理上造成的影响以及需要一定时间的消解过程，应当给予当事人较长时间以进行深入思考和认真反思，做好相关工作。所以，有些家事纠纷案件宜冷静，适当拖延，不宜速决，尤其是在离婚诉讼日益增多，审判资源相对稀缺的情况下，强调效率的追求应当让位于对家事纠纷当事人人身关系的关怀。

3. 我国到现在仍然没有设立专门的解决家事纠纷的审判机构和相关的诉讼程序

2013 年我国开始施行修改后的《民事诉讼法》，但在这部法律中仍没有规定设立专门的解决家事纠纷的机构和相关的诉讼程序。针对家事纠纷，我国适用的还是民事诉讼法、婚姻法、继承法中规定的家事纠纷在诉讼中应先行调解。法院在审理家事纠纷案件时，首先是要进行诉前调解，如果调解成功，根据当事人的自由意志达成的协议，制作调解书，调解书与判决书具有同等的法律约束力；如果达不成调解协议，才会进入法庭审理阶段。我国法院的诉前调解得到了大多数学者赞同，同时在实践中也得到广泛运用。但我国法院调解在处理家事纠纷时还存在局限，如司法调解范围偏窄，因为家事纠纷具有情感性、复杂性、牵连性，并不仅仅是通过调解解决了当事人双方的纠纷就可以彻底解决这一纠纷，可能引发其他潜

在矛盾；调解程序无明确期限，现在法院在给当事人进行调解时往往是根据法官个人的时间来决定的，没有法律强制性规定；法院诉前调解也无规范操作，因为没有具体操作规定，每个地方的法院在给当事人进行调解时所走的程序都不一样，很容易导致同一个问题在不同地方有不同的处理结果。

诉讼模式解决家事纠纷，需要当事人预交案件受理费和其他费用，作为国家提供的解决纠纷的方式，诉讼费用相对较高，有时法律规定会与当地的人情世故有所冲突。另外，家事案件有别于一般民事案件的特点，由于我国没有专门的审理家事纠纷的诉讼程序，按普通民事案件模式审理家事案件，在审判理念、遵循原则、审判程序、审判方式、裁判功能定位等诸多方面会存在冲突，不能反映家事案件的审判规律，制约了家事案件有效处理和解决，一定程度上会导致审判结果、裁判导向的偏差。

目前法学界正在探讨建立专门的家事法庭，适用家事纠纷审理程序来审理家事案件，但家事法庭审理家事纠纷，也只能作为非诉讼家事纠纷解决的补充或终结的选择。

二、对诉讼外调解机制解决家事纠纷的评析

（一）诉讼外调解机制解决家事纠纷的比较优势

诉讼外调解机制的产生其实主要是基于一种信念，即人们应该对那些会影响其生活的重大决定保有其控制的权利，在此过程中，参与调解的当事人在第三者的帮助下，得以深思熟虑、互相谅解、友好协商，为彼此间冲突的解决做出最好的决定。因为诉讼外调解过程不需要受法定程序的限定，也不需要受既定的法律规则太多的

管制，所以调解者在进行调解时会尽可能地使用谈判技巧来推动和引导双方当事人自行谈判、达成一致意见。可见，诉讼外调解过程不带有对抗色彩，调解人员主持下进行调解的过程，能让双方当事人保持互相尊重的态度，减少调解期间出现的对抗和冲突。家事调解与在对抗制度下所采用的谈判方式有所不同，它的重点是从互相合作的角度，本着调和的目的，来界定影响双方当事人产生纠纷的因素，考虑的要点是纠纷当事人及其他家庭成员和社会的长远及整体利益，而非其个体的权利。

以调解机制对家事纠纷的价值而言，调解时往往难以简单地作出是非分明的处理，当然家事纠纷有时也可能根本不需要作出黑白分明的判断，甚至某种程度上也根本无法作出非输即赢的裁决，相反应当把促成当事人之间恢复感情、消除对立、实现和解作为纠纷解决的根本目标和价值取向。所以，在调解过程中，中立的调解者往往会鼓励纠纷双方当事人直接沟通，鼓励他们商议关乎子女未来的教育、抚养、日常安排及家庭其他成员之间的关系等问题。这样，调解和好的概率较高，即使最终当事人在法律上和经济上脱离了关系，但通过调解仍可保持其友好来往之和睦关系。否则，当事人双方便有可能继续纠缠不休，所造成的恶果，不但影响纠纷双方当事人，而且还祸及其子女和两个大家庭，严重时会导致子女的失学、心理疾病，甚至发生家庭悲剧、走上犯罪道路。

非诉讼调解机制在家事纠纷解决方面的优势可以概括为以下几个方面：

1. 有利于弥补法律刚性的不足

法律一般是滞后于社会的，很多纠纷所涉及的问题，其深度和广度远非仅通过法院的司法裁决就能解决。此外，现行的法律大多借鉴而来，并非所有的都适合我们的实际情况，这些法条本身就存在着很大的争议。由于我国存在地域之间法治观念的不平衡，基于传统道德伦理观念而形成的价值取向严重地影响民众思想的家事纠纷案件时有发生，而法院常常通过强调形式正义的判决结果结案的话，就会有大量的判决得不到当事人的理解，甚至出现不但平息不了纠纷，而且还会产生社会关系的对抗和紧张等局面。非诉讼家事调解机制能兼顾当事人身份、情感及传统道德伦理观念，此时对于缓解矛盾发挥着重要作用。

2. 有利于节约成本

非诉讼家事调解灵活性较强，调解过程不拘泥于形式，无须遵循严格的程序，调解人员和当事人可以根据家事纠纷的特点、彼此的关系和各自的需要选择适当的时间和适当的地点来进行调解，调解书的制作也没有形式要求，较为简单，因此，调解可以节省时间、人力和财力。另外，家事调解往往是在一种非对抗性的、和谐的气氛中进行的，争议双方完全可以自由地阐述自己的观点和意见。同时在纠纷解决的实体依据方面，除现行法律法规外，调解还可依据当事人认为适当的各种社会规范，如公共道德准则、通行的公平原则、民间惯例、乡规民约等。日本学者棚濑孝雄在论及审判外纠纷解决机制时曾说："因为有当事人的合意这一绝对的正当化原理作为保障，有'只要不服就可以不从'这条后路，相应地在程序规定上就有了更大的自由，对解决方案正确的要求也可以相对降低，从而使费用等代价的大幅度削减成为可能。"① 可见，家事调解可以节省时间、人力和财力，有效地节省大量的社会成本。

3. 有利于构建和谐的人际关系

非诉讼家事调解机制，为当事人解决纠纷营造了"友好的氛

---

① ［日］棚濑孝雄：《纠纷的解决与审判制度》，王亚新译，中国政法大学出版社2004年版，第80页。

围”，有利于稳定家事纠纷当事人情绪，双方在自愿、平和、冷静之心态下进行商谈，相互谅解，消除分歧与隔阂，自觉让步，尽量维持当事人之间及家庭成员间人际关系之和谐，尽可能避免诉讼程序中反目相向或针锋相对所衍生的其他家庭矛盾或社会问题，此为非诉讼家事调解机制所具有的制度目的、机能。非诉讼家事调解是以夫妻、亲子、扶养、继承等有关家庭成员之间的人身关系或财产关系作为调整对象，故而人际关系的调整在普通民事调解中仅作为达成当事人合意的手段，起到的只不过是缓和当事人情绪对立，使其冷静客观地主张个人权益的功能，而在非诉讼家事调解中却是其本质性的要素。

4. 有利于纠纷的有效解决

人们对纠纷解决的态度是一种典型的实用主义逻辑，哪种纠纷解决方式对其更便利、更快捷、更有效用、成本更低，就会被选择，即当事人选择的关键就在于其是否行之有效。[①] 非诉讼调解机制是一种行之有效的家事纠纷解决制度，其优越性已经得到了许多国家的普遍认可。目前日本家事纠纷90%以上通过非诉讼调解机制解决，而只有10%的家事纠纷案件最终以裁判方式解决。[②] 通过此数据，可以明显地看出，经法院参与的家事纠纷案件，调解与诉讼的比值竟高达九比一，这足以证明和预测非诉讼家事调解机制对解决家事纠纷的有效性。

（二）诉讼外调解解决家事纠纷的不足

1. 当事人自行和解的不足

虽然“解铃还须系铃人”，当事人对于家事纷争之化解，一般

① 徐听：《论私力救济》，中国政法大学出版社2005年版，第38页。
② 徐听：《论私力救济》，中国政法大学出版社2005年版，第40页。

有强烈自主性需求，但是由于家事纠纷的当事人之间存在着某种血缘或感情的联系，决定了其当事人在纠纷发生和解决过程中的非理性因素过多，家事中的权利与义务关系表现得相对复杂，因此指望当事人双方在感情用事、矛盾激化、非理性的状态下来进行对话是非常困难的，即使进行对话也很难在各自合理打算的基础上达成妥协。此时，若没有作为中立的第三方居中说和，帮助双方交换意见，或者在明确纠纷真正对立点的基础上提出一定的解决方案，当事人往往很难自主达成合意。

另外，由于和解机制实行完全的当事人意思自治原则，因而会缺乏有效的监督，所以和解方案的合法性会受到合理的质疑；和解方案是否能照顾到未成年人或其他相关利害关系人的利益也受到怀疑。这是和解在解决公益性较强的家事纠纷时常常会出现的弊端。

2. 诉讼外调解的不足

诉讼外调解，是在法院以外的第三方主持下以协商的方式来解决家事纠纷，其强调的是当事人的参与性和协商性，通过第三方促进当事人互谅互让、相互妥协，这有利于当事人情感的修复和协议的达成。

诉讼外家事调解是当事人自主解决家事纠纷的最好方式，他们在调解过程中通过参与进行对话、沟通，最终达成双方都认可的结果。家事调解程序优先考虑结果的正当而非过程的正当，家事调解结果的正当是建立在“双方自愿”，“不服可以不从”之上。“不服可以不从”意味着给当事人以选择的机会，由当事人综合诸多因素，如结果的可执行性、双方关系的维系、纠纷解决的成本以及可接受度，进行综合计算、衡量，选择最优方案。调解人如过于偏离中立立场，不基于公正，当事人可以用“拒绝调解”方式表达不满。家事调解程序充分考虑了当事人的自治权利，在调解过程中当事人的意志是自由的，通过对话与协商形成合意，而不受任何社会或制度性的压力。

由于诉讼外调解的非强制性，导致调解后一方恶意违约，而不得不再次求助于诉讼的情形频繁发生，可能会挫伤人们选择诉讼外调解的积极性，其结果直接体现为诉讼外调解和诉讼案件数量的此消彼长。

综上所述，由于家事纠纷涉及婚姻家庭秩序的稳定，是以身份关系为核心，不像单纯财产或经济纠纷案件，其中争议具有非对抗性、私密性，利益冲突与情感纷争复杂，所以，单靠某一种方式或某一种力量已较难有效化地解决矛盾。针对这类常见并且关乎社会基本秩序稳定的纠纷类型，应摸索出适合此类纠纷特点的多元化的纠纷解决机制。

第五章 构建社区家事纠纷解决机制的必要性

和谐社会是一个民主法治、公平正义、诚信友爱、充满活力、安定有序、人与自然和谐相处的社会，是一个公平、稳定、利益协调的社会。当前，我国正在努力构建社会主义和谐社会和建设社会主义的法治国家，并将“构建和谐社会”作为全面建设小康社会的目标之一，最后全面进入小康社会。

然而，我们必须认识到“和谐社会”并不是一个没有任何矛盾的社会，而是一个拥有合理的纠纷解决机制，使得诸多矛盾得以“协调”或“和解”的社会。[①] 目前中国的社会现状是随着改革的深化和社会主义市场经济的不断发展，由于人们生活水平的提高，利益关系的多样化，生产、生活方式的日新月异，使得各种矛盾纠纷不断增多，特别是家庭矛盾日益增多，并且日趋复杂。离婚率不断提高，未成年子女抚养监护纠纷、父母赡养纠纷、继承纠纷等大量出现。这些家事纠纷的出

---

① 郭玉军：“替代性纠纷解决机制在中国的现状及未来发展趋势”，载《中国国际私法与比较法年刊》，人民法院出版社2003年版。

现，是当前复杂社会条件下的必然产物。同时我们也应当看到，构建和谐社会的关键因素之一就是要处理好这些家庭内部矛盾。正确处理新时期的家庭内部矛盾，关系到改革发展稳定的大局，关系到全面建设小康社会奋斗目标的实现和物质文明、政治文明、精神文明建设的顺利进行，也关系到和谐家庭、和谐社会的构建。因此，如何妥善化解家事纠纷，建立一个行之有效的社区家事纠纷处理机制，成为当今建设社会主义和谐社会的关键。①

第一节　从我国历史、文化传统角度分析构建社区家事纠纷解决机制的必要性

从历史和文化的角度进行考察，可以帮助我们更深入理解中国家事调解制度独有特点，在建立和完善该制度的过程中可以更加有的放矢。社区家事纠纷解决机制的构建，符合我国历史和传统文化。

一、以和为贵的民族文化心理

中国古代社会聚族而居的宗法血缘关系，多年毗邻的地缘关系，加上“以诉讼为耻，以和为贵”的民族文化心理，使得运用社区调解来解决家事纠纷成为我国必然的选择。

《论语》有云：礼之用，和为贵。古代的和有着深远的自然经济社会根源。两千多年前人们所处的自然环境恶劣，低下的生产力

① 青连斌：“构建和谐社会必须抓住几个着力点”，载《科学社会主义》2004 年第 5 期。

要求人们有意识的集中起来聚族而居，以此来抵御各种动物的袭击和自然灾害。渐渐地宗族出现了，等级也出现了，我国的传统文化就是在这样的土壤中慢慢孕育而成。春秋时期，礼崩乐坏，天下大乱，孔子在仁的基础上最初提出了和的思想，经过了几千年的发展，和有着极其丰富的内涵。和为贵，一直为传统儒家思想所强调和倡导，也体现为国人的道德观、伦理观。和之理念不仅是我国传统文化中浓墨重彩的一笔，也是当今社会大力倡导的，有利于人们形成团结有序、安定祥和的重要价值导向。

当今，我国正处于剧烈的社会变革转型期，经济快速发展的同时各种利益矛盾凸显。在这样的大环境下，社会的和谐与安定显得尤为重要。家庭是社会的细胞，更是每一个人温暖的港湾和坚强的支撑力量，家庭的安定和谐有利于培养我们健康的心理，营造和谐的氛围。因此，合理而妥善地处理家事纠纷，维护家庭关系的和睦，正是我们法律人应该为社会做出的努力。

与冷冰冰的合同关系中的权利义务不同，家事纠纷特殊性在于当事人之间牢牢维系着血缘和婚姻关系。虽然，家事纠纷也存在法律上的权利和义务，但一个不可忽视的大前提是他们之间共处于一个大家庭，有着相对坚实的情感基础。同时，家事纠纷具有所涉利益双重性的显著特征，即它不仅关乎每一个家庭甚至每一个人的切身利益，还与社会的稳定安宁及公共利益息息相关。家事纠纷看上去属于私人之事，但家庭作为社会的细胞，家庭的稳定是整个社会安宁的基础。如果家庭纠纷得不到有效合理妥善解决，就极有可能酿成悲剧，转化为暴力事件甚至复仇，对社会造成危害。因此无论是基于公共利益上的考量，还是响应当下创建和谐社会、和谐社区的号召，我们不仅要对婚姻家庭关系这一类社会关系格外重视和适当干预，而且要特别注意方式和手段。对待具有较强身份性、情感性的家事纠纷，我们有必要在社区构建专门的家事纠纷解决机制，平时对社区家庭进行法制宣传、培训、讲座，提高他们处理家庭关系的能力，预防家庭纠纷的产生；在纠纷发生后，对纠纷当事人进行疏导、辅导、调解，以便及早解决纠纷，防止纠纷进一步恶化。

调解在我国具有悠久的历史、深厚的伦理基础和文化底蕴。中国的传统文化一贯崇尚和解，倡导“和为贵”，和解、调解已经潜移默化地融合到我国的政治、哲学、宗教、伦理、道德、社会民情和民族心理素质之间。

实践证明，社区调解已成为解决社区家事矛盾纠纷的重要途径和有效方法之一，成为开展社会治安综合治理、维护社会稳定的一支重要力量，是人民群众自我管理、自我约束和自我服务的一项优良制度，是我国社会主义民主法制建设的重要内容。社区家事调解制度与“对簿公堂”相比，具有“成本低、效率高、后遗症小”的优势，符合我国民间长期形成的“无讼为贵”“和为贵”理念和追求和谐的社会心理和民族传统，受到广大人民群众和众多家庭的普遍欢迎。

二、“无讼”传统的诉讼文化根基

我国传统诉讼文化的最大特点就是“无讼”。孔子云：听讼，吾忧（犹）人也，必也使无讼乎。这是其无讼观点的典型体现。儒家倡导厌讼、耻讼观点，其追求的是息诉、无讼的理想状态，希望通过“德化”“礼教”“为政以德”“明德慎罚”等来实现“无讼”的理想境界。

“无讼”不仅为儒家所倡导，也为法家、道家等诸家所追求。法家商鞅认为：“禁奸止过，莫若重刑期，刑重而必得，则民不敢试，故国无刑民。”法家重法的目的是“以刑去刑”，其最终目的也是为了达到“无讼”境界。老子说：“不尚贤，使民不争。不贵难得之货，使民不为盗。不见可欲，使民心不乱。”“争”是万恶之源，因此无论是争权还是争财，都为世人所不齿。为了实现他们构想的和谐，主张“人法地，地法天，天法道，道法自然”，其关键是“使民不争”。

由此可见，儒家的“无讼”强调人与人之间和睦相处，即使有纠纷，也应通过互相忍让、中间调停或双方协商解决，而不是诉诸官府，动用公力救济。法家侧重于法律功能的阐述，其“以刑去刑”的主张，实际上是想通过严明的法律，使百姓遵循，从而达到和谐的社会环境。道家则推崇清静无为的治国方略和顺其自然的生活态度，使“天下莫能与之争”。因此，儒家、法家、道家等对“无讼”的追求是一致的，只是实现这一目的所使用的手段和过程不同而已。但因儒家思想不像法家那样激进，也不像道家那样消极，取中庸之道，因之更易于被人们所接受。汉武帝“罢黜百家、独尊儒术”以来，儒家学说成为中国封建社会的正统思想，以其自成体系的思想推动着无讼观念的发展。

为了实现“无讼”，古代司法者除了用道德教化以绝讼以外，便是以调解消讼。调解消讼贯穿于整个中国古代社会，直至明清两代，这一制度在社会发展中日趋完善。

“无讼”理念提倡谦和、无争、互让互爱、道德教化，包含了适应当时社会的和谐价值。和谐是“无讼”理念追求的最高价值理想，也是调解最终的追求目标。人与人之间的和谐，在社会关系中协调与和睦是第一位的。民众往往以争讼为道德败坏的标志，以无讼为教化有道的标志，“无讼”的社会是“天堂”。像罗兹曼（Gilbert：Rozman）所说：“在许多坚持社会理想的人们心目中，对证公堂是鄙下的，为君子所不齿。”

"无讼"隐含着古人对理想社会的憧憬，即人与人之间关系融洽和谐，没有纷争和犯罪，以致不需要法律。那就更不用说在崇尚家和万事兴的家庭内部更是要求长幼有序、和睦相处。传统诉讼法律观念是我国传统文化和价值取向在诉讼领域的一种具体体现，因此，鉴于家庭内部矛盾和纠纷与传统价值观的背道而驰，其显然是不好、不正常的，本着家丑不可外扬的理念，当然也不能依靠诉讼来解决。

古代"无讼"理念是中国调解制度产生的历史渊源，而调解则是实现息讼、无讼的重要手段之一。"无讼"理念形成于以义务为本位的礼治社会，在这种社会中，法律处于次要的辅助地位。受"无讼"理念影响而形成的调解制度符合中华传统文化和民族心理，并且它能有效避免诉讼所带来的各种弊端，减少民众讼累、降低司法成本、节约诉讼资源及防止激化矛盾。可以说，由无讼而发展起来的调解息讼，把公权力与社会力量紧密结合在一起，是自然经济条件下解决民事纠纷较好的方法。所以，中国传统诉讼法律文化的另一个特点是"礼法结合"，极重伦理纲常。这种伦理性既表现在实体法上，也表现在程序法上。汉武帝时儒家董仲舒，要求司法官员在遇到法律没有规定或法律规定与儒家思想相冲突时，必须以儒家经典中的思想来作为断案的依据，即著名的"春秋决狱"，这就是典型的法律儒家化、伦理化。古人之所以将礼作为优先或者平行于法适用的原因，一方面是古人将礼视为一种积极、主动的规范，是禁恶于未然的预防，刑则是消极的处罚，是惩恶于已然的制裁；另一方面是礼又与宗法等级制度有着天然的联系，是更符合中国人的理念。社区家事调解制度可以说就是传统诉讼法律文化中这种伦理性传承和发展的产物。我国古代统治阶层通过礼制和法律来强制维护家族的和谐和宗法统治，甚至不惜限制当事人针对家事纠纷提起诉讼的权利。以宋代为例，法律规定刑事诉讼亲属之间不得相互控告，但民事诉讼则相对宽松许多，并且十分注重调处结案，强调通过睦族之义来解决亲属之间的纠纷。另一种方式则是，让当事人所在的乡党宗族或其尊长、亲戚、朋友、邻里运用伦理道德和社会习俗进行说理劝和。因此，古代对于家事纠纷是很少有当事人进行诉讼的，通常会选择依伦理道德和社会习俗加以调和的方式解决，即便是官府进行审理裁判，其所依据的规范也主要是宗法制度、伦理纲常。即使经过两千多年的变迁，宗法制度中许多封建糟粕已经不见了，但伦理文化中基本的家庭和睦有序、尊老爱幼等依旧作为中华传统美德深深根植于当代中国人的头脑和中国家庭的心目中。因此在涉及家事纠纷时，相对于条条框框、冷冰冰的权利义务关系，如果能够更多地运用人们熟悉且认同，更易于接受的伦理观念、社会习惯，甚至人情、礼俗来进行说服劝解，会更加符合当事人和整个社会的利益。而社区家事纠纷解决机制的构建正是迎合了人们的这种传统需要。

从经济和社会的角度来看，自给自足的农耕经济将人们固定在自己的土地上，因此形成了一个熟人社会。在这个大家彼此熟悉，又极重伦理和守秩序的小圈子里，因为家庭丑事而对簿公堂，绝对是一件非常丢脸，甚至有辱家门的事情。

近代以来，一方面，随着农耕经济的不复存在，传统的社会格局被打破，司法制度建设更加完善，人们的权利意识逐步增强，直接表现为各类民事案件数量不断增长，类型不断多元化。那么，是否意味着我国的诉讼文化已经从“无讼”向“诉讼”转变，家事调解制度的诉讼法律文化是否已经动摇呢？我们都知道传统文化的惯性是极其强大的，而文化的发展和变迁又是一个缓慢、长期的过程，这种避免诉讼的意识依旧存在于当今相当一部分人的脑海里。另一方面，与西方不同的是，虽然国民权利意识的增加，使人们在遇到纠纷时开始更多的选择诉讼来维护自身权益，但大家似乎更侧重于关注纠纷的解决和自身利益的维护，即实体正义，并非对正当程序的追求，尤其是在家事纠纷领域。换句话说，当人们身处家事纠纷之中，他们更关注的是妥善地解决矛盾，获得自己应有的利益，而对于程序进展却没有那么在乎。如果能够在一个即使程序并非那么严格但环境缓和而非对峙激烈的情况下定分止争，获得应得的利益，那么几乎没有人愿意在法庭上撕破脸皮。因此，笔者认为，人们权利意识的增长并不排斥非诉讼家事调解，相反是对非诉讼家事调解的具体程序设计提出了更高的要求。这样看来，无论是传统的还是发展了的诉讼文化，都在告诉我们，国家建立非诉讼社区家事解决制度是非常必要的。

第二节　从法院角度分析构建社区家事纠纷解决机制的必要性

一、法院的家事纠纷调解存在结构性弊端

根据我国《婚姻法》《继承法》《收养法》《民事诉讼法》及相关司法解释的规定，我国对家事纠纷的解决是调解前置主义，但这与构建社区家事纠纷解决机制要求的目标还很远。从实质上看，我国目前法院的家事调解还存在许多结构性弊端。

（一）通过法院解决家事纠纷过于迟延

国外法学界认为，“法律阴影之下所进行的调解，效果可能不

及在法律程序提起之前所作出的早期介入”。家事调解应当是诉前调解，即进入诉讼之前的调解。而我国法院的家事调解都是进入诉讼后的调解，即审判法官在受理案件后或审理案件过程中随时启动的调解。当事人对调解的时间根本没有自主性。同时，在法庭调查、举证质证、法庭审理、法庭辩论中强化了当事人之间的不满情绪，当事人之间的对立情绪难以消除，达成合意的可能性较小，即便达成协议，当事人之间的芥蒂也难以消除，不利于家事纠纷的彻底解决。

（二）当事人程序选择权无法保证

当事人是与家事纠纷有着直接利害关系的人，所以家事纠纷一旦产生，当事人往往基于自身利益的考虑，总是希望以和解或调解的方式，用最小的投入成本和平解决已发生的纠纷。即便起诉到法院也是希望通过和解或调解方式解决纠纷，所以法院应当首先通过调解解决，没有必要先进入诉讼程序再进行调解。但是，目前我国法院的家事纠纷的调解与其他民事纠纷案件的调解一样，是在法院受理案件、进入诉讼程序后所进行的调解，属于诉讼中或诉讼后的调解，并且都是由审判该案的合议庭人员主持的调解，对于调解的时间、方式基本上都是由法院或法官决定，当事人自己选择、参与和决定的权利常常被忽视。①

在离婚案件中法院这样的调解，常常由于在过分强调查明事实的情况下，可能会因双方均有过错而互相指责。即使双方均无过错，至少为了使子女随自己生活也会贬低对方，或就财产归属等问题导致夫妻间的激烈争论。这不仅不利于缓和紧张的夫妻关系，而且会加剧夫妻感情上的对立，不利于保护弱者利益。

---

① 范愉：《纠纷解决的理论与实践》，清华大学出版社 2007 年版，第 445 页。

（三）法院解决削弱了实体法与程序法对法官的约束

进入法院的家事纠纷由主审法官主持进行。在案件审理过程中，法官既是审判者，又是调解者，作为审判者必须维护司法的权威和法官的形象，作为调解者又必须是充满人情味的中间人，法官必须在两种身份之间进行转换。这样，调解协议可能是在法官暗示、诱导甚至权力压迫下达成的，只不过是披上了当事人自愿合意的外衣。当事人对实体民事权利和程序权利的处分是权力影响下的自由处分，使得法院调解脱离了程序法的规则，法官的权力无限膨胀，当事人无法真正通过自身的努力自主解决家事纠纷。对当事人来说，法院进行调解还是判决，都是法院行使职权的行为，当事人对结果影响力不会很大。如此一来，法院诉讼中调解的正当性必然受到质疑。

（四）诉讼强调程序，其判决结果往往与民众基于传统道德、伦理的价值取向脱节

近年来，随着法制宣传、法制建设的不断深入，人们的法律意识逐步提高，法治化进程速度加快，诉讼已成为当前解决矛盾纠纷的重要形式。但强调形式正义的诉讼得到的判决结果往往与民众基于传统伦理、道德而形成的价值取向脱节，导致法院大量的判决得不到当事人的理解，其不但不能平息案件纠纷，反而加剧了案件当事人的仇恨，扩大了社会关系的对抗性和紧张性，案件判决后上诉与申诉多、执行难等后遗症日益严重。在这样的背景下，被誉为“东方经验”的非诉讼社区调解以其成本低、方式灵活、时间短、不伤和气等独特的魅力被人们所青睐，正发挥着化干戈为玉帛的功能，特别是在家事纠纷的解决上，对于预防和调解家事纠纷起着非

常重要的作用，成为维护家庭和谐和社会稳定的一支重要力量。

法治应以保障公民诉权和司法救济、维护司法权威为前提，但同时也必须客观评价和承认诉讼的固有局限，不仅司法资源的短缺和诉讼程序的高成本、高风险无法回避，而且以程序公正为本的司法程序并不必然能得到当事人满意的结果和最佳社会效果。正是基于对司法规律、特点及诉讼局限性的认识，当代社会才强调发挥ADR的效益、自治以及协商优势，以实现情、理、法的融通和衡平正义，获得双赢（多赢）的解决纠纷实效，缓解诉讼程序和法律裁判的刚性，即所谓“坏的调解优于好的判决”；同时致力于适应社会发展新需求，为公众和弱势群体提供更加主动、便捷和专门化的救济，如社区家事调解、救助基金、交通事故处理、医疗事故处理、消费者权益保护等专门救济机制。无论如何，唯有奠定夯实解纷机制金字塔的基础和底部即非诉讼机制，才能使处于塔尖的司法之作用与权威得以彰显。

传统对抗性诉讼程序越来越难以适应家事纠纷之解决。这是因为，第一，大多家事纠纷属于当事人自主决策权利的范畴，其解决应尊重当事人之意愿；第二，传统以过错、对抗来解决家事纠纷之诉讼程序，很多时候不仅不能较好解决家事纠纷，而且“放任”或是“鼓励”当事人之间的对抗，不利于当事人以及未成年子女长期利益、家庭关系和谐；第三，与诉讼程序相对应的是大多家事案件均是由民事案件的律师全面代理，当事人较少直接对话与合作。所以，基于身份关系和谐之重要性、家事非理性，构建社区家事纠纷解决机制，由心理咨询师、婚姻家庭咨询师、家事法律师等组成专业的调解人员，专门调解社区家事纠纷，预防不必要的家庭矛盾，将有利于和谐家庭、和谐社区、和谐社会的构建。

二、"诉讼爆炸"与司法资源严重紧缺之间的矛盾日益突出

随着经济的发展，公民法制意识的逐渐增强，家事纠纷数量呈现井喷事态，"诉讼爆炸"的时代已经来临。现代社会，诉讼资源供不应求，难以满足无限的民事纠纷之需要，诉讼需求与司法资源之间的矛盾日益突出，传统纠纷解决机制面临严重的挑战，人们纷纷将探索的目光投向多元化纠纷解决机制，这也正好契合了当今世界民事司法改革的一大潮流——发展替代诉讼纠纷解决机制 ADR①。

多年以来，我国不断致力于完善社会主义法制建设，形成了一套比较完整的以法院解决纠纷为主的诉讼体系，在处理社会矛盾方面发挥了积极作用。但是随着经济的发展，司法体制的改革，在改革法院案件受理制度中，变"立案审查制"为"立案登记制"，对人民法院依法应该受理的案件，做到有案必立、有诉必理，保障当事人诉权。实行立案登记制度，扩大了法院的受案范围，可以从一定程度上减少上访、信访事件的发生。但是，诉诸法院的各类民事纠纷案件数量急剧增加，"诉讼爆炸"的征兆已初步显现。其后果必然是直接导致法院负担极其沉重，积案居高不下，同时案件质量也没有了保证。这就是被西方国家法治现代化进程中一再表明了的：案件增长是经济增长的一个附带产品，是现代化过程中的一个必经的同时也是长期的阶段，被形象地比喻为"诉讼爆炸"。这样，一则使我国目前正在进行的司法改革效率大打折扣，二则不利于迅速解决纠纷，及时维护当事人的合法权益，恢复被破坏了的家庭关

① ADR 即英文 Alternative Dispute Resolution 的缩写，可翻译为"替代性纠纷解决机制"，也有译为"非诉讼纠纷解决机制"。

系、社会关系及经济关系，以促进经济的发展；也不利于社会的稳定。因此，笔者认为，只有将司法改革与非诉讼的纠纷解决机制的完善相结合，建立多元化的非诉讼纠纷解决机制，将大部分民事纠纷，特别是将占民事纠纷近一半的家事纠纷案件导入法院以外的社区纠纷解决机构，才是当今社会急需解决的问题。这样将会极大缓解司法和社会的压力，同时，对于职权主义程度较高的司法体系，带来了司法民主化的气息，对于特殊类型或复杂的家事纠纷案件，提供了符合情理、追求实质正义的个别平衡。所以，构建与完善社区家事纠纷解决机制是非常必要的。

诉讼相对诉前的社区家事调解而言，对最终解决家事纠纷并无优势，在某些方面甚至存有劣势。在新的历史条件下，诉讼只是解决纠纷的最终途径，而非唯一途径，即法院只通过诉讼解决社会矛盾中通过其他手段都解决不了而经立法认可由法院解决的矛盾。它并不适合解决具有身份性、情感性较强的家事纠纷。

值得注意的是，在建构社会主义和谐社会的进程中，司法审判作为正式的纠纷解决机制的作用日益突出。许多矛盾纠纷从过去主要依靠行政手段处理，到现在主要通过司法途径解决；许多经济关系从过去主要依靠国家政策来调整，到现在主要靠司法机关（法院）运用法律手段来调整。但是，徒法不足以自行，不能把法院作为唯一的纠纷解决的方式和手段。在当今社会中，有许多领域法律是不能强制性进入的，如人的思想活动、情感以及大量的不违法的个人和家庭的私事等。对于纠纷解决机制的构造而言，法院应当与其他非正式的社会调整机制联手，构筑起化解社会纠纷的有效系统。各种社会的、民间的社会组织及其纠纷解决机制将会有更大的发展空间。在这种背景下，如果过于强调某一方面的纠纷解决方式的作用不仅不科学，而且不利于纠纷的解决。因此，设立社区家事纠纷解决机制，使社区家事纠纷解决机制与法院诉讼解决密切配合，力争让诉讼、社区家事非诉讼的纠纷解决方式之间处于一种有序、稳定与和谐的状态，各种纠纷解决机制分工合作、相互补充，相互配合，共同维护社会的稳定和家庭的和睦。

第三节　从社区角度分析构建社区家事纠纷解决机制的必要性

家庭是社会的细胞、是国家的基石。人们常说：家和万事兴。家庭不睦则易致社会动乱，社会易动乱则“国将不国”。鉴于此，全国各地纷纷效仿国外先进做法，家事法庭如雨后春笋般成立。家事纠纷的特殊性，决定家事纠纷不能完全沿用全程钢性的诉讼程序，而应该更多地引入柔性的社区家事纠纷解决机制，发挥社区组织在解决纠纷中的特殊作用。

一、社区家事纠纷解决方式，有利于家事纠纷的解决

（一）心理疏导

身处家事纠纷的当事人，其内心往往五味杂陈，情绪混乱，对纠纷的对方都带有偏见，不能对家庭矛盾产生的原因进行理性分析，也不能对纠纷作出冷静、公平的判断。该心理状态如果不能得到有效的疏导，不但不利于纠纷的理性解决，有时还能导致矛盾升级，危害子女的成长，影响对长辈的赡养及大家庭的和睦相处，最终影响社会的稳定与和谐。故许多国家将心理疏导作为家事纠纷处

理的重要环节，比如日本就为家事裁判所设立了调查官一职，心理调查官就是其中之一，其主要的任务是运用心理学调整的技法，对纠纷当事人进行心理辅导，处理比较复杂的纠纷事件。[①] 心理状态的疏导可以使当事人理性、冷静地面对家事纠纷，不论对于亲情的修复还是理性地解决纠纷都大有裨益。

（二）亲情修复

家事纠纷的当事人之间存在着某种身份、血缘或感情的联系，其权利与义务关系表现得相对复杂，因而解决家事纠纷往往难以简单地作出是非分明的处理，当然有时也可能根本不需要作出黑白分明的判断，甚至某种程度上也根本无法作出是非分明、非输即赢的裁决；相反应当把促成当事人之间恢复感情、消除对立作为纠纷解决的根本目标和价值取向。社区作为家庭居住和生活的场所，与群众密切接触，能从情感、血缘、未成年子女利益和家庭整体利益的角度，站在双方当事人的立场，为纠纷当事人晓之以理、动之以情，更好地修复家庭成员之间的情感。

（三）尊重主体

家事纠纷属于民事纠纷的主要部分。一方面，社区在解决家事纠纷的过程中，充分听取当事人的陈述和意见，尊重当事人的主体地位，遵循自愿和合法的原则，以调解的方式解决家事纠纷，最大限度地实现双方当事人的利益平衡；另一方面，社区调解的作用也表现在诉讼和社区调解对接中，家事纠纷只有经过社区调解，仍然不能解决时，才可以向法院起诉，这样既节省司法资源，又提升社

① 李青："中日家事调停的比较研究"，载《比较法研究》2003 年第 1 期。

区调解的有效性。

推行社会主义法治与尊重人的主体地位之间的关系需要规范人性化的社区调解制度。高度法治下法院审理案件，应当是同案同判，审判所提供的是流水线上的工业化产品。现代社会更要体现对人的尊重，提倡人文关怀，对司法产品追求个性化，这种个性化是尊重现实的必然选择，也是合理的、人性化的选择。当人们觉得审判过于僵硬，需要受到严格法定诉讼程序约束时，自然会将希冀的目光转向非诉讼的社区纠纷解决，以体现个案中特别的又是合理的需求。

随着社区调解制度的不断完善，社区各项社会管理全面纳入法治轨道。当今世界，社区已成为处理社会矛盾纠纷的主要力量之一，社区可以通过解决具体的家事纠纷参与社会的治理。法治的价值在于"普遍服从"和"良法之治"，市场经济应当也必然是法治经济，市场经济条件下的活动主体转化为法律主体。法治于政府管理而言，政府行为必须遵循法律，恪守法律职责；而于广大民众而言，"每个人都应当是自由的，并尊重他人的自由——每个人都拥有自己的身体，像是拥有意志的自由工具一样。"突出的主体自由意志，尊重主体的选择，也就成为了社区家事调解关注的重点。

（四）和谐社会

妥善解决家事纠纷是为了构建和谐家庭，而家庭是社会的基本单元，故妥善解决家事纠纷的最终目标和价值取向是构建和谐社会。在经历了亲友自发调解、社区家事纠纷调解组织调解、法院诉前调解以及诉讼调解后，有可能修复的亲情关系，经过调解一般基本可以解决；而那些确实无法维系的家庭关系，经过诉讼程序，最终也归于消灭，为双方重新建立稳定的家庭关系提供了基础。心理状态的疏导为亲情的修复创造了条件，而亲情的修复也使社会的和谐得以达成。

社区家事纠纷解决机制的理念，是在回应和谐社会需求与司法发展规律的价值选择中提出的理论创新。社区家事纠纷解决机制正是要以和谐的理念、和谐的精神、和谐的方式处理家庭利益关系和家庭矛盾冲突，达到理分两面、事求终局的共同目的，这是和平解决家事纠纷，构建和谐家庭与和谐社会的终极目标。

二、诉前社区家事纠纷调解的优势

相对于对抗制下的诉讼，诉前社区家事纠纷的调解具有其独特的优势，这也是家事调解近年来不断受到世界各国重视和关注的根本原因所在。

（一）社区家事纠纷调解的非对抗性

诉讼是对抗性的纠纷解决程序，充满了争执、指责、耻辱和冲突，在诉讼中法官往往与责备、查找过失相连，这样可能会激化当事人的矛盾。社区家事调解的非对抗性，要求调解时着重考虑的是家庭利益而非当事人权利，不是在双方相互指责的局面中查明事实、分清是非，而是从相互合作的角度来界定影响双方当事人的事宜，并以公平原则为依据，以双方所认同的方式逐步推进解决纠纷的进程，有利于促进当事人理性面对现实，避免夫妻或亲属间的相互憎恶和紧张对立，它们是一种经济的、自愿的有效解决纠纷的方式。

社区家事调解鼓励夫妻直接沟通，也鼓励他们商谈关乎未成年子女未来的安排。在非对抗制的调解氛围下，那些有和好可能的家庭，在调解员的友善提醒下，可能会很容易地找到和好的契机，进而破镜重圆；对那些不得不离婚的夫妇，大多数会平静地接受分手的现实，不仅在法律上、经济上离婚，而且完成“感情上”的离婚。非对抗制的调解具有促进当事人道德升华的功效，“调解方法内部包含着一种能够改造人类的独特潜力——引发道德的升华。这种改造性潜力源于调解能够产生两种重要效果——赋予和认可的能力。当这两种方式在调解实务中居于中心地位时，就能促进各方当事人把冲突作为道德升华的机会加以利用，调解的改造性潜力就得以实现。这种“道德升华”的功效为家事案件当事人日后的健康生活打下了心理基础。

（二）社区家事纠纷调解的保密性

几乎所有国家的家事法都规定，家事调解不公开进行。调解员对其在主持调解中获知的信息、资料等具有保密义务，不得随意披露，也不得在随后的诉讼程序中使用。在家事调解程序中，当事人会被告知，他在调停会议中所作出的所有让步和承认，都不会在调解失败后的诉讼程序中被当作对付自己的武器。即使第三人参加了调解会议，并因此获知需要保密的资料，法院也不会强迫他在未经当事人同意的情况下披露所获知之事。

社区家事调解的保密性可以使当事人在调解中获得一种安全感。如在离婚案件的调解过程中，尽管可能涉及对双方当事人过错以及各自的性格、兴趣、爱好、道德品质的评价和争论，但因为知情范围仅限于当事者和调解员之间，因而不会给当事人造成太大压力或令其感到不安。保密性还能有效保护儿童的情感隐私，如在涉及儿童利益时，调解员可能通知儿童参加调解会议，此时，保密性令儿童敏感的自尊心、尊严、名誉得以维护。保密性还允许当事人宣泄情绪——以一种安全的、无威胁性的方式宣泄心底的各种忧虑和不快。这种宣泄可以为当事人减轻压力，增强其在感情上接受可能出现的处理结果的承受力。总之，社区家事调解的保密性有利于减少家事纠纷给当事人以及未成年子女带来的精神压力。

（三）社区家事纠纷调解更具灵活性

诉讼具有相对严格的程序规定，而家事纠纷的产生多以感情为基础，具有多变性，以严格的程序来解决多变的感情，总是会存在一定的滞后性，不利于纠纷的有效解决；而社区家事纠纷调解程序则较灵活，社区家事纠纷的调解人员可根据纠纷的不同情况，采取灵活多样的、适合当事人的方式解决家事纠纷，并且能够实现及时、就地解决。同时，在当事人情绪出现一些变化的时候，可及时抓住机会，化解矛盾。

家事调解的灵活性有利于家事纠纷的妥当解决。相对于诉讼的严格形式性、法定性、程序性而言，它不需要严格依据实体法或程序法规定，也不需要遵循严格的证明和举证规则，它所着眼的是家庭纠纷的妥当解决。为了求得妥当，它针对不同的家事纠纷采用不同的调解策略，因为不同家事纠纷其发生原因、背景、争执焦点可能千差万别，如果用诉讼进行整齐划一的解决，其结果可能是以形式上的正义掩盖了实质上的非正义。社区调解可以为每个纠纷量身定做一个适合的解决方案。正如有学者所言，身份关系是“具体的”身份人与人之间的情感关系，而不是“抽象的”人与人之间的财产价值关系，所以其纠纷的处理“应按照该双方当事人个性，作具体的、个别的处理，才能符合亲属的身份关系之实质”，不能像财产问题那样，将纠纷之处理方式予以定型化。

调解的灵活性能让当事人自己发现、总结纠纷之所在，各自提出自己的观点，并基于双方共同最佳利益而达成独有的调解协议。因为这样的调解协议是从个案当事人自身利益出发拟定的，所以它能够最大限度地体现当事人心目中的公平和正义，能够保证长久的执行。

（四）社区家事纠纷调解员更专业

诉讼程序由职业法官来主持，对程序的要求非常严格，且人民陪审员也不能任意指定，存在较大的局限性。社区家事纠纷调解程序与诉讼相比则开放得多，社区家事调解员一般是具有家事调解经验的专业人员，如婚姻家庭咨询师、心理咨询师、婚姻家庭律师等，他们根据解决纠纷的需要，征得当事人同意后，可以邀请当事人的亲属、朋友、同事等参与调解，也可邀请特定经验的人或者有关社会组织的人员参与调解，如妇联工作人员、儿童心理健康专家等，即只要能有效调处当事人纠纷的人员，均可参与到调解当中，克服了诉讼程序解决家事纠纷的弊端。家事纠纷如果由法官进行调解，法官法律职业思维促使他们不由自主地“厚判轻调”，加上法官不具备调解的专业知识、专业训练，不能对家事纠纷当事人的性格、背景、成长环境等事项作出科学判断，家事调解的真正目的将无法实现。

（五）社区家事纠纷调解更及时

采取诉讼方式解决频繁发生的家事纠纷，不仅诉讼时间较长，程序复杂，而且在诉讼成本方面也远远高于社区家事纠纷的解决。而社区是家庭聚居的场所，与家庭最近，所以纠纷尚未发生时可以通过讲座、培训或纠纷排查机制等预防纠纷发生；纠纷一旦发生后，社区能够在第一时间发现纠纷，容易找出纠纷发生的原因，对症下药，及时解决纠纷。所以，按照家事纠纷的特殊性要求，构建我国社区家事纠纷解决机制，将家事纠纷案件首先由其居住地的社区解决，这样可以及时发现纠纷、解决纠纷，节省时间、财力、物力。

（六）社区家事纠纷调解更有利于消除夫妻感情上的对立情绪

诉讼冷冰而威严。在诉讼中，当事人面对不利的诉讼结果，可能口服心不服，诉讼中的不满可能演化成诉讼外的仇恨和憎恶，并将给未成年子女带来无所适从的尴尬，对其健康人格的塑造和培养带来无尽的阴影。所以离婚纠纷未经社区调解即行诉讼，不仅会增加夫妻间的不和与紧张，而且极易导致双方当事人在离婚后以仇人相视，不利于社会和谐。社区家事调解则不同，它不仅具有温和的外观，而且具有温和的实质和内容，它能使当事人自己得出解决纠纷的结论，心平气和地走出纠纷，开始新的生活。

从调解的场所来看，社区家事调解一般设在社区温馨的调解室，室内的陈设如同居民家庭，这是一种具有家一般亲切感的场所；从调解员的穿着来看，调解员既不穿法袍，也不戴假发，而是日常的穿着，亲切地就像邻家大哥或大嫂；再从调解员的知识背景来看，他们是具有不同社会背景、生活经验丰富的专业人上，他们具有较高的调解技巧。

更为可贵的是，社区家事调解偏重于当事人之间的感情整合和心理治疗。在家事调解中，调解员可能是心理医生、家庭问题专家、富有生活经验的长者，他们能够发挥其特长，对症下药，符合实际、合情合理地解决纠纷。他们在调解中一般不强调法律规定和权利义务，而是以进行心理矫治为主，告诉当事人放弃仇恨和报复心理，携手处理好家庭中的各种问题。

社区家事调解的本质特征是尊重当事人意志，使当事人在自愿的前提下参加调解，在互相理解的基础上达成共识而使纠纷得到解决。所以社区家事纠纷的调解更有利于消除双方感情上的对立。

（七）社区家事纠纷调解更有利于实现实质正义

调解实际上是一种利益的自我调整过程。调解过程中，当事人为了使自己的主张得到对方的认可，从而获得正当化，总会引用各种各样的规范，而且说明的主要部分往往是关于这些规范是否适合于双方正在争执的问题，或者这些规范本身是否妥当的论证。只要对方反对自己的主张，怀疑其妥当性，就有必要诚实地向对方说明自己的根据。因此就会认真考虑自己主张和根据，并进一步寻找对双方来说都有说服力的解决方式，从而在这个博弈过程中实现实质性正义。

（八）社区家事纠纷调解更有利于保护子女利益

家事纠纷常见的是夫妻离婚纠纷及子女抚养纠纷。实践证明，父母就离婚后子女抚养权所作的激烈争论必定会对儿童产生重大影响。不仅会阻碍儿童心理发展，而且会损害儿童心理发展。以诉讼判决方式解决离婚问题实际上是经过了婚姻双方激烈的争论，而社区家事纠纷的调解则有利于平息这种争论，因为它反映了当事人自己的选择，可减少愤怒和敌意，也能尽量满足自己和儿童的实际需要。

总之，家事纠纷涉及的是夫妻、家族、亲属之间非常私人的领域，国家不宜直接介入，应首先通过当事人之间协商进行解决。但当事人或其亲属未能协调成功时，则可以向专门解决家事纠纷的第三方机构社区家事纠纷调解中心申请解决。社区家事纠纷调解中心的调解具有成本低、速度快、灵活性强、缓和矛盾、有利于保护当事人隐私等优点。在实践中，社区家事纠纷的调解通过双方当事人更为直接的交流，或通过调解员非对抗的斡旋，有利于缓和当事人之间的对立，消除家庭矛盾，防止家庭关系恶化，最大限度地回复初始圆满的人际关系。可见，家事纠纷不宜直接进入具有对抗性质的诉讼程序，将原本已遭损害的家庭关系推至破裂的边缘。

第四节　从当事人角度分析构建社区家事纠纷解决机制的必要性

家事纠纷一旦发生，纠纷当事人更愿意选择社区解决其纠纷。

一、当事人亲近社区

社区是与家庭联系最为密切的组织。家事纠纷具有隐私性、伦理性，在纠纷发生时，当事人首先考虑哪个组织解决纠纷更为方便，一般会选择就近处理，不会舍近求远，只有在就近无法解决的情况下才会考虑最终的解决方式——诉讼。而且，社区出门就是，更接近当事人的生活圈子，其数量远远多于法院，更容易为纠纷当事人所考虑和接受。因此，当事人与纠纷解决机构的距离是当事人首先考虑的因素。同时，家事纠纷一旦产生，社区就近、快捷地将家庭纠纷遏制在萌芽状态，以避免纠纷进一步升级、恶化，既便民，又增效。

二、家事纠纷的冲突程度

当事人之间的对立程度也是影响当事人选择纠纷解决组织的因素。如果积怨很深，根本不愿意和对方调解，则不会考虑社区解决，只会选择向法院提起诉讼。当事人选择法院解决家事纠纷，一般不是冲着调解，而是冲着裁判去的。由于当事人之间的矛盾由来已久，希望快速、彻底摆脱纠纷、矛盾及由此带来的痛苦，法院就成为最先考虑的组织。而家事纠纷由于具有身份性、情感性、亲情性等因素，当事人之间不是对抗性矛盾，一般乐于请求社区调解和好，和平处理纠纷。

三、家事纠纷解决的投入

一般来说，家事纠纷与日常生活息息相关，涉及的财产纠纷标的额相对较小，当事人是自己利益的最佳判断者，他们往往选择以最小的投入解决纠纷，考虑成本及其后果，并根据自己的承受能力选择解决机构。社区属于公共服务机构，社区家事纠纷的调解属于公益性的，因此，社区家事纠纷的解决相对于成本较高的诉讼，更惠及于民，老百姓更容易接受。当事人对纠纷解决方式和解决组织的态度是当事人进行选择所考虑的因素之一。当事人根据纠纷的具体情况以及对后果的预测，选择自己认为最有利的方式来解决纠纷。一般保守的当事人都会选择社区来调解家事纠纷。

目前，随着公民法律意识的增强，认识水平不断提高，对公民而言，纠纷发生后，当事人应当理性地从选择“为权利而斗争”转向“为权利而沟通”的解决之道，这也成为一种世界共同的价值取向。即使在一直秉承“为权利而斗争”“放弃为侵害的权利而斗争就是一种懦弱”的德国，也于2011年1月12日通过了《促进调解及其他诉讼外冲突解决机制法》，将诉讼外调解制度作为解决民事纠纷的重要方式。我国社区家事纠纷调解制度的改革就应当以此为契机，建立社区家事纠纷调解中心，为社区居民提供方便快捷的调解服务，使公民乐意接受并信任，在社区家事纠纷的调解过程中体会到权利实现的福利，这是法治国家应该提供给公民的程序与实体并重的福利，是赋予了公民充分表达自由意志和缔约平等的有效途径。同时，在此背景下，社区调解另一重要任务是，完善社区家事调解机制，规范社区调解程序和标准，使社区家事调解的功能可以从纠纷解决到纠纷预防。一定程度而言，从解决到预防，社区调解具有比法院审判更天然的亲和力，更易被社区居民所接受，注重纠纷的预防更能体现公民法治意识的提升。

第五节　从经济学角度分析构建社区家事纠纷解决机制的必要性

虽然设立家事纠纷解决机制是为了更好地解决纠纷，但是以最小的投入、花费最低的成本更好地解决问题，不仅仅是经济学的首要追求，也是我们研究家事纠纷解决机制的追求目标。社区家事纠纷解决机制的设立就是这样一种低成本、低投入、非对抗性的纠纷解决机制，是一种使用最低的社会成本获得更好的社会效益的纠纷解决机制。家事纠纷当事人在社区家事调解中心，通过培训、辅导、咨询、调解等服务，一方面，可以了解和掌握家庭成员相处的方法和经营家庭的技巧，提前预防纠纷的发生；另一方面，纠纷一旦发生，当事人可以向社区家事服务中心提出申请，请求家事调解员居中调解，通过社区调解直接达成协议而不诉诸法院。这不仅可以降低法院启动诉讼程序所带来的经济成本和情感负担，还可以使有孩子的父母继续履行其为人父、为人母的责任。此外，社区家事纠纷解决机制为当事人提供了一个和谐的交流平台，双方当事人可以通过心平气和地沟通，消除双方之间在纠纷认识方面的不对称性，防止产生新的误解和矛盾，从而减少以暴力解决纠纷所带来的新的仇恨以及因解决纠纷而造成的不必要的社会资源的浪费。

社区家事纠纷解决机制可为当事人提供一个低成本、高效率地解决家事纠纷的渠道，减轻了法院的负担，节约了司法资源，是一种符合经济理性的纠纷解决模式。

第六节　从现有的人民调解制度分析构建社区家事纠纷解决机制的必要性

一、社区人民调解制度的非制度化与非权利化

在市场经济的新形势下，关于调解的相关法律规定逐渐与有效解决社区家事纠纷不相适应。虽然我国于2010年8月28日通过了《中华人民共和国人民调解法》，于2011年1月1日起开始实施，但由于人民调解的非强制性，导致调解后一方恶意违约，而不得不再次求助于诉讼的情形经常发生，挫伤了人们选择人民调解的积极性，直接体现为人民调解和诉讼案件数量的此消彼长。

笔者认为，应当针对我国的人民调解制度和目前社区纠纷类型

作出相应的法律调整，明确规定调解委员会的工作范围，将社区中常见的家事纠纷的解决独立出来，成立专门的社区家事纠纷调解中心，为家庭的建设、经营提供培训、咨询或帮助，由专门的社区家事调解员负责处理家庭中遇到的各种矛盾或纠纷。否则，人民调解员就可能会为维护法律的严肃性，坚持法律规定而收缩自己的活动空间，使得更多的家事纠纷涌入诉讼，增加司法负担，调解委员会形同虚设。另外，随着居民法律意识不断加强而社会道德约束力下降，现有法律在社区生活的不少方面还没有具体立法规定，调解工作者无实际操作程序，调解书无法律效力，这些因素都制约着社区家事纠纷解决机制的设立和运作。

二、社区人民调解制度的非组织化

任何一个组织要发展为专业的机构，就必须有经过培训、通过严格考核的专业人员，必然要建立一整套严格又不失灵活的纠纷处理机制。客观来讲，我国现存的人民调解委员会的成员年龄普遍较大，大部分是退休干部、善于助人的社区老大妈，虽然他们积累了大量的调解各种矛盾的经验，但是他们在认知上无法与时俱进，知识比较陈旧，并且都没有经过法律法规专门的培训，在实际工作中对法律法规的理解和把握存在问题，这些必然会影响调解的有效性。

我国目前社区人民调解的非组织性，使得人民调解不再是一个公正公平解决社区家事纠纷的独立机构，而是社区治理以及行政控制的一个分支力量。所以，我国社区人民调解制度也应该根据社区纠纷的不断发展，考虑家事纠纷频发的现实，设立家事纠纷调解服务的专门机构，根据家事纠纷的特殊性，可以在社区家事纠纷调解中心成立家事纠纷的预防部、培训部、调解部等部门，为此必须要从各方面着手，健全社区家事纠纷调解的组织机构，以保证该机制及各部门正常的发展运作与及时合理的更新。

三、社区人民调解制度非专业化和非程序化

社区人民调解制度的非专业化，主要是指人民调解员缺乏相应的专业知识。在社会分工越来越细，人们对具备心理学、法学及调解的技巧等专业知识技能要求越来越高的今天，仍然通过退休干部的影响力和社区老大妈苦口婆心的劝说，已经不能有效地解决社区内部的纠纷，特别是涉及身份关系、情感因素及家庭财产纠纷等较为复杂的家事纠纷。对于调解结论，当事人通常都会要求调解人员在兼顾情感因素的基础上，以事实为依据，以法律为准绳，越来越多的纠纷当事人希望调解更具约束力。

社区人民调解制度的非程序化，是指人民调解员在解决纠纷时并不是遵照一定的程序、不会依照程序为当事人系统地解决纠纷，这样做的结果或者导致纠纷一拖再拖，或者导致纠纷无法得到彻底解决，从而走向诉讼，降低调解工作的效率，使群众无法信任人民调解委员会。

总之，目前我国的人民调解委员会并不健全，存在调解制度不规范、调解人员不专业、调解结果无法律效力、社会上整体对其认知度较低等问题，加上人民调解委员会的调解是针对所有的民事纠纷，没有专门的家事纠纷调解人员和调解方式，所以，现实中人们在家事纠纷发生后选择人民调解委员会解决家事纠纷的较少，而是直接选择向法院起诉的较多。这使得法院民事案件剧增。许多案件不能得到及时处理，许多原本可以重新和好的家庭失去了和好的机

会；同时加重了法院工作人员的负担，增加了诉讼成本，对法院、对社会、对家庭、对家事纠纷当事人都是不利的。所以有必要优化我国现存的非诉讼人民调解制度，在现有的人民调解机制下，利用社区的优势，成立家事纠纷调解中心，将家事纠纷的调解作为诉讼的前置程序，为家事纠纷开辟一条专门的适合家事纠纷预防和解决的社区家事纠纷解决机制。这是对社会资源的一种重新分配，也是将原本闲置的优良调解资源重新利用，这不仅能有效缓解审判压力，也可对我国人民调解的专业化及人民调解的健康发展起到积极的促进作用。同时，也能更好地稳定家庭秩序，构建和谐家庭、和谐社会。

第七节　从各国纠纷解决机制改革潮流分析构建社区家事纠纷解决机制的必要性

20 世纪后期，世界各国以“接近司法/正义”（Access to Justice）为口号的民事纠纷解决机制的改革盛行。一方面，通过非诉讼机制（ADR）对诉讼进行分流减量，缓解司法压力，提高司法效率，克服司法资源短缺的困境；另一方面，通过纠纷解决的社会化，强化社会纠纷解决的机能，使公民有机会获得具体而符合实际的正义，即及时、便捷、经济、平和地解决纠纷的权利，通过 ADR 克服诉讼的固有弊端，寻求更圆满的解纷结果。法院作为“司法的多元化通道体系”（multi-door system of justice），承担起了对 ADR 的促进和制约功能，由此也导致了非诉讼纠纷解决功能的扩大或转变。随着 ADR 的优势日益被实践证实，很多国家已经将非诉讼调解设置为法定必经程序，将 ADR 推广到刑事和行政领域，并创建了各种新型机制。这一改革目标的实现本应以诉讼减量为前提，将大量琐细纠纷导向法院外或诉讼外解决，以保证稀缺和优质的司法资源用于真正具有法律意义或非诉讼程序无法解决的案件上。

我国有关多元化纠纷解决机制的政策和实践，既符合我国的现实需要，同时也顺应了当代世界善治之大势。所以，成立社区家事纠纷解决机构，专门解决建立在身份关系上的家事纠纷，符合国际社会多元化纠纷解决机制的发展趋势。

综上所述，开展社区家事纠纷解决机制研究，是构建和谐社会、解决司法资源供应不足与家事纠纷解决需求不平衡的重要法学研究命题；是满足社会发展、法律调整范围拓宽和公民诉权扩展的必然要求；是适应社会理念和司法理念变革、实现争议解决途径多元化和司法社会化的现实需要；是寻求法治自身发展、完善以及改善婚姻家庭争议解决机制弊端的迫切需要；也是顺应纠纷解决机制多元化国际发展趋势、融入法学文明的国际发展潮流的必然选择。

我国向来就有“家·国·天下”的伦理观传统，家庭一直被视为社会稳定、和谐的基石。将社区的调解置于家事纠纷解决之初，能为家事纠纷的解决提供更加人性化、更加灵活、便捷的渠道。社区家事调解实为保护家庭团结、促进社会安定、维护国家稳定之有效手段，是我国社会主义法治建设的新能源、正能量。

社区家事纠纷解决机制是人们对纠纷解决机制自主选择权渴望的必然产物，同时也是构建和谐社会、建设法治国家的必然选择。它打破了诉讼这种纠纷解决方式对市场的“垄断地位”，形成了相对完善的非诉讼纠纷解决体系，便利当事人行使市场选择权，使得当事人的程序选择权范围越来越大，这对当事人告状无门、申诉难的局面将有根本性的改善，这也是法治建设的必然结果。

第六章　构建社区家事纠纷解决机制的可行性

21世纪，世界范围纠纷解决机制的改革理念，就是争议解决方式由单一化纠纷解决方式向多元化纠纷解决方式的转变，大力发展非诉讼纠纷解决方式，以往占主导地位的对抗型的争议解决方式已逐渐让位给合意型的争议解决方式。[①] 同时，考虑家事纠纷的特殊性，家事纠纷解决使用的规范更多的是依靠人情、传统伦理习俗等，而依照权利义务的诉讼模式解决家事纠纷不尽如人意，所以家事纠纷的解决之重点应该在民间解决机制。社区家事纠纷解决机制的建立，正是迎合了全球纠纷解决机制的改革方向，同时也符合我国传统“息讼”和当今社区组织建设发展的要求。

① 齐树洁：《民事司法改革》，厦门大学出版社2006年版，第57～58页。

第一节 构建社区家事纠纷解决机制的背景

一、我国现有法律、法规、政策的支持

改革开放以来，我国的经济结构、社会结构和司法体制发生了深刻变化，社会治理体系也随之转型，由诉讼与非诉讼机制构成的多元化纠纷解决机制成为社会纠纷治理的必然选择。世纪之交，国家将综合治理确立为社会治理的基本战略方针。

进入新世纪以后，人民法院适时调整司法政策，逐步成为推动多元化纠纷解决机制发展的核心力量。2002 年 9 月，中共中央办公厅、国务院办公厅转发《最高人民法院、司法部关于进一步加强新时期人民调解工作的意见》，推动人民调解走向复兴。从 2004 年开始，最高人民法院连续三个司法改革五年纲要都将促进多元化纠纷解决机制作为重要目标，建立了一批试点和示范，推动了一系列重要的改革和创新。

2006 年党的十六届六中全会通过的《中共中央关于构建社会主义和谐社会若干重大问题的决定》，清晰地勾画出多元化纠纷解决机制的发展蓝图。2009 年最高人民法院与各相关行政部门和社会组织协作，制定发布了《关于健全诉讼与非诉讼衔接的矛盾纠纷解决机制的若干意见》，规定由调解职能的社会组织协调达成的具有权利、义务内容的调解协议，经双方当事人签字或者盖章后，具有民事合同的性质。当事人可以申请有管辖权的法院确认其效力，经法院确认的调解协议，送达当事人即发生法律效力，一方当事人

拒绝履行的，另一方可以申请法院强制执行，赋予了社会组织调解达成的协议具有强制执行的效力。2010 年 8 月 28 日，全国人民代表大会常务委员会通过了《中华人民共和国人民调解法》。2011 年 3 月 21 日，最高人民法院公布了《最高人民法院关于人民调解协议司法确认程序的若干规定》，对人民调解协议的司法确认程序和相关事项做出具体规定。2011 年 5 月，由最高人民法院、最高人民检察院、国务院法制办公室、公安部等 16 家单位共同签署《关于深入推进矛盾纠纷大调解的指导意见》，鼓励“其他社会组织设立调解委员会”，“充分发挥社会组织参与调解的优势”，并通过与相关部门会签协议等方式推动专业性、行业性调解的发展。2014 年 10 月，党的十八届四中全会通过的《中共中央关于全面推进依法治国若干重大问题的决定》，正式将多元化纠纷解决机制确立为法治建设的目标。

2015 年 4 月 9 日，最高人民法院在四川眉山召开“全国法院多元化纠纷解决机制改革工作推进会”，将这一工作推上新的阶段。与此同时，各地各级人民法院通过实践创新，在本地多元化纠纷解决机制的创建和发展中发挥了引领作用：法院支持人民调解和仲裁；对调解协议进行司法确认；法官进入基层社区，指导、培训基层人民调解；建设诉调对接平台，引入社会力量参与法院诉前调解、特邀调解、协助调解，引导当事人以非诉讼方式解决纠纷等。

2015 年 10 月，中央全面深化改革领导小组第十七次会议审议通过了《关于完善矛盾纠纷多元化解机制的意见》，指出完善矛盾纠纷多元化解机制，对于保障群众合法权益、促进社会公平正义具有重要意义。这些法律、法规和政策的出台，为我国建立多元化纠纷解决机制中的社区家事纠纷解决机制的建立提供了强有力的法律、法规、政策的支持。

二、社区组织建设的良好环境

社区是与居民密切联系的我国最基层的社会组织，我国经过结构和区域的调整，目前的全国社区居委会有79947个，为居民服务的居民委员会的成员达到425000多人。社区服务中心目前有8479个，有80%的社区现在均建有社区服务中心。全国已经正式登记、注册的社区志愿者组织已经达到7500多个，就在社区里开展社区志愿服务，已经注册并且开展各类志愿服务人员已经达到1600余万人。

当前，我国已经有5亿多的人口居住在城镇社区里面，社区城镇化已经达到43%，居民服务的工作就变成一个很重要的工作。随着城镇化进程的不断推进，越来越多的农民逐步转为城镇居民；随着企业改革的不断深入，现在越来越多的退休职工也逐步转到社区进行管理；随着人口老龄化、家庭小型化逐渐加剧，社区所需要承担的社会管理事务和服务项目也越来越多，社区在和谐社会建设和社会管理中的地位显得越来越重要。因此围绕着建设社会主义和谐社会这个目标，我们已经开始推动社区建设向更高阶段发展，主要就是建设和谐社区。而社区家事纠纷解决机制的构建是社区建设和管理中的重中之重，如何高效、快捷地解决多样化、复杂化、情感化的社区家事纠纷，是我们衡量和谐社会的重要标准。

随着我国经济社会变革不断深入，非公有制经济组织和新社会组织大量涌现，大量“单位人”变为“社会人”。社区作为我国行政体系中最基层的准行政机构，是政府与群众，政府与社会接触最密切的组织，也是政府基层管理、服务群众、开展各项社会工作的平台。社区是社会活动的基本载体，是实施社会发展与民生改善项目最基础的行动单元。社区群众参与社区事务、社区管理的意识不断增强，群众需求多样化、多元化趋势日益突出，新形势下社区组织服务群众、做群众工作的任务更为繁重，这对强化基层社区组织的服务能力、服务水平提出了更高的要求。

社会转型意味着传统向现代的转型，它既是一种渐进性的社会发展过程，又是一种整体性的社会发展过程，传统因素与现代因素在此转型过程中此消彼长。处于转型期的社会是一种异质性社会，是传统因素与现代因素杂然并存、共同作用的社会。传统的社会调解应当以社会管理创新为目的，从传统走向现代，走向规范，以符合现代社会的纠纷解决需要。现代社区调解制度通过有效解决纠纷参与社会治理，促进社区管理创新，最终实现社会的有秩和稳定。所以，社会转型期的社区组织建设为家事纠纷解决机制的构建提供了契机。

加强社会建设，重心在社区，基础在社区。社区组织建设是社区工作的核心，社区组织作为联系社区家庭、社区居民群众的桥梁和纽带，承担着凝聚人心、优化管理、促进和谐、维护稳定的职责使命。

社区组织建设，实质上是基于我国社会转型的需要，对传统的社会组织模式进行建设和改革，建立健全利益协调、诉求表达、纠纷调处、权益保障、应急处置等适应社会需求的机制，构建党委领导、政府负责、社会协同、公众参与的社区组织新格局，有利于实现对社区家事纠纷高效低成本的预防和解决。

党的十八大提出，加强基层服务型组织建设的重大部署。为贯彻落实好党的十八大精神，全国各地许多社区建立区（市、县）直属的社区服务中心、变“一社一居”为“一社多居”的新格局，提出了创建平安社区、文明社区、绿色社区，强化社区组织、提升群众满意度为载体的“三创一强一提升”活动，推进社区服务型组织建设，打造和谐文明、平安幸福、群众满意的“新型社区、温馨家园”。

全面开展城乡社区建设，健全新型社区管理和服务体制，把社区建设成为管理有序、服务完善、文明祥和的社会生活共同体。加强社会建设，创新社会管理，已从最小的“城市细胞”——社区开始了，从群众最需要的地方开始了。只有每一个细胞都演绎生命的激情，整个生命体才能显现不竭的活力；只有每一个社区、每一个家庭都成为温馨家园，整个社会才会春光永驻。

建设基层服务型组织，核心在服务。为新形势下更好地服务改革、服务发展、服务民生、服务群众、服务家庭，全国各地社区不断强化新型社区的服务功能，健全组织体系，加强组织建设，创新服务方式，强化服务保障，全力推进服务型社区组织建设，不断提高新型社区系统化、规范化、科学化管理水平，建立无偿与低偿相结合、社会化与产业化相结合的社区服务体系，健全人民调解网络，及时化解家庭矛盾、社会矛盾，以更好地提高社区服务群众、服务家庭的功能。

构建和谐社会，需要不断探索创新解决矛盾纠纷的方式方法，形成多元的矛盾纠纷解决机制。家事纠纷作为最常见，并且最难彻底解决的纠纷之一，社区组织是最基层，与群众接触最为密切的组织，必然成为适合解决此类纠纷的主要承担者。所以探索建立完善的社区家事纠纷解决机制，是时代的需要、社会的需要。

第二节　我国传统调解制度的良好基础

任何制度的设立与健康发展都需要理论内核的强力支撑。这种理论内核依靠制度创新的时代背景，带有所处时代的政治、经济、文化、道德、理念等社会元素的深刻印记，既具有历史的必然性，又有时代的特征；既是服务于当时社会治理的工具，又是反映民族文化、传承民族文化、发展民族文化的价值集合。

一、社区家事纠纷调解建立的历史基础：民间调解

在传统中国社会中，从远古时期部落首领依本部落的习惯对部落家庭纠纷加以协商解决，到清代调解机制的多元化形式，传统的调解制度已经历千年的洗礼。在传统社会，统治者更加重视刑事案件，而对于老百姓密切相关的“家事纠纷”案件却更愿意让基层社会自行去解决，表现在立法上即为“杖以下的案件，由州县自行解决”，这就为社区家事纠纷的调解创造了可行的空间。

传统调解分为官府调解和民间调解，并且官府也鼓励民间自行解决民事纠纷。日本学者滋贺秀三在其著作中写道：“县官更像一位调停子女争吵的仁爱父母，而非执法严厉的裁判官”。① 因此民间调解的重要性也就不言而喻。

我国民间调解分为乡里调解、宗族调解和亲邻调解，每种调解方式有其相互间的依赖性和互通性，几种民间调解方式的相互作用与融合，构成了传统社会民间解纷机制的第一线战斗力，有利于减轻诉讼的负担。随着历史的潮流与时俱进的发展完善，对当今的基层调解产生了不可小觑的影响。在传统民间调解中乡里调解是最具有特色的一类。县以下政府依据地域和人口的特征将居民分户置田，在此基础上建立起一套基层自治的管理体制，通过一定的政策鼓励赋予此自治体制一定的司法权限，人们更容易接受这种半官方

① ［日］滋贺秀三等：《明清时期的民事审判和民间契约》，法律出版社 1998 年版，第 39 页。

的解纷机制。一方面减轻了政府的负担，另一方面也保护小民不会因讼累而“财尽家败”。因此乡里调解在建立伊始就受到各方肯定，并最终在明清时形成了一套完备的调解机制。

明清乡里调解制度因其调解人的权威性和亲近性，以及解决纠纷的快速性和便捷性，深受民众的肯定。乡里调解与宗族调解、亲邻调解相互配合、相互转化，为纠纷解决机制提供了一个多元化的格局。这些都为我国构建社区家事纠纷解决机制，成立社区“家事纠纷调解中心”，分区域调解、多部门联合调解的社区调解体系奠定了良好的基础。

二、社区家事纠纷调解建立的深厚文化渊源：“和合文化”

中华民族有着深厚的“和合文化”[①] 土壤，才培育诞生了中国传统的调解制度，传统“和合文化”对于调解法律制度具有基础性的价值。作为一种观念文化，“和合文化”在社区居民主观上对其运用于调解制度具有一种普遍的认同。在建立社区家事纠纷解决机制中，尤其需要正确认识“和合文化”对人们心理的深刻影响，因为法治需要民众的社会心理支持。

我国的调解制度就是在“和合文化”的浸润下逐渐形成的。我国传统文化的一个主要内容是融合了“天人合一”宇宙观的“和合文化”，即认为人与自然的关系是宇宙间最基本的关系，人与自然是一体的，人应当顺应自然的客观规律，达到与自然的统一、和

① “和合”一词出于《国语·郑语)，最初是指协调各种伦理规范或关系、治理国家百姓的方式。所谓“和合”，是指自然、社会、人际、心灵、文明中诸多元素、要素的相互冲突、融合，以及在冲突、融合过程中各元素、要素合为新的结构方式、新事物、新生命的总和。“和合文化”是中国的传统文化。张立文：《和合学——21 世纪文化战略的构想》（上卷），中国人民大学出版社 2006 年版，自序，第 11 ~15 页。

谐。将这种人与自然的和谐规则推行到人类的社会生活，则表现为人与人之间的关系和谐，“无讼”是社会的理想状态。“和合文化”纵贯在我国思想文化发展的整个过程，积淀于各个时代各派思想文化之中，是中华民族几千年来世代传承的思维模式和行为方式，渗透在我国社会生活的各个方面，体现着我国思想文化的首要价值和精髓。任何国家特定的传统文化都不同程度地影响着本民族的心理，并且或多或少地体现在人们的行为方式上。在这种以和谐为核心内容的“和合文化”的影响下，百姓形成了“和为贵”的民族心理，具有“息讼”“厌讼”的民族意识，对待纠纷的态度则是息事宁人、排斥争讼，推崇调解制度，乐于接受调解法律方法的运用。可见，“和合文化”就成为传统调解制度、社区家事调解及其调解法律方法的文化基础。

三、社区家事纠纷调解的生命力保障：法律制度与“和合文化”的融合

一般来讲，法律是人们行为规范的准则，法律明确规定了人们进行一定行为时的权利、义务，司法审判活动是由法官依据法律的规定办案，法官应当始终“以事实为根据，以法律为准绳”，法律是法官唯一的判案依据。与此相比，社区家事纠纷的调解在运行时，法律法规、党的政策等都会是调解员解决社区家事纠纷运用的工具，但并不是把法律这样的工具简单化。一般调解员在处理社区家事纠纷时还要兼顾家庭成员之间的关系、考虑亲情的修复及传统习惯，因此“和合文化”就成为社区家事纠纷解决的重要基础理念。

在实践中，社区调解法律制度的运用是与其内涵文化一起发生作用的，两者并不是完全割裂的。实际上，任何一种法律制度背后都有某种文化在支撑。从更广泛的意义上讲，法律制度表达着一种

文化，调解法律制度在长期的实践中逐步形成了我国特有的调解文化，即情理精神，这也是“和合文化”在调解法律制度上的反映。社区调解法律制度作为法律制度与“和合文化”相融合的载体，其内涵文化产生一种特有的文化力，① 成为社区家事纠纷调解制度生命力的保障。

四、社区家事纠纷调解的样态：情理调解方法

调解法律制度的具体文化样态有多种，② 此处深入分析社区家事纠纷解决中常用的情理调解方法。

这里的“情”包括“亲情”“人情”和“社区情”。这里的“理”包括“情理”和“法理”，是社区家事纠纷调解过程中常用的道德和法律的兼容，是“情”与“法”的融合。由于解决社区家事纠纷的需要才会有社区家事纠纷调解制度的诞生，社区家事纠纷调解重视“情、理、法”结合，有利于增进亲情。社会转型期市场经济的发展给社区家庭生活带来了新的矛盾纠纷，也提供了社区家事纠纷调解制度存在的社会合法性基础。

“情理”更多体现的是中国传统社会“和为贵”的儒家伦理道德，也是社区家事纠纷调解本身的性质。长期以来，我国坚持以调解的方式解决家事纠纷，积累了丰富的经验。对当事人而言，家事纠纷，特别是离婚案件原因复杂，有时表面现象是对立情绪突出，但实际上并不是非离不可，只要进行认真细致的教育疏导，耐心做

① “文化力”的概念在我国最早是由贾春峰提出来的。“文化力”是综合国力的重要构成要素，它对于整个经济与社会全面进步来说，是一种持续发展的、强大的内在驱动力，它包括智力因素、精神力量、文化网络以及传统文化四个方面的内涵。贾春峰：《文化力》，华夏出版社 1987 年版，第 165 页。

② 文化样态：指的是某一地区的文化或某民族的文化特有的外在表现形式。

当事人的工作，使当事人互谅互让，增强团结，使“法”“情”“理”高度融合，则可能重归和好，达到解决纠纷的预期目的。如果硬性判决，则可能适得其反。所以，社区家事纠纷调解在解决纠纷时所依据的规则不仅有法律与政策，更重要的是大量依据公共道德、习俗、亲情、情感、情理等社会规范。这些规范体现了东方“和为贵”及礼义伦常的传统价值观、维护了公共道德和公共利益，培养了社会凝聚力及健康的人际关系。①

在承载了深厚传统法律制度的社区家事纠纷调解中，情理调解方法是调解员最有特色的一种调解方法，反映了调解制度的核心机制：以情理感化纠纷当事人的对立，促成互谅互让，化解纠纷。调研显示：凡是优秀的调解员在社区家事纠纷的调解中都能将情理法律方法发挥得淋漓尽致，情理调解法律方法是促成调解员顺利进行社区家事纠纷调解的主要方式。

（一）情理调解方法的本质：“乡土正义”②

情理调解方法，是我国传统的调解方法，也是老百姓论事理、评是非的重要参照标准。当社区家事纠纷发生时，对于当事人的是非、对错，社区居民有其特殊的是非观，而这种是非观的本质是一种“乡土正义”，其代表了广大民众普遍认同的朴素的社会正义感。有日本学者曾经分析这种情理并指出，“所谓情理，简单说来就是‘常识性的正义衡平感觉’，这种情理是人们在长期的社会生活中形

① 于语和、刘志松：“我国人民调解制度及其重构——兼论民间调解对犯罪的预防”，载《浙江大学学报》（人文社会科学版）2007年第3期。

② 李瑜青：“当代中国法治路径的考察”，载《中国律师与法学家》2007年第1期。

成并深藏于人的内心，它引导人们形成对社会问题的常识判断”[1]。从调解法律方法的角度分析调解员运用的情理调解方法，这实质上是一种“乡土正义”。这种“乡土正义”是相对于“国家正义”而言的。“国家正义”，指的是国家以国家法作为依据所主张的正义规范或规定。“国家正义”要求在全国范围内逐步推进其法治理念，并试图替代社会的传统观念或生活规则。但实际上，国家权力在逐步渗透于社会的过程中，是与社会的传统秩序和规范相互作用和影响的，并以这种互相渗透作为背景来实践“国家正义”的主张。

社区家事纠纷的调解，对于情理调解方法的青睐，深刻地反映了以传统习惯、规则为主要内容的“乡土正义”仍然在有效地影响着当代人们的社会生活。民众是法治实现的重要基础，“国家正义”与“乡土正义”在民众心目中的差距不可忽视。因此，社区家事纠纷的调解员在“国家正义”的框架内，迎合了社区家事纠纷当事人普遍认可的“乡土正义”，做到了民间法和国家法的沟通，是它们之间的桥梁和纽带。调解员在调解实践中特别重视情、理、法的结合，在调解程序规范化中不失灵活性。假如调解员只讲法律，不考虑当事人的情感，这样会使当事人“钻牛角尖”，纠纷调处也就走进死胡同。同样，假如调解员只讲情理，不讲法律，这样的“情理”就没有根基，当事人也不会接受。因此，调解员必须了解“高期望值”的成因，在“法”的基础上分析案情，分清责任和是非，着重讲情说理。社区家事纠纷的调解员采取更能被纠纷当事人接受的情理调解方法化解纠纷，并以此实现了社会控制，社区调解的这个过程也暗合了“以人为本”的现代司法理念。

---

① 王亚新、梁治平：《明清时期的民事审判与民间契约》，法律出版社 1998 年版，第 13 ~ 14 页。

（二）情理调解方法在社区家事纠纷调解中的特点

1. 情理调解方法蕴涵着社会大众认同的公平理念

情理调解方法中的情理是指人之常情、事情的一般道理及法理，是情和理的平衡与兼顾，是社会大众认同的公平。如果违反这个情理，社区家事纠纷的当事人就会认为调解不公平、不适当；如果符合这个情理，家事纠纷的当事人就会认为调解是合情、合理、合法的，并会自觉遵守调解协议。

2. 情理调解方法比法律制度更能被社区家事纠纷当事人所接受

调解员在解决纠纷时重视运用大家公认的情理调解方法，将其作为重要的调解方法，因其与法律制度相比较更能被公众接受。由于社区调解没有法院诉讼的国家强制力，也没有运用法律的“刚性”程序规定，如调解中生硬地搬来法律，当事人不容易接受。法律可以是调解员的调解依据，但调解员在运用法律调解社区家事纠纷时，经常会将其转化为社区家庭及家庭成员能够接受的表达形式，而不是直接套用法律规定来论断纠纷。

3. 情理调解方法在社区家事纠纷调解中有着特殊功能

情理调解方法在社区家事纠纷调解中能有效化解纠纷、抚平创伤，有利于加深纠纷当事人的情感沟通。情理调解方法在调解方法中具有重要的地位，调研显示，调解员在调解时，情理调解方法是排在第一位的，其次才是法律、政策等调解方法的运用。

当社区家事纠纷发生后，调解员首先要对社区家事纠纷进行调查和了解，然后才能作出如何进行调解的判断。在这个过程中，情理调解方法具有以下的功能。

（1）情理调解方法对于社区调解具有评价监督功能。情理调解方法代表人们普遍认同的“乡土正义”，它是社区家事纠纷调解制

统向现代的转型。家事纠纷的调解制度及其调解法律方法既是传统“和合文化”的积淀，也具有现代法治的人文精神内涵。

五、社区家事纠纷调解良好的根基：人民调解制度

（一）人民调解有着悠久的历史渊源和深厚的文化基础

中国传统社会的民间调解贯穿着“和乡党以息争讼、明礼让以厚风俗”的中华传统法文化追求和谐和无讼的思想。随着这种思想在中国近现代社会的历史延续和传承发展，民间调解制度也随着时代的变迁而生生不息地发展着、演变着，成为中国最具特色的基层制度。现代中国民间调解的种类更为丰富，主要有：人民调解、乡镇法律服务所调解、律师调解、行业调解、社区调解、家族调解、邻里调解和亲友调解等，其中人民调解发展得更为完善，在制度化、法律化方面走得更远，为社区家事纠纷调解制度的建立打下了良好的根基。

人民调解，在我国有着悠久的历史渊源和深厚的文化基础。作为一种解决民间纠纷的传统形式，人民调解在化解矛盾、平息纷争、消除隔阂、沟通关系方面，起着不可替代的作用，在国际上享有“东方之花”的盛誉。

无论在哪个发展阶段，何种历史时期，人民调解制度均具有一个共同的基本功能——以平和的方式解决纠纷，传统人民调解制度的功能也主要表现在政治上社会的治理以及文化上道德的传承。

人民调解制度并非一成不变，它是随着社会的变迁而逐步适应和发展的动态过程。自改革开放以来，中国政治、经济、文化诸领域以空前的广度和深度发生着巨大变迁，国家的治理方式正在经历

着深刻的历史性转型，法治愈益成为社会治理机制的基本选择。在新时代新形势下，调解制度在中国法制建设的背景下依然具有其独特的地位和功能，人民调解制度的现代功能突出强调拯救司法困境、改善社会关系、维护社会稳定、实现社会民主以及促进新的法律规范和社会规则的形成。

人民调解这种主要由附属于政权机构的基层组织、民间团体主持的调解，兼具政策性与法律性，并由朴素的民众感情、村规民约、道德观念予以连接和修补。人民调解制度从根源上坚持了早期调解工作的便民原则，反映了调解观念的平民取向，继承了行为方式的大众参与，这种根本的制度特性并没有随着时间的推移而失落。经过历史选择，人民调解特有的以和为本、反映民意、尊重自由选择、鼓励协商与自治的民主价值透过公权限制的屏障成为了制度生命力的源泉。

由于人民调解符合民众需要和官方治理社会的需求，早在20世纪40年代革命根据地时期就已经有了较系统的立法。50年代，人民调解制度在全国范围内建立，同时建立了遍布城乡的调解组织。后经历短暂挫折，70年代后期得到恢复，随着各种法律法规的出台，至90年代中期达到高潮，之后又日趋衰落。进入21世纪，为了应对诉讼爆炸、高昂的诉讼成本和人们对于和谐关系的需求，民间调解这一本土资源越来越多地重新得到人们审视和关注。

随着社会转型，社会矛盾突发以及构建社会主义和谐社会的现实需要，各级党委、政府对人民调解工作越来越高度重视，人民调解组织在社会主义和谐社会建设中的积极作用日益凸显，也越来越蓬勃发展。到目前为止，我国已建立了人民调解组织83.6万个，拥有人民调解员近486万人。近七年来，直接、协助调解了各类民间纠纷5800多万件，调解成功率96%。通过调解工作，防止因民间纠纷激化引发的刑事案件40多万件，防止因民间纠纷激化导致当事人自杀13万多件，化解和疏导70多万件群众上访事件的发生。[①] 先后有万名人民调解员得到各级党委、政府的表彰，有效地维护了社会稳定，保障和促进了社会主义市场经济的健康、可持续发展，为改革开放与和谐社会建设做出了积极的贡献。

（二）我国的人民调解制度有待强化

我国虽然于2010年8月28日方通过了《中华人民共和国人民调解法》，于2011年1月1日起才开始实施，但我国的人民调解制度从新中国成立以来就一直备受关注，对社会纠纷的化解发挥了巨大的作用，这也造就了我国大批的调解人才。由于人民调解的非强制性，导致调解后一方恶意违约，而不得不再次求助于诉讼的情形频繁发生，挫伤了人们选择人民调解的积极性，直接体现为人民调解和诉讼案件数量的此消彼长。

根据2004年的统计，人民调解的受案数从1990年的740余万件减至2004年的600万件。我国时有人民调解员800万人，每个调解人员年调解量已不到1件。而现在基层法院法官年结案500件已不再是传说，甚至在东南沿海地区的基层法院，出现了法官的年办案数达到了惊人的1600件。

人民调解制度主要是通过促进纠纷当事人之间的协商对话来实现纠纷的解决，该制度是化解社会基础纠纷的一项重要机制。2012年《中国的司法改革》白皮书指出，我国已经初步建立了诉讼与非

---

① 孙莹："中华全国人民调解协会第四届代表大会在京举行"，央广网北京2015年3月19日中华全国人民调解员协会发布 http：//china. cnr. cn/NewsFeeds/20150319/t20150319_ 518052164. shtml，2015年3月19日。

诉讼相衔接的矛盾纠纷解决机制，形成了人民调解、行政调解、司法调解三位一体的“大调解”工作体系，[①] 并且在全国村（居）委、乡镇（街道）、企事业单位以及劳资、医患、拆迁、交通事故、环境、安全生产等矛盾高发行业和领域建立了行业性、专业性较强的调解组织与调解机制。与此同时，市场经济的快速发展以及陌生人社会的逐渐形成，对于现行的人民调解制度构成了极大的挑战，社会诚信降低等现象造成了社会主体缺乏协商沟通和谅解让步的意识与环境，再加上利益格局的变化，使得处于社会转型时期的当事人之间的对抗性增强，调解的难度加大。[②] 这一现状表明人民调解制度在当下的运行中存在着一定程度的危机，亟待我们调整和重构人民调解制度的运行方式。根据现实需要，充分利用社区优势，加强专业性人民调解组织的构建，特别是对婚姻家庭纠纷的社区调解，实现人民调解制度的有效运行，使其真正起到“源头治理”“应急处置”以及实现社会正义“第一道防线”的作用。

---

① 一般认为，“大调解”一词有广义和狭义两种理解。狭义的“大调解”是指市、县、乡、镇近年来成立的调解中心。广义的“大调解”是指在党委、政府的统一领导下，由政法综合治理部门牵头协调、司法行政部门业务指导、调解中心具体运作、职能部门共同参与并整合各种调解资源对社会矛盾纠纷进行协调处理。其目的是将民间调解、行政调解、司法调解等其他各种调解资源整合在一起，把纠纷化解在基层。通常我们所说的“大调解”一词是在广义上使用的。章武生：“论我国大调解机制的构建——兼析大调解与 ADR 的关系”，载《法商研究》2007 年第 6 期。

② “社会转型”一词源自西方社会功能结构学派现代理论的经典思想。当前，我们所说的社会转型，是指社会从传统型向现代型转变的过程，是社会中的传统因素与现代因素此消彼长的进化过程，是在科学技术引导下以发展的形式表现出来的社会变化，是社会的结构性变革和整体性发展。陈海基：“略论社会转型期法的调控作用”，载《福建工程学院学报》2003 年第 2 期。

第三节　社区组织参与家事纠纷解决的可行性

一、社区组织建设是家事纠纷调解的“本土资源”

社区家事纠纷调解制度是我国社会转型时期随着社区发展出现的一种新型纠纷解决机制。我国社区的发展始于20世纪80年代末的“大政府、小社会”向“小政府、大社会”的转型改革时期，1986年民政部第一次把“社区”的概念引入到城市管理中，提出要开展“社区服务”工作。1990年民政部进一步提出“社区建设”，指出“社区建设”的基本内容，即社区组织建设、社区服务建设、社区卫生建设、社区文化建设、社区环境建设以及社区治安建设等。其中社区治安建设的中心工作就是保障社区治安，而保障社区治安的一项重要制度就是社区家事调解制度。具体来说是以街道或社区调解工作室[①]为代表，包括街道司法所[②]、居委会下设的调解委员会和社区家事调解服务中心等调解机构，其调解员来源于基层、来自社区民众，他们深入居民、深入家庭，综合运用情、理、法及习俗，疏导、化解社区家事纠纷，逐步形成一种较稳定的社区纠纷解决机制。实践证明，社区家事纠纷调解制度化解了大量

① 调解工作室，是指由社区政府与调解工作室的负责人签订调解服务合同，以货币购买工作室的调解服务。上海市长宁区江苏路街道“李琴调解工作室”是全国第一家民办非企业性质的调解机构。

② 有学者认为，街道司法所的调解由于司法所具有的行政属性应当属于行政调解，但由于街道司法所多挂牌为“人民调解窗口”或“社区调解窗口”，因而把司法所调解纳入社区调解制度进行研究。

社区家庭日常生活中的纠纷，社区组织也成为了家事纠纷解决机制的一个较优厚的“本土资源”。

二、社区组织建设是研究更为广泛社会问题的切入点

一个社区所面临的问题，往往是更大社会范围内问题的具体表现。从一定意义上说，社区研究是研究整个社会的起点。因而，社区组织建设的研究有助于发现和解决更广泛的社会问题。社区组织建设是由政府推动的社会体制改革，使政府从权力、责任、利益中心脱离出来，通过培育社区组织，形成政府与社区组织共同服务和管理社区的形式。社区建设和管理已成为我国当前城市建设和管理的基础工作。加强社区组织建设、设立家事纠纷调解机构，能够完善社区组织功能，创新社会管理。

三、家事纠纷解决机制的构建是社区组织建设的重要内容

家事纠纷，是基于婚姻、血缘和收养等家庭关系所产生的有关人身和财产等方面的纠纷。该纠纷不同于普通民事纠纷，一是，纠纷涉及个人隐私不宜公开审理；二是，纠纷涉及赡养、抚养、继承、未成年人保护、家庭关系的维系等血缘和情感多种复杂因素，不便采用简单的协议或权威性地裁判调整。解决此类纠纷应以消除和化解矛盾、修复情感、实现和解作为其价值取向。所以，诉前的调解就成为较好的解决方式之一。在构建和谐社会的今天，家庭作为社区的基本单位，其关系的稳定是和谐社会的基石，如家事纠纷长期不能得到合理解决，容易引发家庭暴力等恶性事件，危及社会安定。因此，社区非诉讼家事纠纷调解机制对和谐家庭、和谐社会

的构建起着不容忽视的作用，可以稳定和密织社会防患体系，加强对社情民意和家庭关系的正确引导，减少社会对抗，弥合各利益力量的分歧，进而促进社会和谐和稳定。

四、社区家事纠纷解决机制是解决家事矛盾和纠纷的第一道防线

社区作为居民的聚居地，是与家庭联系最为密切的组织。家事纠纷一经产生，社区就近、快捷地将家庭纠纷遏制在萌芽状态，以避免纠纷进一步升级恶化。同时，社区家事纠纷解决机制能节约成本、实现效益最大化和实质正义；也能充分发挥当事人在纠纷解决中的自主性，使当事人做出较为理性抉择，避免家庭矛盾恶化，减少家庭成员的精神压力，做出符合情理的解决方案，在和谐社会的构建中充分彰显社区家事纠纷解决机制的功能，促进家庭与社会的和谐。所以，社区家事纠纷解决机制是解决家事矛盾和纠纷的第一道防线，是社区家庭和睦的“绿色保护伞”。

五、加强社区家事纠纷调解组织建设，实现社会资源共享，既便民，又增效

目前，我国司法、民政、妇联、团委等部门都有家事纠纷调解和援助职能。为了及时有效化解社会矛盾，防止纠纷激化，维护社会稳定，我们应该认真审视中国传统的本土文化资源，挖掘并整合现有资源，在社区建立“家事纠纷调解中心”，对家事纠纷采用自主、平和的方式进行劝导、调和，鼓励当事人积极和解。以调解的方式解决纠纷，无论对国家还是对当事人都是最佳选择。一方面，可以减少各部门推诿、扯皮、各自为政现象；另一方面，可以避免当事人因搞不清各部门职能而走弯路。因此，将各部门的职能、力

量整合形成合力，在社区构建家事纠纷调解组织，做好非诉讼家事矛盾纠纷调解工作是现实的、可取的，既便民，又增效。

第四节 我国各地社区家事法律服务中心的实践经验

近年来，随着民事纠纷案件的不断增多及诉讼爆炸现象的凸显，社会各界对家事纠纷的特殊性及普遍性有了重新认识，都在积极探索建立非诉讼的多元化纠纷解决机制，试图寻求家事纠纷的专门解决机制。

中国社会工作协会婚姻家庭工作委员会为促进婚姻美满、家庭和睦，构建和谐社会，着力打造了“家和幸福工程”这一公益项目。“家和幸福工程”主要通过深入社区，建立“婚姻家庭纠纷调解工作室”，用专业的心理辅导、婚姻咨询等工作方法，消除因各种现代城市快速进程中的浮躁带来的婚姻家庭问题。“家和幸福工程”的实施，具有家庭矛盾激化的“减震器”和家庭婚姻问题“润滑油”的作用。从 2013 年开始，全国各地陆续试点成立了一些专门的社区家事纠纷服务中心，并且取得了一定成绩，为我国社区家事纠纷解决机制的构建提供了可以借鉴的实践经验。

一、湖南省的社区家事法律服务中心

湖南省社区家事法律服务中心的典型代表是郴州市苏仙区“家和幸福工程”项目——婚姻家庭纠纷调解室。

近年来，郴州市苏仙区结婚人数基本持平，但离婚的家庭却逐年递增。然而，随着社会快速发展，婚姻解体的诱因增加，调解机

构却不复存在，离婚率剧增，家庭破裂，这必将带来一系列的社会问题。为此，郴州市民政局启动了“家和幸福工程”项目，郴州市苏仙区阳光社会工作服务中心就是“家和幸福工程”的郴州分站单位。

郴州市苏仙区阳光社会工作服务中心，是郴州市首家专注于婚姻家庭心理咨询的专业社会组织，经苏仙区民政局批准，于 2015 年 6 月 12 日正式登记成立，具有独立法人资格。该中心由郴州市资深社工师、心理咨询师、婚姻家庭咨询师、律师、法律工作者及一批具有丰富工作经验、致力于社会工作事业发展的专业人士组成，以“阳光心灵，专业服务，助人自助，构造和谐”为宗旨，以“替政府分忧，帮民众解难”为工作目标，为社会各阶层、各领域、各部门提供人性化和专业化的社工服务。该中心是中国社工协会的社工项目“家和幸福工程”湖南基地郴州分站单位。中心定期邀请深圳、上海等沿海城市社工督导、高校教师专家与资深社工为员工开展专业化、社会化培训，不断培养员工的专业化素质，推动团队壮大发展。

中心业务范围：开展有关婚姻家庭的心理辅导、心理健康教育及方法培训；提供婚姻家庭综合社工服务、妇女儿童和社区矫正等社工服务；民间婚姻家庭纠纷调解工作服务，以及其他婚姻家庭业务范围内的社会服务项目。

目前该中心在苏仙区婚姻登记处设立“婚姻家庭纠纷调解室”，招募心理咨询师、婚姻家庭咨询师、法律工作者等多名专业人士作为“家和幸福工程”志愿者，免费为辖区居民提供婚姻咨询、离婚劝导、法律援助、婚姻危机干预等公益服务。

苏仙区“婚姻家庭纠纷调解室”自成立以来调解和好 100 多件离婚案件，当面解答咨询 200 多人次，电话解答 100 多人次，“家和幸福工程”志愿者们无偿为前来咨询的社区居民消除情感疑惑，解开心理症结。居民也可以通过来电、来信、来访、上门服务等方式，享受所提供的各种免费咨询、帮助和辅导等服务。

“家和幸福工程”属于社会公益项目，是民生幸福工程，希望能得到政府的强力推动和支持，更需要企业的积极参与、社区的支持、群众的关注，形成一种社会合力，共同推进“家和幸福工程”健康持续发展。①

二、江苏省的社区家事法律服务中心

为深入贯彻党的十八届四中全会提出的“推进覆盖城乡居民的公共法律服务体系建设，加强民生领域法律服务”的要求，保证辖区人民群众在遇到法律问题或者权利受到侵害时可以获得及时有效的法律服务，2015 年 5 月 8 日，江苏省南通市崇川区司法局与崇川区新城桥街道办事处联合成立崇川区新城桥街道“家事法律服务中心”，这是南通市成立的首家“家事法律服务中心”②

南通市首家“家事法律服务中心”指定江苏通衡律师事务所承接相关工作。成立家事法律服务中心，目的是解决家事纠纷，为家庭提供一个更为贴心和专业的服务，让市民能够通过家事法律服务中心去维护自己身边的合法权益。该“家事法律服务中心”通过定期或不定期发放普法宣传资料、举办法律讲座、开展法律咨询、给予法律援助、主持家事纠纷的调解等形式，为社区居民提供专业化法律服务，预防和化解家庭纠纷。“家事法律服务中心”成为南通

---

① 湖南省郴州市苏仙区阳光社会工作服务中心：http：//www.0735.com/vip/readnews.asp？id = 37869 2015 - 05 - 20。

② 江海明珠网讯（记者：胡一平）。

市民解决家事纠纷更为便捷和有效的平台，成立一年来，取得了一定成绩，得到了社区居民的一致认可。相信随着社区家事法律服务中心的不断增多，其解决家事纠纷的优势会更好地显现。

三、贵州省的社区家事法律服务中心

贵州省贵阳市妇联目前已在三个社区试点建立了“幸福万家”调解工作室。

（一）贵阳市修文县龙岗社区成立妇联“幸福万家”家事纠纷调解室

2013 年 2 月 26 日，贵阳市修文县妇联“幸福万家”家事纠纷调解室在龙岗社区服务中心正式挂牌成立。该调解室以龙岗社区“妇女之家”为平台，以“幸福万家”网络服务为抓手，由社区干部、妈妈志愿者服务队成员、居委会调解小分队成员组成，旨在加强对家庭、邻里矛盾纠纷的化解工作，为辖区居民提供法律宣传、心理咨询、纠纷调处等方面的服务。①

（二）贵阳市碧海社区建立“幸福万家”家里家外矛盾纠纷调解室

贵州省贵阳市为切实开展好“三创一强一提升”（创建平安社区、文明社区、绿色社区，强化社区组织、提升群众满意度）为载体的活动，推动“新型社区·温馨家园”建设，2013 年 6 月，贵阳市妇联、观山湖区妇联、碧海社区妇联三家联合在观山湖区碧海

① 韩立海：“贵阳市修文县成立家事纠纷调解室” http：//www.legaldaily.com.cn/locality/content/2013－02/28/content_ 4232508.htm2015 年 5 月 28 日。

社区建立了“幸福万家”家里家外矛盾纠纷调解室，组建由法律专家、婚姻情感专家、巾帼志愿者参与的家里家外调解劝和小组，积极化解疏导社区家庭矛盾、邻里纠纷。

碧海社区“幸福万家”家里家外调解室的建立，是贵阳市妇联“幸福万家”调解工作机制突出柔性化解社区家庭矛盾纠纷的又一体现。

在碧海社区“幸福万家”家里家外调解室，有长期在社区从事法律志愿服务的法学专业的大学生提供的法律咨询服务；有市妇联多名婚姻情感师（妇联干部）每周定期提供婚姻情感调适服务；有长期与群众接触、志愿服务群众的巾帼志愿者，在法律、婚姻情感专家接待日外的工作日为群众提供“身边人”的亲切服务。这一调解室的工作模式，较好地做到了专家专业服务与身边人贴心服务的有机结合，有助于将化解社区婚姻家庭矛盾的关口前移。“幸福万家”家里家外调解室的建立，为社区家事纠纷的预防和调解创造了条件，为构建平安社区、和谐社区及和谐家庭建设起到了重要作用。①

（三）贵阳市沙南社区成立了“幸福万家”矛盾纠纷调解工作室

2014 年 7 月 30 日，贵阳市沙南社区正式挂牌成立了“幸福万家”矛盾纠纷调解工作室。该调解室是由区司法局、妇联和沙南社区共同打造的，组建了司法干部、社区干部、专家调解队伍和妈妈调解小分队等四个类型的调解队伍，专门调解辖区内发生的家庭纠纷和矛盾，并开展法律咨询、心理辅导、婚姻家庭等方面的知识讲

① 袁莉：“贵州妇联、碧海社区建立‘幸福万家’家里家外矛盾纠纷调解室”，http：//gongyi. gog. cn/system/2013/07/04/012436758. shtml 2015 年 4 月 12 日。

座，为辖区妇女、儿童提供法律帮助，化解家庭矛盾，有效地维护了他们的合法权益。①

四、新疆维吾尔自治区的社区家事法律服务中心

（一）新疆乌苏市虹桥解放路社区成立了“家事纠纷调解室”

2015年3月初，新疆维吾尔自治区乌苏市解放路社区依托妇女之家建立了“幸福万家家事纠纷调解室”。该家事纠纷调解室以社区“妇女之家”为平台，以“幸福万家”服务为抓手，为辖区居民提供法律宣传、心理咨询、婚姻感情培训、家事纠纷调解等方面的服务，是探索和创新社会管理和服务群众工作的又一次有益探索。同时，该家事纠纷调解室积极吸收社区干部、妈妈志愿者服务队成员、居委会调解小分队成员为调解员，加强对家庭矛盾纠纷的预防和化解工作，力争将家庭纠纷矛盾消灭在萌芽状态，逐步实现“小事不出居委会、大事不出街道办”的目标，为家事纠纷的预防和解决提供了帮助，进而推动了社区建设，促进了家庭和睦与社会和谐。

（二）新疆吉木萨尔县司法局成立了“燕荣婚姻家庭纠纷调解室”

随着经济社会发展，婚姻家庭矛盾纠纷类型愈加复杂，纠纷数量逐年上涨。2015年3月20日，新疆吉木萨尔县司法局在构建

① 吴敢华、袁娟：“沙南社区成立‘幸福万家’矛盾纠纷调解工作室”，http://epaper.gywb.cn/gyrb/html/2014-08/01/content_397591.htm 2015年4月12日。

“大调解”工作体系中建立了以律师张燕荣带头的“燕荣婚姻家庭纠纷调解室”，化解家庭矛盾纠纷，及时挽救家庭，帮助发生婚姻危机的家庭重归和谐幸福。

吉木萨尔县“燕荣婚姻纠纷调解室”自成立以来，已成功挽救了30多个家庭。同时，还提供法律咨询、维权指导、纠纷调解、法律援助等多项服务，深受群众喜爱。

“燕荣婚姻纠纷调解室”通过律师以案说法，多角度地讲述涉及婚姻家庭等方面的法律法规。与当事人拉家常，说身边的人、身边的事，将婚姻家庭、妇女儿童权益保护等法律知识以鲜明生动的形象进行宣讲。在这里，看似无法挽救的婚姻，却在多次调解后出现了“大团圆”的结局。①

五、广东省的社区家事法律服务中心

（一）广东深圳市盐田区建立家事纠纷综合协调解决机制

为更好地化解家事纠纷，2014年5月8日，盐田法院组织举行了盐田区家事纠纷综合协调解决机制合作备忘录签约仪式，签署单位包括区司法局、团区委、区妇联、区公安分局等多家。

此次签约仪式作为新探索，主要依托法院专业化家事审判机构平台，集中整合区司法局、区民政局、团区委、区妇联及区公安分局等单位的力量和资源优势，建立家事调查员和调解员制度，设立人身安全保护机制，着力推进家事纠纷全程调解、人身保护、专业心理辅导及妇女、老人和儿童权益保护机制建设，妥善化解家事纠

① 马梅：“吉木萨尔县‘燕荣婚姻纠纷调解室’受欢迎”，新疆平安网 http：//www.xjpeace.cn/cj/gjfs_ 493/201509/t20150907_ 842976.htm 2015年9月7日。

纷，最大限度平复因家事纠纷造成的家庭关系和社会关系的创伤。同时，与区公安分局签署《关于执行人身安全保护裁定的办法》，对人身安全保护裁定的出具条件、内容及双方的职责予以明确。

（二）广东深圳市罗湖区法院成立了家事审判庭专司家事纠纷案

为及时化解家事纠纷，罗湖法院于2015年初即成立了家事审判庭专司家事纠纷案件的审理。该庭与罗湖区司法局、妇女联合会制定《关于联合建立家事纠纷综合协调解决机制的方案》以及《家庭暴力案件人身保护裁定多部门协作实施指引》；建立家事调解员、调查员、家暴监督员等制度；聘请的59名家事调解员、调查员和家暴监督员，通过统一培训，才可以参与婚姻家庭案件的审理工作。罗湖法院选任的59名人员均系各街道专业调解员或挂点律师，具有丰富的家事法律知识及家事调解调查经验，由司法局及妇联共同推荐产生的。家事调查员职责是家事案件审理过程中，接受人民法院委托，利用自身专业知识和社会经验，针对特定事项，通过走访邻居、亲属、社区、工作单位等方式，了解当事人的婚姻家庭状况及未成年人的抚养状况，向法院出具书面调查报告，出庭陈述意见，提出纠纷解决方案等，在征得双方当事人同意前提下，接受法院委托开展诉前或诉中调解工作。

（三）广东东莞市成立多元化家事纠纷解决中心

近年来，广东省东莞市妇联每年处理的70%的案件都是婚姻家庭类案件，所以市妇联非常重视维护妇女、儿童的合法权益及家事纠纷的解决。从2014年开始，陆续在全市成立了89个白玉兰家庭服务中心（室）、6个妇女维权站、612个妇女之家；建立了12338

二十四小时服务热线；打造了一支专业社工服务队伍；成立了向日葵家庭暴力庇护中心。

2015 年 9 月 23 日，东莞市妇联与东莞市第三人民法院联合成立了首家家事纠纷多元化解决中心。家事纠纷多元化解决中心发挥专业化优势，化解家庭矛盾，依法维护妇女儿童合法权益，法院、市妇联及市第三人民法院辖区镇街妇联、塘厦镇村委会、社工机构等给予了积极配合，支持家事纠纷多元化解决中心工作。

为此，东莞市妇联与东莞市第三人民法院还联合出台了《关于联合处理涉及妇女儿童合法权益案件的意见》，共同推动家事纠纷的解决。建立了妇联与第三人民法院信息互动平台，畅通联系与沟通的渠道；市第三人民法院设立家事审判合议庭，对于复杂案件，向妇联调查取证，或邀请妇联工作人员参与调解和陪审；妇联可邀请第三人民法院法官介入纠纷处理，给予法律支持；对妇联主持调解达成调解协议的案件，申请人可向法院申请司法确认，出具民事调解书。

东莞市首家家事纠纷多元化解决中心的成立，充分发挥法院、妇联组织和社区的职能，引入社工、律师作为调解员。这是全面推进依法治国，加强社会建设、创新社会治理的积极探索，预示着东莞妇联与法院解决家事纠纷工作又上一新台阶；这也是适应家事案件调解新形势，社会各机构积极参与基层社会治理创新的体现，对进一步维护婚姻家庭稳定，促进社会和谐，有着重要的现实意义。

六、山西省太原市的社区“婚姻家庭辅导站”

2013 年 7 月，太原市社区社会组织服务中心与山西心怡心理咨询中心合作筹建“太原市社区家庭危机干预中心”，以“学习爱、守护家”为理念，帮助社区居民调解家事纠纷、化解家庭矛盾、进行法律咨询和服务，帮助解决家庭遇到的实际问题，避免家庭危机的出现。

“太原市社区家庭危机干预中心”自成立以来，在太原市10多个社区设立了“婚姻家庭辅导站”，帮助社区家庭调解家事纠纷、化解家庭矛盾二百多起，定期开展“社区平安家庭创建活动”“弘扬良好家风 建设文明家庭活动”“反对家庭暴力——白丝带行动”“关爱老人行动”“构建和谐家庭——婚姻家庭咨询师社区行”等主题活动。太原市南中环社区，每个月25日的上午9点到11点邀请律师、婚姻家庭咨询师走进社区，还有法学专业的志愿者参加，为居民提供免费法律咨询服务、解决居民遇到的矛盾纠纷。咨询内容包括赡养、遗产继承、房屋拆迁、离婚、再婚等与家庭有关的问题。除此以外，社区还经常举办婚姻家庭法和有关正确处理家庭关系的讲座，如老年人权益保障法、妇女权益保障法、残疾人权益保障法、婚姻法、继承法等，对家庭纠纷的预防和排查起到了良好的作用。太原社区“婚姻家庭辅导站”的设立也为该课题的试点创造了条件。

以上各地探索建立的社区家事纠纷综合协调解决机制，在预防和解决家庭纠纷中取得了较大成绩，为全国社区家事纠纷解决机制的构建提供了可借鉴的经验。

第五节　社区家事纠纷解决机制建立的经济学分析

构建任何一项法律制度时，都需要遵循经济效益原则，不能忽视成本问题。所以，要想完美的解决纠纷是有一定代价的，这个代价就是时间、精力、金钱和众多的社会资源。家事纠纷解决机制的构建，也需要付出代价，讲究经济效益。因为，无论该制度能够怎样完美地实现正义，如果付出的代价过于昂贵，则人们往往也只能放弃通过该制度来实现公平正义的希望。

在现代社会，国家不再大力提倡私力救济，而公力救济大都资源有限、费用较高。国家应该大力发展社会救济，不仅应当保障人们能得到社会救济，而且还应当保障人们能迅速地、经济地、公平地接近这些纠纷解决机构，并方便使用他们所提供的各种资源及法律服务。

一、社区家事纠纷调解制度的构建符合费用相当性原理

不同的纠纷解决程序因其复杂程度不同而消耗的成本各不相同。在社会资源有限的情况下，如何使解决纠纷的程序与纠纷的类型相适应，从而提高经济效益，这是必须要认真思考的问题。理性的状态就应是将有限的社会资源合理地分配给各种纠纷解决方式，按照不同纠纷种类的特殊要求与当事人意思自治的原则，将数量庞大的纠纷分配给不同的纠纷解决程序。对于那些本来就掺杂许多非理性因素的异常复杂之家事纠纷，毫无疑问不适用普通民事诉讼程序，也不适用普通民事调解程序来解决，而应当代之以非诉讼的专门的家事调解程序——即社区家事调解程序。当然，在这一过程中，必须保证司法程序作为最终救济的地位。

需要注意的是，法院不能凭借自己的强势地位打压其他的纠纷救济程序，而应当与其他非司法程序保持一种必要的联系和牵制。[①]

由于家事纠纷的情感性、亲情性等特殊性，社区家事调解无须遵循严格的程序，当事人可以根据家事纠纷的特点、彼此的关系和

① 沈恒斌：《多元化纠纷解决机制原理与实务》，厦门大学出版社 2005 年版，第 39 页。

各自的需要，选择适当的时间和适当的地点来进行调解。因此，社区家事纠纷的调解往往是在一种非对抗性的、和谐的气氛中进行的，争议双方完全可以自由地阐述自己的观点和意见。同时在纠纷解决的实体依据方面，除现行法律法规外，调解还可依据当事人认为适当的各种社会规范，如公共道德准则、通行的公平原则、地方惯例、行业标准、乡规民约等进行调解。正如日本学者棚濑孝雄在论及审判外纠纷解决机构时曾说："因为有当事人的合意这一绝对的正当化原理作为保障，有'只要不服就可以不从'这条后路，相应地在程序规定上就有了更大的自由，对解决方案正确的要求也可以相对降低，从而使费用等代价的大幅度削减成为可能"。[①] 社区是家庭聚居的场所，在社区建立家事纠纷调解机构，一方面，便于及早发现纠纷隐患，有效预防家庭纠纷；另一方面，也可以在家事纠纷一旦发生，就近由社区家事纠纷调解机构进行调解，程序简单、成本较低，可以最大限度地节省社会资源和成本。

二、社区家事纠纷解决成本符合经济理性

设立法律制度的目的不只是要揭露真相，而是更好地试图解决纠纷问题。在家事纠纷解决方式上，当事人一般都会将低成本、非对抗的纠纷解决机制作为首选。而社区家事纠纷解决这一新机制就是这样一种低成本、非对抗性的解决程序，它可以使解决纠纷的社会成本最小化。

我国设立社区家事纠纷解决机制，其设立和运作经费原则上是由政府财政支持，家事纠纷当事人接受社区家事纠纷的咨询和调解

① ［日］棚濑孝雄：《纠纷的解决与审判制度》，王亚新译，中国政法大学出版社2004年版，第80页。

服务，一般不需要缴纳费用。如果家事纠纷当事人首先通过社区家事纠纷的咨询和调解服务直接达成协议，就不需要再诉诸法院，这是社区家事纠纷解决机制的优势所在。例如，当事人双方协商自愿作出决定，可以降低法院诉讼程序带来的经济成本和情感负担，有孩子的父母则可以更好地继续履行身为父母的责任等。

从功能上看，社区家事纠纷解决新机制为当事人提供了一个信息交流的平台，可以消除双方之间在纠纷认识方面业已存在的不对称性，防止产生新的误会或者偏见，可以减少某些以暴力解决纠纷带来的新的仇恨以及纠纷解决成本的社会损失等。

总之，社区家事纠纷解决新机制为当事人提供了一个低成本、高效率解决家事纠纷的渠道，减轻了法院的负担，节约了司法资源，是一种符合经济理性的纠纷解决模式。

三、社区家事纠纷解决机制与其他纠纷解决机制在资源和费用方面的比较

（一）社区家事纠纷解决机制与诉讼纠纷解决机制的比较

“瘦的非诉讼胜过胖的诉讼。”与诉讼解决纠纷相比，非诉讼调解是一种收益更大而风险较小的纠纷处理方式。具体来说，与民事诉讼程序相比，社区家事纠纷调解没有诉讼费用，也没有固定的程序和模式；调解人员可以根据纠纷的具体情况和当事人的要求，灵活决定合适的解决方案和程序；调解员可以采用简便的方式进行调解，也可根据当事人的意愿，随时达成协议；调解协议只要不违反法律的强制性规定、不损害社会公共利益、不损害第三人的合法权益，当事人都可自由处分自己的权利。因此，社区家事纠纷调解不必像诉讼那样要缴纳较高的诉讼费用、经历烦琐的程序

和较长的时间，所以社区家事纠纷调解在处理纠纷时方便快捷、费用低廉。

另外，社区调解组织数量远远多于法院，分布也比人民法院广泛得多，其运行成本也较低。同时，家事纠纷的调解员可以主动介入纠纷进行调解，特别是通过广布的社区调解组织网络，定期排查纠纷，把纠纷消灭在萌芽状态，把纠纷解决在基层。当事人有纠纷可就地解决，而不必一趟又一趟地跑法院，解决纠纷的支出与诉讼相比要少得多。所以，社区调解解决家事纠纷，可以有效地节省时间、物力和财力，节约了社会成本，减轻了法院压力，大大提高了家事纠纷的解决效率。

（二）社区家事纠纷解决机制与其他非诉讼纠纷解决机制的比较

这里需要厘清社区家事纠纷调解制度与人民调解制度的关系。社区家事纠纷调解制度是人民调解制度的一种，属于人民调解制度的范畴，但人民调解制度并不局限于社区家事纠纷调解制度，还包括行业调解制度等，范畴大于社区家事纠纷调解制度。人民调解内容丰富，形式广泛，其与社区家事纠纷调解都是在法院诉讼外解决纠纷，都是非诉讼的纠纷解决机制，[①] 区别在于人民调解的范畴要比社区调解宽泛，而社区家事纠纷解决机构专业性更强。

社区家事纠纷调解机构，其主要职责是预防家事纠纷的产生、调解家事纠纷，是由婚姻家庭律师、婚姻家庭咨询师、婚姻家庭调

---

① 随着2010年8月28日《中华人民共和国人民调解法》的颁布以及我国“大调解”体系的建构，没有得到执行的人民调解协议可以再到法院进行司法确认程序；进入法院的案件在一定条件下也可以由法院委托进行人民调解。因此，诉讼与非诉讼的区别已不再那么明显。

解员等专门人员组成的专门调解家事纠纷的机构。专业性较强有利于家庭成员感情的维持和家事纠纷的彻底解决。同时，由于社区遍布各地，与居民和家庭密切联系，便于第一时间发现纠纷，及时预防纠纷，并且容易找到矛盾的症结，便于当事人提出调解申请，有利于节省人力、物力和财力。

综上所述，笔者认为，效果良好的家事纠纷解决机制的构建，必须重视“中国”与“家事”因素。在全国范围内构建社区家事纠纷解决机制，除了借鉴他国经验，还应特别注重对中国自身基础和已有经验的总结，避免那种西方中心主义、法治中心主义、脱离实际、脱离家事案件特殊性及家事关系特殊性的意识形态化思维模式，避免脱离“中国”实际与“家事”案件的特殊性，简单照搬照抄其他国家与地区制度的做法。欲构建社区家事纠纷解决机制，就应充分重视本国国情和家事关系调整方法的特殊内在规律。基于对家事纠纷的特殊性以及纠纷解决的制度环境、成本等现实可行性因素的考虑，在当前重视化解纠纷的司法政策环境下，构建我国社区家事纠纷解决机制，应注重充分利用原有制度资源和社会资源，发挥原有纠纷解决机构的作用。

第七章 国外家事纠纷解决机制的考察

第一节 澳大利亚家事纠纷解决机制的考察

澳大利亚非常重视家庭立法和家事纠纷的解决，早在1959年，联邦政府就制定《婚姻案件程序法》，规定了专门的婚姻咨询制度，它是全国性的、社会性的，是由总监察部专门机构负责服务之监督，以其作为婚姻关系破裂的组织性介入以及促进和解的重要措施。1975年《澳大利亚家庭法》（Family Law Act 1975），规定成立专门的婚姻家庭咨询组织，其咨询人员通常是社会工作者、心理专家或其他经过专门咨询训练的人士，联邦政府对具有相应资质的婚姻家庭咨询组织给予资金支持，使得家事和解理念得以进一步发展。同时规定，法院不仅具有促成和解（conciliation）之义务，而且应配备具有相应资质的行为科学专业人士作为专门的婚姻咨询员，他们通常属于法院行政官员，为纠纷当事人提供免费的婚姻咨询服务，鼓励当事人合作性对话、就子女相关事宜达成协议，甚至是当事人关系之和好（reconciliation）；经培训的登记官员则负责主持财产以及子女抚养费等事宜之和解会议（conciliation conference）。不仅法官在婚姻解除诉讼前应考虑当事人和解之可能，鼓励和引导当事人参与非讼纠纷解决项目，律师也承担告知相关咨询信息之义务。① 法院的和解在婚姻关系纠纷和解方面成效显著，避免了绝大多数案件进入诉讼。1988 年制定了《子女抚养费（登记与收取）法》和《子女抚养法修正法》、1989 年制定了《子女抚养费（评估）法》、1995 年制定了《家庭法改革法》（Family Law Reform Act 1995）、2004 年制定了《家事法规则》（Family Law Rules 2004）以及 2006 年制定的《家庭法修正（共同承担抚养责任）法》[Family Law Amendment（Shared Parental Responsibility）Act 2006，以下简称为《家庭法修正法》] 等法律法规，这不仅奠定了澳大利亚家庭法律制度的基础，也完善了其家事纠纷的解决机制。

根据联合国倡导的“儿童最大利益原则”和人权保护理念，以构建和谐家庭为总目标，从 2005 年开始澳大利亚多次修改家庭立法，在 1975 年《澳大利亚家事法》中新增了家事纠纷解决机制（Family Dispute Resolution Mechanisms，以下简称 FDR 新机制）。FDR 新机制是澳大利亚家庭法近年来最新发展且最具特色的内容之一。FDR 新机制中有许多制度和理念值得我国借鉴。

澳大利亚家事解决可以概括为，家事纠纷的非诉讼解决机制和家事纠纷的诉讼解决机制相结合的综合纠纷调处机制。

---

① 家事法院促进和解的义务、婚姻咨询服务以及相关人员（包括律师等法律工作者）非讼服务信息告知义务等至今仍然是 1975 年家庭法的重要内容，如第 10B—10E 条对家事咨询之规定、第 3A 章关于非讼服务信息告知之规定、第 3B 章关于法院促进和解、鼓励和指示当事人参与非讼纠纷解决项目之规定等。

一、澳大利亚家事纠纷的非诉讼解决机制

1975年《澳大利亚家庭法》第三部分第14E条，明确规定了原发性纠纷解决制度（Primary Dispute Resolution，简称PDR），它是最具特色的非诉讼解决纠纷的程序和服务，是澳大利亚解决所有家庭纠纷案件的前置程序。它要求任何诉诸家庭法院的家事纠纷案件，都必须先经过PDR程序，只有经过PDR程序仍然不能解决的家事纠纷才能进入诉讼程序。澳大利亚PDR程序主要包括：

（一）家庭咨询服务

近年来，澳大利亚政府为了预防家事纠纷、及时化解家庭矛盾，通过了“家庭关系服务计划”，由政府资助在社区设立“家庭咨询服务”机构，从源头预防和制止家事纠纷的发生和激化，更好地为当事人提供家庭关系的咨询服务。为提高家庭咨询服务质量，《澳大利亚家庭法》明确规定了家庭咨询员的任职资格和法定职责。家庭咨询员由法院的首席执行官授权法院官员或工作人员担任，也可聘请法院外的其他有“家庭服务资格”的人，或从司法部批准的具有从事家庭咨询资质的组织，如“家庭关系中心”人员中通过行政委任产生。《澳大利亚家庭法》中明确规定，家庭咨询员的职责包括：为提出离婚的夫妻提供和解帮助服务；为已分居且有未成年子女的当事人建议拟订抚养计划；为受分居或离婚影响的子女提供服务。同时规定，家庭咨询员对咨询内容负有保密义务。

（二）家事纠纷调解服务

20世纪80年代，调解在澳大利亚开始兴起。1980年首个专门

负责社区邻里纠纷之非讼解决（包括调解）的社会司法中心（Community Justice Centers）在新南威尔士州成立。随后，在政府的支持下，各州由法律援助署与婚姻指导委员会等具体负责纷纷建立社区司法中心，专门负责社区家事纠纷的解决。

在家事纠纷解决方面，社区司法中心不仅提供家事调解，而且还提供婚姻指导服务以及法律援助服务。社区调解通常是联合调解方式，由当事人自愿参与，服务免费，调解协议无法定强制效力。

家事纠纷调解服务的提供者，包括受政府财政支持并经注册的组织和个人，如“家庭关系中心”、社区组织、法律援助委员会等组织和律师、社区工作人员、心理学专家及其他法律实务从业人员等个人。相对而言，政府相关组织、教会以及社区咨询服务机构的服务占据主要。

澳大利亚家事纠纷调解服务不同于家庭咨询服务，它不解决感情问题，而只调解具体的家事纠纷，如夫妻分居或离婚时对其争议的财产归属、子女抚养等进行调解。《澳大利亚家庭法》规定，凡涉及父母对子女的养育纠纷或向法院提起抚养令申请时，必须先经调解服务，向法院提交由家事纠纷调解员出具的已参加调解服务的证明。除非出现家庭暴力、子女虐待或者紧急事项等，所有分居的父母（从 2008 年 7 月 1 日起）在向法院申请养育令之前，必须要先尝试通过家庭纠纷调解机制解决争议，否则不被受理。

《澳大利亚家庭法》离婚标准采用“破裂主义”，但家庭法的宗旨仍然是尽力挽回走向破裂的婚姻，避免草率离婚给当事人和社会造成的负面影响。因此，如果当事人双方婚姻关系成立不超过两年，除非当事人已经求助过婚姻咨询等以考虑如何改善相互关系或者具有其他的特殊理由外，不得提起离婚申请。

《澳大利亚家庭法》要求调解员与当事人有利害关系时应当回

避，调解的时间、场所、程序等符合当事人的需求；在提供调解服务之前，首先对各方当事人说明调解服务的注意事项，并对当事人的纠纷和调解服务的多项指标作出评估；如果调解服务不再适合当事人，当事人可要求终止服务。[①]

澳大利亚的家事纠纷调解是诉讼前置程序，即在开庭审理之前，调解员仍有对家事纠纷强制调解的权利，并且调解与审判是相分离的。

（三）家事纠纷仲裁服务

《澳大利亚家庭法》第 3 章第 19 条的 D 款到 H 款将仲裁划分为由当事人申请而提起的仲裁和由家庭法院主动提起的仲裁。由纠纷当事人申请提起仲裁，称为私人仲裁（Private Arbitration）或不公开仲裁，这种仲裁的启动权掌握在当事人手中；由家庭法院主动提起仲裁，必须征得所有当事人的同意，否则仲裁将不具合法性。以上仲裁结果都不具有强制力，只有经登记的仲裁裁决才与法院的判决具有同等效力。作为最早的纠纷解决机制，自澳大利亚家庭法规定以来，司法实践中这一制度的应用却是极少的。后来《澳大利亚家庭法修正案》增设了私人仲裁程序，这一制度才被广泛使用。

澳大利亚 FDR 模式下仲裁制度，是指诉讼前的有关财产争议的仲裁，仅包括婚前、婚内财产协议、财产权益的宣告、变更、撤销等。但涉及子女抚养的协议以及经法院批准的夫妻扶养协议，均不得仲裁。[②] 家事纠纷仲裁服务具有成本低、程序简单、灵活性强、

---

① 陈苇、曹贤信：“澳大利亚家事纠纷解决机制的新发展及其启示”，载《河北法学》2011 年第 6 期。

② 陈苇、曹贤信：“澳大利亚家事纠纷解决机制的新发展及其启示”，载《河北法学》2011 年第 6 期。

裁决终局性，有利于隐私的保护等优点，在解决当事人有关家庭财产纠纷中的作用越来越大。但仲裁由于灵活性大，有时可能导致双方当事人利益失衡。

家庭法规定了家庭法院法官有权对仲裁中的法律问题进行审查。如仲裁裁决有下列情况之一的，法院就可以宣告仲裁协议无效：（1）因欺诈的方式而获得仲裁裁决；（2）仲裁裁决的内容是无效或可撤销的，或者内容不具有可执行性；（3）因仲裁员偏袒一方而显失公正，或者双方当事人无异议但缺少程序上的公正。

家事纠纷仲裁员必须符合以下条件：（1）具有专业资格（如律师，心理咨询师、婚姻家庭咨询师等）和相关学位；（2）取得仲裁资格证书；（3）完成高等院校或仲裁职业协会的仲裁培训专业课程；（4）经州、地区法律专业机构的家庭法专家授权，或者作为律师至少执业 5 年且独立处理的家事案件数不少于该执业期间案件总数的 25%；（5）从事仲裁业务之前，应当在澳大利亚法律理事会或其授权的机构处备案。

家事纠纷仲裁员在仲裁时有权要求当事人出示证据，也有权认可书面证据、修改证据规则、作出临时裁决、促进和解、提交法律问题给法院裁定等。只有经法院登记的仲裁裁决才具有强制执行力。

（四）家事纠纷调停制度（Conciliation）

调停作为澳大利亚较早的家事纠纷解决机制，是家庭法院审理案件前的重要手段，调停会议是前置听证会（Pre-hearing Conference）的一种。调停适用于解决家庭财产纠纷，所有涉及财产的案件都要经过调停会议，且双方当事人和其律师必须亲自出席，这是强制性的，这与采用自愿原则的调解制度不同。同时，调解员是由家庭法院、治安法庭或经核准的调解机构指定的，而调停员是由当事人推荐或双方共同协商确定的；调解不仅解决财产问题，更重视对家庭关系和未成年子女的保护，而调停仅解决家庭财产纠纷；调解员对实质性纠纷提供建议方面几乎保持沉默，而调停员常常会运用专业知识和经验为当事人提供合理的解决方式。

实践中适用调解还是调停根据纠纷的不同来确定。如当事人仅对家庭财产产生争议，那么最好的方式就是由一个相对公正、客观的第三方对有争议的财产作出客观评价，适用调停比较合适。但若是对未成年人的监护和抚养产生争议，就应该选择调解方式。①

另外，为了尽早顺利地解决家事纠纷，双方当事人在选择咨询、调解或仲裁之前往往会进行协商。所以，实际上协商也是一种解决家事纠纷的方式，而且，它还可以作为其他程序的前置程序予以适用。因此，从广义上看协商也是 PDR 的内容之一。

二、澳大利亚家事纠纷的诉讼解决机制

（一）澳大利亚的家庭法院

在纠纷的解决体制中，法院是争议解决机制这一连续统一体中的最终机制。澳大利亚根据联邦宪法的规定，联邦司法结构包括联邦最高法院、联邦法院以及家事法院。因此，澳大利亚家事法院是专门设立来处理家庭及离婚纠纷的一个高等级专门法院，与联邦法院的地位相当，其判例具有普遍约束力。目前澳大利亚家事法院是由首席法官、代理首席法官和法官行政助理组成；并根据《澳大利亚家庭法》《婚姻案件程序法》以及其他的法律行使下列管辖权。

---

① 卫洁：“澳大利亚家庭纠纷解决机制及其对我国的借鉴”，山西大学2007年硕士学位论文。

1. 儿童监护管辖权

根据澳大利亚联邦最高法院早期的一项判例，澳大利亚联邦家庭法院对于儿童监护权案件的管辖权仅限于配偶双方对于监护权归属的纠纷。这一规定很不合理的，实践中也出现许多问题，造成法院诉讼成本的严重浪费。后来，《澳大利亚家庭法》作出规定，将有关儿童监护权的所有案件的司法管辖权都授予澳大利亚家庭法院。

2. 离婚管辖权

这是家庭法院的核心管辖权。澳大利亚家庭法律对判决离婚的条件非常宽松，规定构成“不可挽回的婚姻破裂”只需夫妻双方分居达到 12 个月，包括夫妻双方虽同居一室，但分居或在 12 个月内未能达成和解，法院就可以判决离婚。所以，在澳大利亚几乎每一项离婚申请都会获准。

3. 财产纠纷管辖权

在离婚案件中男女双方对财产上的争议最为激烈。所以，澳大利亚家庭法用了很大的篇幅来规定家庭财产分割问题，包括财产分割的原则、财产分割的依据以及对婚前财产协议的认定等问题，这大大扩展了家庭法院处理婚后财产的权力。

4. 抚养管辖权

在抚养问题上，澳大利亚家庭法院的管辖权包括对配偶的扶养和对子女的抚养两部分。法律明确规定了对配偶扶养费的支付条件、支付方式等问题。法院在处理离婚案件时涉及未成年子女的抚养问题，则应该把子女的利益放在优先考虑的地位。倘若法院判决父母应负抚养义务，对于不与未成年子女共同生活一方应付的抚养费，则由儿童辅助局来收取，以确保未成年子女的生活有所保障。

（二）诉讼家庭服务制度

诉讼家庭服务制度，又称诉讼家庭顾问制度，它是与非诉讼家庭服务制度并列，一起构成 FDR 新机制。依《澳大利亚家庭法》的相关规定，诉讼家庭服务由联邦治安法院或家事法院的首席执行官根据工作需要配备并任命的法院官员、工作人员或聘请的专业从事儿童及家庭事务的心理学家或社区工作人员组成。诉讼家庭服务的职责主要是提供诉讼中的家庭咨询服务和家事纠纷调解服务。

诉讼家庭服务的具体职责包括：

1. 为家庭纠纷当事人提供建议和帮助。依《澳大利亚家庭法》第 11A、11F、11G、65F、65G、69ZS、123 条的规定，法院可以依职权或依独立代理子女利益的律师的申请，指令当事人向家庭顾问咨询。

2. 为法院提供咨询服务。依《澳大利亚家庭法》第 11A、11E、13C、13D、55A、62G、63DA 条的规定，家庭顾问可以告知法院、有关政府、社区或其他机构为家庭所提供的服务情况；可以向法院提供帮助、建议以及提供涉及诉讼的证据；可以就诉讼中的未成年子女的照管、福利或成长等事项向法院提交报告；可以向法院建议指示诉讼当事人参加家庭咨询、家事纠纷调解、课程、计划以及其他服务。

诉讼家庭服务制度与非诉讼家庭服务制度的主要区别：

第一，证据的效力不同。家庭咨询员、家事纠纷调解员在非诉讼家庭服务中所掌握的证据及当事人的陈述不能被法院采信，而家庭顾问在诉讼家庭服务中所掌握的证据及当事人的陈述可以被法院作为证据采信。但无论诉讼家庭服务还是非诉讼家庭服务，凡是涉及未成年子女受虐待或有受虐待危险的自认、披露等都可以被法院采信，除非法院认为有其他途径可获得更为充足的承认或披露。另外，非诉讼家庭服务中当事人与仲裁员的会见、讨论等内容不具有保密性，日后可以被用作诉讼证据。

第二，告知义务规定不同。《澳大利亚家庭法》对非诉讼家庭服务的告知义务实行统一要求。明确规定了家庭咨询员、家事纠纷调解员和仲裁员在提供服务时负有告知以下三类信息的义务：一是，应当向当事人提供关于非诉讼家庭服务和法院诉讼程序、服务的信息，包括即将进行的诉讼所产生的法律效果及可能带来的社会影响，包括对子女的照管、福利或成长的影响、分居或离婚时如何获得仲裁服务等信息；二是，家庭咨询服务文件和家事纠纷调解文件中，应包括获得旨在帮助婚姻当事人达成和解的信息；三是，在家庭服务特别是咨询服务的文件中，应包括帮助婚姻当事人及其子女积极面对诉讼后果的信息。此外，在向婚姻关系破裂的父母提供建议时，应当告知他们应依据子女最大利益原则，签订子女养育计划并完善其内容。而《澳大利亚家庭法》对诉讼家庭服务没有明确规定告知义务。

（三）法院家事纠纷调解制度

虽然以社区为基础的家事调解不断发展，但有些家事纠纷案件在社区未能调解解决，就会进入法院，法院首先也是进行调解。尽管也曾有人担心法院的诉前调解可能会影响法院诉讼活动之开展，但自1990年之后，法院的家事调解服务逐渐被人们所认可，并在法院得以发展。

1990年，非诉讼纠纷解决机制（ADR）在澳大利亚家事法院得以重视。调解被引入法院非讼服务之中。1993年家事法修正报告建议把家事法制度的重点由诉讼转移至非对抗性纠纷解决程序，这一主张在1995年《家庭法改革法》得以体现。其后，调解不仅成为家事纠纷的首要解决方式之一，而且是法律实践中运行最广泛、效果最为明显的程序。[①] 相比较社区调解主要看重调解人员的

---

① 卫洁：“澳大利亚家庭法的家事调解制度对我国的启示”，载《山西农业大学学报》（社会科学版）2007年第2期。

经验与实务技巧而言，法院非讼中的调解属于专业性的家事调解，其更为重视调解的专业性、要求调解人员具有法律、社会工作、家事咨询以及治疗等方面的专业知识。

随后，家庭法历经修正，2006 年法院调解已成为家事纠纷解决程序。现行法关于法院家事调解的主要内容：

1. 对家事调解、家事调解员予以明确界定，并规定家事调解员等家事纠纷从业者的委任规则。依该法第 10F 条至第 10G 条之规定，家事调解是指，家事调解员帮助分居、离婚纠纷之当事人解决纠纷之程序（非司法程序）。调解员是经委任规则委任或经授权进行家事纠纷的调解者。第 10A 条授权条例对家事调解员的委任规则予以具体规定。[①] 对家事调解员之行为予以规范，并规定违反该规定之责任承担。该法第 10K 条规定，调解员遵守条例规定义务，如有违反将承担罚款等形式的处罚。

2. 对调解信息之界定、保密以及采纳予以具体规定。依该法第 10H 条至第 10J 条之规定，调解信息应遵循保密的规定，但当事人同意或者涉及子女虐待或家庭暴力等方面的信息除外。

3. 对家事纠纷和解义务的具体内容予以规范。例如，该法第 3A 章规定了法院、律师以及家事调解员等负有告知和解相关信息的义务；第 3B 章则规定法院有促进和解的义务，在离婚、家事财产诉讼或子女养育诉讼中，应随时考虑当事人和解的可能性，一旦存在可能，应中止诉讼，给当事人机会考虑和解，并建议调解或指令当事人参加家事调解等服务（课程、计划）。提起诉讼后，法院基于促进和解的义务，在当事人有和好可能时，可鼓励、指令当事人参与调解项目，探寻调解的可能性，无正当理由不参与或者违反

① 澳大利亚家事调解员等家事纠纷从业人员的资质认证、条件以及登记等，详见《1984 年家庭法条例》第 4A 章“认证规则”之具体规定。

协议者，可能受到承担诉讼费用以及罚款等形式的处罚。

4. 法院对家事调解服务负责管理。《澳大利亚家庭法》第38BD条规定，法院对家事调解服务负责管理，包括为当事人提供调解员名单以及调解组织名单、指定调解员等。

5. 涉及子女养育令等诉讼，实行调解前置。依《澳大利亚家庭法》第60I条、第60J条之规定，凡涉及父母对子女的养育纠纷或向法院提起抚养令申请时，必须先经调解服务，向法院提交由家事纠纷调解员出具的已参加调解服务的证明。除非出现家庭暴力、子女虐待或者紧急事项等，所有分居的父母（从2008年7月1日起）在向法院申请养育令之前，必须要先尝试通过家庭纠纷调解机制解决争议，否则不被受理。

6. 离婚标准采用“破裂主义”。《澳大利亚家庭法》离婚标准采用“破裂主义”，但家庭法的宗旨仍然是尽力挽回走向破裂的婚姻，避免草率离婚给当事人和社会造成的负面影响。因此，如果当事人双方婚姻关系成立不超过两年，除非当事人已经求助过婚姻咨询等以考虑如何改善相互关系或者具有其他的特殊理由外，不得提起离婚申请。

7. 在调解服务不再适合当事人时，当事人可要求终止服务。《澳大利亚家庭法》要求调解的时间、场所、程序等符合当事人的需求；在提供调解服务之前，首先对各方当事人说明调解服务的注意事项，并对当事人的纠纷和调解服务的多项指标作出评估；调解员与当事人有利害关系时，应当回避。①

澳大利亚的家事纠纷调解是诉讼前置程序，即在开庭审理之前，调解员仍有对家事纠纷强制调解的权利，并且调解与审判是相

---

① 陈苇、曹贤信：“澳大利亚家事纠纷解决机制的新发展及其启示”，载《河北法学》2011年第6期。

分离的。

另外，《澳大利亚家庭法》还在家庭法院中设置了咨询员（Counselor）、调解员（Mediator）等职务，不仅为那些以非讼方式解决家庭纠纷的当事人提供了更好的帮助，也对当事人和未成年人的隐私给予了充分保护，比如，涉及监护权的案件都必须先经过调解员的秘密调解。

三、澳大利亚家事纠纷解决机制的启示

（一）建立了以“协商式纠纷解决”为主的多元化纠纷解决机制

进入21世纪，就世界范围的司法改革而言，支撑改革的司法理念之一就是争议解决方式由单一到多元的转变，以往占主导地位的对抗型的争议解决方式已逐渐让位给合意型的争议解决方式。[①]

目前，澳大利亚现行立法已经确立了“协商式纠纷解决”的理念。依《澳大利亚家庭法》规定，将家事纠纷调解作为诉讼前置程序，这使家事纠纷案件的解决已经不再是以诉讼为中心，即使家事纠纷案件已经进入了诉讼程序，FDR新机制也能使这些案件分流至咨询、调解、仲裁或服务，以促进家事纠纷当事人和解。通过这种非诉讼的理性的沟通、对话方式解决家事纠纷，为当事人实现意思自治提供了良好的平台。在此平台上，当事人在咨询员、调解员、家庭顾问或服务人员提供的家庭服务中，通过对家事纠纷解决的方式、措施进行充分协商，很大程度上能够达成共识或和解。

---

① 齐树洁：《民事司法改革》，厦门大学出版社2006年版，第57～58页。

澳大利亚家事纠纷的解决机制包括咨询、调解、仲裁、服务、家事法院等多个层级，从多个方面促成家事纠纷的合理解决，各层级相互独立又不会完全分离。

目前，澳大利亚已有几十个 FDR 新机制的服务网络。如家庭辅助处（Family Assistance Office）[①]、儿童支持署（Child Support Agency）[②]、社区法律中心[③]、家庭暴力危机专线[④]、“家庭关系中心”[⑤]、法律援助委员会（Legal Aid Commissions）[⑥]、澳大利亚关系协会（Relationships Australia）[⑦]、律师事务所和律师协会等。澳大利亚已

---

① 其服务职能在于为家庭提供经济帮助、托儿费用、寻找工作等。

② 负责管理澳大利亚政府的儿童支持方案（Child Support Scheme），并帮助父母承担起分居后为子女提供经济帮助的责任。

③ 独立的非营利性组织，免费提供建议和协助。这类组织主要有：全国社区法律中心协会、澳大利亚首都领地社区服务中心、联合社区法律中心集团（新州）、达尔文社区法律服务处、昆士兰州独立社区法律服务协会、中央社区法律服务处、维多利亚州社区法律中心联合会、社区法律中心联合会等。参见澳大利亚家事法院官方网站公布的中文译本《主要联系资料》，http：//www. familylawcourts. gov. au/wps/wcm/connect/FLC/Home/Publications/Translated + information/Simplified + Chinese + Information，2010－06－20 登录访问。

④ 为在家庭关系中遭受虐待的人士提供危机支持、咨询服务，并将其转移至安全住宿场所（庇护所）。

⑤ 澳大利亚政府在全澳境内设立 65 个“家庭关系中心”。“家庭关系中心”为家庭提供咨询，帮助家庭获得其他服务，为分居家庭提供保密协助（如家事纠纷调解）。“家庭关系中心”的服务宗旨是“帮助家庭重建和睦关系”，其专业网站“家庭关系在线”（Family Relationship Online）是一项由澳洲政府提供的旨在使所有家庭（包括离异家庭）能轻松地以在线方式查询家庭服务提供者具体信息并下载与家庭服务有关资料的服务。如当事人需亲自到就近的“家庭关系中心”接受其提供的包括 FDR 新机制服务在内的各种服务，可通过家庭关系建议专线（Family Relationship Advice Line）预约会见中心工作人员。家庭关系建议专线是一项全澳洲性电话服务，旨在提供能加强家庭关系、度过关系困难或妥善处理离异事宜的资料和建议。家庭关系建议专线提供的服务将子女放在第一位，不主张通过法院来解决有关子女安排的纠纷。参见澳大利亚家庭关系在线官方网站公布的中文译本《家庭关系中心》、《建议专线》、《家庭关系在线》，http：//www. familyrelationships. gov. au/www / agd / familyrelonline. nsf / Page / RWP6F67EE6D015BC2A2CA257219007F06A4，2010－06－20 登录访问。

⑥ 为弱势群体提供免费法律援助。

⑦ 该非营利性组织为维持家庭关系提供专业服务。

经形成较完善的FDR新机制的多元化家庭服务网络，即在家庭法体系内由相互协作的专业工作团队组成的体系。可以说，澳大利亚高效合作的家庭服务网络是FDR新机制得以有效运行的前提。

（二）建立专门的社区家事纠纷解决机构

到目前为止，澳大利亚以基层为单位，建立了众多专门的社区家事纠纷解决机构，如社区“家庭关系中心”“家事纠纷调解中心”。这些专门的社区家事纠纷解决机构并不单单提供解决家事纠纷的服务，还提供与家庭相关的咨询、服务、培训和建议，并在社区内进行有利于家庭和睦、家事纠纷解决的宣传活动。同时，要求家事调解员必须是专业的、高素质的调解员，对家事调解员的资质认可、实务规则与伦理准则（当事人自主决策为中心，调解员中立、公正、保密等）均有具体规定。[①] 在实务中，澳大利亚调解也形成多种多样的调解模式。

（三）采取调解前置主义

要求当事人在诉讼前尽一切可能利用调解的手段来解决家事纠纷，规定不仅子女养育令申请前必须先行调解，向家事法院申请财产令、离婚诉讼、婚姻财产分割等案件中，当事人必须在申请诉讼前参加家事纠纷调解，如其未参加家事纠纷调解而直接提出诉讼申请时，法院得命令其参加家事纠纷调解。家事法院还有权指令当事人参加家庭咨询、家事纠纷调解、仲裁和其他家庭服务。若一方当事人未遵守法院所提出的此类指示，家庭咨询员、家事纠纷调解员以及课程、计划或其他服务的提供者应当将情况报告给法院，以便

---

① See Dale Bagshaw, Developing family Mediation Standards: An Australian Experience, Mediation Quarterly, Vol. 16, No. 4, 1999, pp. 389 - 406.

法院作出其认为适当的进一步的命令。

澳大利亚的家事纠纷调解分三个阶段进行，不会在一次调解不成功后就放弃调解。对于家事纠纷要求当事人在进入诉讼审判阶段前必须接受调解服务，从多个方面促使调解在纠纷解决中得到贯穿，尽力提高调解成功的可能性。

目前，以调解为主要内容的非讼方式已经成为澳大利亚家事纠纷解决最理想的方式，当事人应尽最大努力尝试达成和解，将诉讼作为最终解决纠纷的方式而不是最先的救济手段。澳大利亚家事纠纷的非讼服务制度比较完备，家事咨询、家事调解、家庭服务以及家事顾问均已纳入家事法之中。

（四）贯彻“子女最大利益原则”和“以人为本原则”的家庭服务立法理念

澳大利亚具有一个良好的立法传统，那就是以一个法令一揽子地解决相关问题。2006 年《家庭法修正法》的主要目标就是以“子女最大利益原则”为立法宗旨，新增了父母共同承担抚养责任、子女抚养协议、子女抚养令、养育计划、养育令履行机制、处理抚养责任分配的诉讼、子女的独立代理律师、家庭暴力禁止令等方面的规定。以“子女为中心、子女参与型”是其调解的主要特色，规定调解以子女最大利益为首要原则，应该考虑与父母和谐相处，不受虐待、无家庭暴力等身体或精神上的伤害，确保其获得足够且适当的养育等。同时，子女有权参与到调解之中，就相关事宜充分表达其意见与看法。当然，基于子女安全与利益之保护，澳大利亚对涉及家庭暴力的案件不予调解。

澳大利亚确立了 FDR 新机制的“家庭服务”（ family services）这一新的立法理念，作为与此相配套的纠纷解决机制，充分地体现了澳大利亚在贯彻“子女最大利益原则”的基础上，基于“以人为本”的立法目的，对家事纠纷解决机制进行的进一步发展。

第二节　美国家事纠纷解决机制的考察

近20年来，美国家事纠纷解决机制经历了理念与制度上的转变，主要体现在对对抗制诉讼程序的反思、对家事纠纷自身属性的深刻理解和对家事纠纷解决机制目的的重新认识等方面，在此基础上产生了一系列新的制度和程序，体现出法院与其他社会组织协同合作，共同解决家事纠纷的多元化纠纷解决机制新趋势。这种转变也为我国家事纠纷解决机制的完善提供了新的思路。

一、美国家事纠纷解决机制在理念方面的转变

（一）单一纠纷解决机制向多元化纠纷解决机制发展

长期以来，作为化解和处理社会纷争的国家机构，美国与世界其他国家一样，是由法院来行使该权力。美国社会对纠纷的解决方式只有诉讼，而排斥其他方式，而且美国是一个典型的三权分立国家，几乎一切纠纷包括家事纠纷的最终处理都是在法院。

20世纪二十年代以来，由于经济社会的迅速发展，各类矛盾激增，加上离婚率的提高，大量纠纷进入诉讼，导致了法院积案如山，不堪重负。若要让这些不断增长的矛盾纠纷及时解决，要么扩大法院的规模，要么寻找其他途径解决。为了维护法院的应有权威，保证法官的精英素质，节约有限的司法资源，多元纠纷解决机

制成为美国的必然选择。

美国是实行立法、行政、司法分立的国家，其多元化纠纷解决机制、体制是在三权分立的框架下，各司其职、相互制衡、规范运行的。与此相适应，立法、行政、司法三大系统都有各自的纠纷解决机构。因为美国是联邦和地方依法分权自治，所以，这些纠纷解决机构不仅联邦有，各州和郡市也有，管辖层级分明，形成了严密的、有合力的纵横交织但职责分工清晰的纠纷解决体制机制，这套完整的纠纷解决模式具有注重和解、追求效率、突出公平的特点。

1925 年，美国通过了《联邦仲裁法》后，和解、仲裁、调解、诉讼等纠纷解决方式（这些方式被称之为 ADR）从被否定演变到被全面推广，逐步形成了美国的多元化纠纷解决机制。1998 年克林顿总统签署了国会通过的《ADR 法》，确立多元化纠纷解决机制的永恒地位。要求所有的美国联邦法院着眼于服务纠纷当事人，实施 ADR 措施，允许法院强制当事人参加 ADR 程序。另外又留有余地，没有对 ADR 在联邦法院体系中的地位做出硬性规定，而是依赖于联邦法院在设计 ADR 程序时的慎重考虑。

（二）摒弃传统的对抗性纠纷解决机制

对抗性诉讼体制是美国民事诉讼制度的核心，在这种制度下，当事人提出主张、举证和对决性辩论，法官只是沉默的裁判者。“公平竞争理念”作为对抗性的理念基础，它要求当事人之间的民事争议应当由当事人通过直接的对抗或竞争来解决，最大限度地证实案件事实，进而实现正义。这种制度以实现正义为其首要价值，而研究显示，夫妻在诉讼程序中的各种行为很大程度上决定了子女对于离婚或夫妻分居这一结果的适应能力。夫妻双方在诉讼程序中的冲突与对立程度越高，家庭解体对子女所造成的消极影响就越大。因此，学者们都极力主张家事法院应当改革对抗性的诉讼体制（尤其是在涉及子女抚养问题的家事纠纷时），为夫妻双方有效处理冲突提供方便，并倡导夫妻离婚后仍然保持共同抚养子女的和谐关系，实现和平解决家事纠纷。[①] 美国巴尔的摩大学法学院教授 Robert Rubinson 提出了“消除审判”或“消除诉讼”，倡导非对抗（non—adversary）的调解方式解决家事纠纷。

目前，美国各州家事法院均认可这种理念，并采取了非对抗的家事纠纷解决机制来处理家事纠纷。除此之外，婚姻家庭法专业的律师们也开始摒弃对抗性诉讼体制，使家事纠纷的法律解决机制由对抗转向协同，由审判庭走入会客室。[②]

调解作为多元纠纷解决方式中最重要的、最普遍适用的非对抗纠纷解决的主要方式，是由中立方居中在当事人之间协商，促成当事人达成协议的一种纠纷解决方式，受到美国人民的重视，当事人已经越来越乐意接受。这枝“东方之花”20 世纪 90 年代在美国得到飞速绽放，大多数家事纠纷都是通过调解方式解决，调解已经深入人心，成为美国社会解决家事纠纷的一种文化现象，得到社会各界特别是法律职业人的共同认可。就连基础教育中都会开设调解课，让孩子从小树立用调解化解纠纷的理念，许多学校设立调解中心，让学生担任调解员角色去调解学生之间的纷争。

（三）对家事纠纷的属性及纠纷解决机制目的的再认识

传统的通过法律解决民事纠纷，其目的在于对过错方惩罚和对

① 杨冰：“从理念转变到多元协作——略论美国家事纠纷解决机制新发展”，载《河北法学》2011 年第 10 期。

② Andrew Schepard&Peter Salem. Foreward to the Special Issue on the Family Law Education Reform Project，Family Court Review。516（2006）.

权利方救济，从而实现公平和正义。发生在家庭成员之间的家事纠纷不同于一般的民事纠纷，主体之间存在亲属关系和情感因素，决定了一般不可能从法律层面上来确定双方的对错，纠纷的解决需要家庭成员之间的协同、体谅、互让及情感的相容。所以，家事纠纷解决机制不能盲目崇尚法律手段，而需要全面多学科的综合性情感干预，因为这样的综合性情感干预手段才能更有效满足家事纠纷背后所隐藏的家庭功能障碍与情感需求。

传统的通过法律解决家事纠纷的目的更多的在于对过错者的惩罚和对权利者的救济，从而实现正义。这里的正义，就是通过惩罚和救济将纠纷当事人的利益尽可能恢复到纠纷发生之前的利益格局。而家事纠纷的属性，决定了其不可能从法律的层面上来确定双方的过错，相反，家事纠纷作为一个家庭情感问题，其纠纷当事人更需要得到心灵上的慰藉。家事纠纷本质并非属于纯法律问题，而是法律问题、社会问题和情感问题的共同体，因此，切忌使用国家法律强制调整，这样才符合其自身的属性。

（四）将家事纠纷的预防放在首位

家事纠纷预防制度的完善能从根源上真正杜绝家事纠纷的发生。美国现阶段预防工作主要包括：

1. 婚姻教育计划。美国联邦政府对婚姻教育计划投入大量资金，许多州还将婚前教育、培训和计划作为领取结婚证的必经程序。鼓励当事人事前通过家庭伴侣协议、婚前协议、监护协议等明确双方的权利义务关系，特别是对家庭收益、支出及财产等方面进行约定，以有效避免纠纷。

2. 预防性法律服务（Preventive Law）。这一法律服务的核心观点是：建议律师将自己的角色定位为防控法律风险的计划者，从一开始就介入到客户的决策当中，从而最大限度地降低未来引发诉讼的法律风险。“预防性法律服务”所追求的理念与预防医学（预防医学以保持健康的身体为首要任务，而非生病之后的治疗）类似，它认为预防家事纠纷比纠纷发生之后以诉讼的方式解决纠纷更为重要。

二、美国家事纠纷解决机制在制度方面的革新

随着美国家事纠纷解决机制在理念方面的变革，使之日益摆脱了对传统对抗制诉讼程序的依赖，出现了许多个性化、灵活性的家事纠纷的预防和解决途径：

（一）亲职教育计划（Parenting Education Programs）

在预防和减少家事纠纷的机制上，亲职教育计划是美国的一项重要举措。1996 年 4 月 18 日，美国亚利桑那州政府颁布了一项法律，要求在全州实施“家庭关系教育”（Domestic Relations Education），有关亲职教育监督条款在亚利桑那州修正法规第 3 章第 5 部分第 25 节。该法案要求孩子的亲生父母或养父母若打算离婚、分居或申请子女的抚养权、监护权时就必须参加“亲职教育课堂”（Parent Education Class）。该课堂目的在于与父母探讨有关离婚的影响、家庭的重建以及离婚后子女在法律上应享有的权利等。课程的主要内容包括：父母自身行为对子女的积极和消极影响、沟通的技巧、共同教养子女的技巧、如何避免或解决生活中的矛盾、父母如何帮助子女适应离婚与分居后的生活、离婚对子女感情上的影响、父母与子女冲突的负面影响（如减少家庭暴力和教养冲突的方法）等十多项主题。其重点是教育父母及子女如何应对分居、

离婚及家庭的变故。离婚期与分居期对父母或子女都是最困难的适应期。实践证明，凡是参加亲职教育课堂后的父母都能很好地合作起来，使子女获益，自己受益，同时还可以减少他们向法院求助。

亲职教育计划是由法院许可的心理健康中心、各类宗教（天主教、犹太教等）组织设立的家庭服务中心等民间机构负责组织。当事人可根据自愿原则、就近原则选择适合自己的培训机构，并制定灵活的培训课程。亲职教育计划的培训人员都是来自教育学、心理学、社会学、医学等方面的专家，这也充分体现了家事纠纷解决机制的“预防和治疗”理念。虽然亲职教育计划的直接目的并不是解决纠纷，而是帮助离婚双方及他们的子女更好地面对婚变后的生活。但据研究显示，亲职教育计划有利于提高当事人对于子女需求的关注程度，并且有效地降低了家庭纠纷的进一步激化。这对缓和家事纠纷、改善离异父母子女之间的关系有积极的作用。因此，美国有些州规定，离婚诉讼当事人只有在取得这一课程的结业证书后，才能向法院申请启动下一步的诉讼程序。

（二）和解程序（Settlement）

在美国是非常注意法律程序的，但是，现代很少家事纠纷进入法院的诉讼程序。即使闹到了法院，为了避免花很长时间来解决争议，法官也会非常积极地鼓励当事人和解。和解程序在美国家事纠纷解决机制中有着重要的地位，有98%以上的家事纠纷案件在立案阶段都是通过和解程序解决的。需要说明的是，和解不是纯粹靠当事人双方自行协商，一般都是由第三方比如社区、律师调停而达成协议，settlement本身就有调停的含义，当然，也有完全是双方言和的。近年来，美国的和解程序也有了新的发展：

1. 调解制度

被誉为“美国现代家事调解之父”的库格勒（Coogler）在实务中创设了结构型调解模式，其不仅提供调解服务、制定调解规则，而且成立了专门的调解协会，负责家事调解员培训等事宜。[①]其后，实务中，法律人士、社会工作者、心理健康专家等专业人士纷纷加入家事调解队伍之中，借鉴心理咨询、家庭治疗等专业知识与技能构建了专业化的家事调解服务，以辅助当事人跨越心理因素等方面的障碍，理性协商，妥善抉择，友好、合作地解决纠纷。

在美国家事调解的方法有：评估型调解、辅助型调解、转化型调解、治疗型调解等模式不断涌现与发展。评估型调解，是指导当事人评估诉讼预测，帮助当事人推断出有多少胜算的一种调解；辅助型调解，是指导当事人如何正确思考，它是比较普遍的一种调解；转化型调解，其主要目的并非为了解决争议，而是要一方更好地与对方沟通，或者通过调解认同对方陈述的一种调解；而治疗型调解，则是通过对双方当事人教育、感化，使其认识到自己的错误与纠纷产生的原因，帮助当事人从心理上解决纠纷。

美国的家事调解有强制调解、自愿调解及转介调解三类。一些州规定了诉前强制调解（诉前社会性调解或法院附设调解），主要针对子女监护与探望事宜。强制调解要求家事纠纷诉前必须经过调解，进行调解尝试而非必须以调解方式解决纠纷。其通常存在例外情形，如存在家庭暴力或者虐待等则不强制调解。也有不少州则采取自愿调解的方式。另外，基于法院和解义务，在诉讼中，法院亦可将案件转介专门的调解组织与个人予以调解。

---

① See Hanson, James C, Divorce and Family Mediation, USA: Aspen Systems Corporation, 1985, pp. 4 – 5.

美国的调解机构也很多，总体上可分为官方主办的调解机构和民间建立的调解机构两类。当事人可以通过行政机关、政府附设的调解机构、法院附设的调解机构或者社区调解中心来解决纠纷，也可以寻求各种民间调解组织、宗教机构、非营利性组织或私人调解员调解。

（1）法院附设调解

法院附设调解又称为司法 ADR 或法院附设 ADR，是以法院主持或受法院委托及指导的诉讼外纠纷解决形式，但不是正式的诉讼程序。美国的法官现在都倾向于调解，一般纠纷起诉到法院后，在进入诉讼程序前法官会询问当事人一些情况，同时告知当事人可以采用并建议采用法院调解的方法解决纠纷。接受调解一般适用自愿原则，但有些州的法律规定或法院会指令婚姻家庭纠纷当事人先行调解（强制调解）。法院附设调解的方式，由法院内部直接进行，或推介其他机构，双方律师也会推荐调解方式（法律对律师有规定）。同一法官不能又主持调解又进行审判，如果法官做了调解工作，接下来不得继续审判该案件。双方达成调解协议的，会把协议给法官看，由法官签一个法庭令状，变为判决书的一部分。若没有达成协议，就再回到审判程序中，法官会确定日期开庭。

各法院的家事调解均是由专业的家事调解员（调解组织的调解员、法院提供名单或者予以聘任）按照调解规则，采取中立、公正、保密原则，通过信息提供、咨询、治疗、辅导等方式来调解，增强当事人自主决策权，以帮助当事人达成调解协议。根据 1996 年联邦司法中心和公共资源中心对联邦法院的调查，调解是最普遍的法院附设 ADR 的形式。在 1996 年，超过一半的联邦地区法院提供调解服务，或者与一个法院外的 ADR 服务提供者联合进行。法院附设调解在家事纠纷案件中运用十分普遍。

（2）社区调解

美国的社区调解以社区为依托，由社区志愿者担任调解员，免费调解发生在本社区的家事纠纷的非诉讼纠纷解决机制。社区调解通过纠纷调解过程，教育并影响社区居民对待纠纷的心态，有利于提高社区居民自我预防、化解纠纷的能力，促进社区发展与社会和谐。美国社区调解制度具有以下特征：

第一，社区调解机构具有相对独立的地位。美国社区调解不隶属于任何行政或司法机构，具有相对独立的地位。美国社区调解的倡导者和实践者认为，社区调解机构必须保持独立地位，坚定不移地维护社区调解机构的中立形象，这样才能赢得纠纷双方对社区调解机构的信任，吸引纠纷双方将纠纷提交到社区调解机构解决。然而，由于美国社区调解自身非营利性的特点，使得其对司法机构和行政机构在经费上有所依赖。这种依赖可能对社区调解机构的独立地位产生一定影响，但绝大多数社区调解机构并没有沦为司法机构或行政机构的附庸。目前，许多社区在努力争取其他机构对社区调解机构支持的同时，不遗余力地维护和增强社区调解机构的独立地位。

第二，社区调解机构业务范围较广。美国社区调解机构服务范围不断扩大、服务项目不断更新、服务领域不断拓展，既能为社区居民提供调解服务，又能为行政机构、司法机构和其他机构提供调解服务，同时也可以在纠纷早期及时介入，以消除纠纷或者预防纠纷扩大，为纠纷双方提供更适合的纠纷解决途径。此外，社区调解机构还致力于培训社区居民自我解决纠纷的能力，为他们提供预防纠纷和解决纠纷的技巧培训，强化整个社区居民预防和化解纠纷的能力。

第三，社区调解员主要由社区志愿者担任。社区志愿调解员是由美国社区调解机构在社区居民中动员、招募志愿者并培训产生的。这些来自社区居民中的非专职和非专业调解员，既可以拉近纠纷各方与调解员的距离，有助于纠纷调解的顺利进行；又能增强其自身预防和化解纠纷的能力。同时，以其言传身教的辐射作用带动周围人群，从整体上提高社区预防和化解纠纷的能力。

第四，社区调解遵循当事人自愿原则。家事纠纷发生后，当事人是否选择社区调解、接受或不接受社区调解协议都由当事人自由决定，当事人还享有在调解的任何阶段退出或终结调解的自由。社区调解遵循当事人自愿原则，既是保证调解成功的关键所在，又是保证调解协议能够由纠纷双方及时履行的关键所在。

第五，社区调解的保密性。调解的保密性要求纠纷双方和调解员对于在调解过程中知悉的事实和信息负有不得私自向外界披露的义务，美国联邦和各州的立法也对该义务提供一系列的保障，明确规定各种例外的情况。在调解过程中，要求调解员和纠纷双方都承诺保守秘密，这样，纠纷双方当事人就会增强对彼此以及调解员和调解过程的信任，就能减少对抗、消除敌意、坦诚交流，有助于纠纷的解决。

第六，社区调解过程的正当程序保护。社区调解由当事人自愿参加、自由退出，这便于纠纷双方寻求有着更多正当程序保障的纠纷解决途径。如果纠纷进入调解环节，社区调解机构有责任保证纠纷双方充分享有调解权利，如为纠纷双方免费提供翻译服务、告知当事人双方自己参加调解，不鼓励由律师或亲友代理参加调解。当发现家事纠纷存在暴力、虐待等情形，或出现纠纷双方明显的力量不平衡，社区调解员就需要仔细审查，判断是否适合由社区调解机构来调解。

（3）民间调解

民间调解机构在美国不计其数，有的是政府资助，有的是私人基金会资助，调解员多为志愿者，无偿服务，调解领域广泛，注重预防和培训。民间调解机构的调解员通常有四类：律师、心理专家、退休法官和牧师。民间调解在全国范围内都存在，主要调解居民的一些家事纠纷。

2. 早期中立评估程序

这是为当事人提供实体问题的沟通程序，它以低成本促进当事人及律师尽早展开调查提供帮助。具体做法是：在与案件内容相关的领域具有专门知识的评估人面前，双方当事人提出事实上和法律上的主张，然后由评估人对各方当事人主张是否妥当、各方理由强或弱及当事人处境等经分析、研究后表述其意见，作出中立性评估。这样，可以使双方提前获得来自专业人士就纠纷现状以及诉讼可能性的中立评估。近年来，该程序与调解有着大致相同的地位，它使得当事人感觉自己没有被排除于案件解决程序之外，对案件的顺利解决大有益处。

3. 监护调解服务项目

这是由具有丰富家事服务工作经验的心理专家作为监护调解人，调解关于子女的监护纠纷，为当事人提供咨询、教育服务，帮助当事人对长期生活中经常发生的日常监护问题作出决策。

（三）协作式法律服务

协作式法律服务主张家事纠纷领域内的对抗制理念应当摒弃，尝试同自己的律师通过合作，采取互利共赢的程序来解决纠纷。这一模式已经成了化解家事纠纷最有效机制之一，它由四方会议和参与协议两部分构成。

1. 四方会议（four - way conference）。四方会议作为协作式法律服务的核心内容，最好地诠释了团队的力量。在四方会议中，纠纷双方公开、诚信、充分地披露相关信息，和他们的律师共同会面，积极、主动协商解决纠纷。

2. 参与协议（participation agreement）。参与协议是法律服务必不可少的一部分，为避免诉讼，他们以协作的方式工作、以善意的动机参加、询问和回复，目的在于确保当事人和律师可以更好地理解和接受法律服务的各种要求。参与协议中的“剥夺代理资格”是最具特色的核心条款。该条款规定，当协作式法律服务最终未能促成各方和解，诉讼不可避免时，原先在协作式法律服务程序中的律师不得再代理该当事人提起诉讼。①

三、美国家事纠纷解决机制的启示

（一）重视家事纠纷的预防

美国非常重视家事纠纷的预防，力争从源头上真正杜绝家事纠纷的发生。如通过婚前协议、家庭伴侣关系协议、子女监护协议等私法契约，对双方的权利、义务关系尤其是财产关系进行约定，明确收益、支出以及财产的分享、分配方式，从而有效避免纠纷、避免诉讼。有些州甚至规定将婚前培训课程作为取得结婚证之前的必经程序，而联邦政府也将大量的资源投入到婚姻教育节目之中。②再如预防性法律服务，其所追求的理念是预防家事纠纷比纠纷发生之后以诉讼方式解决纠纷更有利于家庭和谐与社会稳定。它将家庭

---

① 杨冰：“从理念转变到多元协作——略论美国家事纠纷解决机制新发展”，载《河北法学》2011 年第 10 期。

② M. Robin Dion. Healthy Marriage Programs: Learning What Works [J]. 15 FUTURE OF CHILD. 139 (2005).

律师定位为预防和控制家事纠纷的实施者，从家庭的决策到家庭的经营再到纠纷的解决，最大限度地降低家庭纠纷诉讼，降低引发诉讼的法律风险。

（二）非对抗性的家事纠纷解决机制逐步取代对抗性解决机制

大多家事纠纷属于当事人自主决策权利的范畴，其解决应尊重当事人之意愿。传统以过错、对抗来解决家事纠纷之诉讼程序，很多时候不仅不能较好解决纠纷，而且“放任”或是“鼓励”当事人之间的对抗，不利于当事人以及子女长期利益、关系和谐。所以，基于关系和谐之重要性、家事非理性，一些家事法律从业人员在实务中特别重视非对抗性（non—adversary）的家事纠纷解决机制研究，以极力避免通过判决的形式来解决家事案件。与离婚相关的监护纠纷目前已经通过制度化的法院附设的调解进行解决，在此基础上，为保护子女福利而依职权启动的多种程序，如家庭会议等纠纷解决途径也开始广泛取代传统的以判决解决纠纷的方式。

（三）调解已成为美国解决家事纠纷的主要途径和裁判的前置程序

美国《家事与离婚调解规范标准》规定，调解员作为中立的第三方应协调各方利益，鼓励各方兼顾个人及共同的利益，促成各方有效沟通。目前，调解已成为美国解决家事纠纷的主要途径和裁判的前置程序，通过经验丰富的调解员与双方当事人的沟通交流，达成调解协议的成功率很高。美国许多州除了在社区设立“家事调解中心”外，在法院还设有“调解法庭”。如家事纠纷在社区未达成调解协议，可向法院提起诉讼，调解法庭常常会将调解作为诉讼的前置程序，在未审理前由心理学和法学方面的调解员先在当事人之间调解，将“预防和治疗”理念引入调解，帮助当事人正确认识情感上的争议和纠纷的根源，互谅互让消除隔阂，尽可能继续维持双方关系。同时调解员会运用法律知识为当事人提供法律专业咨询，以情、以理、以法说服当事人在未作出有关婚姻关系的最终决定前有机会和解，尽力求得和平解决纠纷。

美国的家事调解具有专业化、职业化、制度化特征。实务中成效显著，社会接受程度不断增加，已成为家事纠纷解决的重要方式。

（四）社区调解已经成为解决家事纠纷的典型代表

源于20世纪60年代末70年代初的美国社区调解制度，现已成为美国解决家事纠纷的非诉讼纠纷解决机制的典型代表。美国社区调解机构具有以下优势，可以最大限度地保证家事纠纷当事人愿意选择进入社区调解：社区调解机构免费提供调解服务；纠纷双方参加社区调解无须律师代理；调解时间安排上较灵活，以方便纠纷双方参加调解为原则；调解过程的程序和规则简明易懂；为不会讲英语的当事人提供免费翻译服务；调解地点的选择也是以方便纠纷双方参加调解来确定的。

随着美国社区调解实务的不断发展，其不仅实现规范化、法制化发展（调解员资质、调解程序及其规则被法定），而且充分彰显家事调解在费用、时间、当事人满意度等方面相对于对抗性诉讼之比较优势，同时越来越被政府所重视，将其作为弥补司法制度的不足，以及增强社会服务功能的重要方式。近年来，社区调解提供的家事调解服务在家事纠纷解决方面成效显著，获得了社会的普遍认可与支持。

第三节　英国家事纠纷解决机制的考察

20 世纪 60 年代英国离婚率剧增，有 1/3 的头婚、1/2 的再婚是以离异而告终结，英国面临的家事纠纷非常严重。1969 年，英国离婚改革法令将“尽量挽救可以挽救的婚姻并妥善（体面、人性化、少痛苦）地终结那些毋庸置疑的死亡婚姻”为主要目标，但其潜在的理念仍然是“婚姻无论何时都是值得维护的，离婚只能是最后的救济”。①

随着英国单亲家庭的困境以及对抗性离婚对子女的消极影响，迫切需要将“尽力挽救婚姻”（包括政府倡导和资助提供婚姻指导服务）的理念转向了为破裂家庭提供专门的社会服务。社会福利专业人员和法律工作者本着子女利益之考虑，开始摸索在法院诉讼和社会中发展专业的和解服务。

自 20 世纪 60 年代以来，英国家庭法逐步认可和支持调解程序，最初源于对有关儿童纠纷的解决。后来，人们意识到，调解对于解决因离婚引起的财产纠纷和经济纠纷具有同等重要作用。调解如今已成为英国解决家事纠纷的重要内容。

英国家事纠纷解决机制，是以社会家事调解实务为主，政府通过法律援助的预先强制调解制度促进调解的发展。

---

① See Janet A. Walker, Family Mediation in England: Strategies for Gaining Acceptance, Mediation Quarterly, Vol. 8, No. 4, 1991 pp. 254 - 255.

一、英国社会性家事纠纷调解体制

随着英国为破裂家庭提供专门的社会服务理念的确立，在法院诉讼和社会中专业的和解服务不断发展，其和解服务呈现不同的发展路线：

一是诉讼内，作为子女福利报告的自然延伸，由法院登记官和福利官员为诉讼当事人提供家事纠纷和解服务。因其在性质上有别于诉讼，而类似于非诉讼纠纷解决机制（ADR），因而，理论中将其归入非诉讼家事调解类型。1978 年，首个独立的家事和解服务中心在英国的布里斯托尔设立，以帮助分居、离婚配偶就子女事宜达成协议。[①] 这被认为是英国现代家事调解最早兴起之标志。事实上，其与现代意义上的家事调解还是存在很大差异，应属于审判与诉讼适度分离的法院调解。

二是诉讼外，由慈善福利机构等提供志愿服务。其成员大多是专业的社会工作者以及婚姻咨询员。[②]

1981 年，英国成立了“全国家事调解协会”（National Family Conciliation Council，简称 NFCC），后更名为 National Association of Family Mediation and Conciliation Services（简称 NFM）。调解员多为社会工作者或经过婚姻指导培训的家事咨询员，在全国建立了许多地方性家事服务中心。该中心提供的调解效果更佳，而且成本低廉。1982 年，成立了“律师家事调解协会”（the Solicitors Family Media-

---

① 1977 年，布里斯托尔市法院登记处开始在讼争性离婚诉讼中引入和解程序；1978 年该院家事和解服务处正式开始试验，为离婚、分居纠纷当事人提供庭外自愿性和解服务。

② See Janet A. Walker，Family Mediation in England：Strategies for Gaining Acceptance，Mediation Quarterly，Vol. 8，No. 4，1991 pp. 256 - 257.

tion Association），该组织的成员大多在社区提供家事调解服务。

1988 年，家事调解服务创始人之一的丽莎·帕金霖（Lisa Parkinson）成立“家事调解员协会”（the Family Mediation Association，简称 FMA）。该组织通常采取联合调解的方式，即由有法律背景的调解员与社会专业背景的调解员（经认可并具有婚姻家庭相关工作经验的专业人士）组成团体，实现专业合作，专门提供离婚、分居涉及的家事财产性纠纷调解服务。因其调解服务是商业性的，很多经济条件一般的家庭只能望而却步。

英国《1996 年家事法法令》规定，法院可指令离婚、分居等有关婚姻关系破裂之纠纷当事人诉前共同或单独参加聆讯会，以获取调解方面的服务信息并协商利用调解机制。要求当事人在申请离婚诉讼法律援助前，必须预先参加调解信息会议，以探寻调解之可能性、适当性。

1996 年，英国 NFM、FMA 联合成立了“英国家事调解员学会”（UK Academy of Family Mediators），提供国家标准，专门负责家事调解员的遴选、培训以及资质认可，并负责全国家事调解员登记工作。该组织的成立标志着英国家事调解职业化时期的到来。①

二、英国家事纠纷审判的司法理念

（一）重视家事纠纷调解程序

英国的调解程序源于 20 世纪 60 年代对儿童纠纷的解决，后来，人们意识到，调解对于解决因离婚引起的财产纠纷和经济纠纷

① Marian Roberts. Family Mediation: The Development of the Regulatory Framework in the United Kingdom, Mediation Quarterly, Vol. 22, No. 4, 2005, P. 516.

具有同等重要作用。1971 年 1 月 27 日英国颁行的《实践注意（离婚：调解）》将调解程序正式引入离婚诉讼中。它规定，如果法院有理由认为有和好的可能或在附带问题上调解有益时，可将案件或案件中的某个或某几个问题交由法院福利官，法院福利官在与当事人讨论后决定是否有任何和好的希望，或者调解是否可以帮助当事人协议解决他们的全部或部分纠纷。如果没有希望，福利官就应向法院报告。如果有和解的希望或者调解可以帮助当事人协议解决他们的全部或部分纠纷，除自己继续处理此事外，可将案件提交观护官（Proation Officer），或者提交有关婚姻指导和福利的适当组织的分支机构推荐的完全合格的婚姻指导劝导员，或者提交由案件特殊情况决定的一些其他适当个人或组织。这些个人或组织最终将处理情况报告福利官，福利官接到上述报告后向法院报告。这些报告仅限于陈述和解是否有效；或者如果有效，那么当事人在何种程度上协议解决他们的全部或部分纠纷。① 目前，调解已成为英国家事诉讼程序的重要内容。为防止轻率离婚，英国在 1973 年颁布了《离婚诉讼法》，该项法律规定了作出离婚判决之前必须进行调解，从诉讼前到诉讼中任何时候都鼓励离婚当事人进行和解，如在审前复核或诉讼中，法官发现有和好的希望或调解的可能，可以随时停止程序或延期诉讼，将案件交法院的福利官，福利官可居中调解，也可将案件提交观护官或婚姻劝导员调解。

1977 年专门对“审理前谈话”（Pre – trial review）程序进行调整用以调解有抗辩的案件。书记员在谈话时要试图查实案件的实情并为公正、迅速和经济地处理案件提供必要的指导，使案件尽量以协议方式解决。1980 年该程序被扩展适用到财产调整和一揽子判

① Creteney, S. M, The Principles of Family Law, London: Sweet&Maxwell, 1990P. 193. 转引自张学军：“离婚诉讼中的调解研究”，载《法学研究》第 19 卷第 3 期。

决问题上，因其不成功，于次年被废除。但该程序仍得到广泛的支持，尤其在子女问题上。

1983年1月1日施行的《操作指南（家庭法庭：调解程序）》规定，高等法院家庭身份登记处可为有争议的监护权、接近权及其变更问题提供调解指导。每当发布传唤令时，调解就由书记员主持双方当事人、法律顾问、10周岁以上的子女（仅限于就其监护权有争议）及福利官的参与下进行。如果调解达成协议，书记员即依当事人达成的协议制作判决，几乎不进行调查或提出异议；如果调解未达成协议，该案件就交由其他书记员和福利官审理，原来调解过程中的陈述、讨论、意见不作为判决的依据，以更好地保护当事人的利益。[①] 调解已经成为英国家事案件审判体制不可分割的一部分。

英国的调解服务是由法院的福利部门、律师事务所及独立机构负责，进行不公开调解。英国拟定了严格的调解规范和投诉程序，以应对大量纷繁复杂的家事纠纷。[②] 调解成功达成协议将被纳入法院命令，由法院签署。实践中婚姻家庭争议绝大多数都会通过诉前协商解决；婚姻家事诉讼，也常常在诉讼之初就能调解结案。

（二）专业化的家事纠纷处置机制

英国家事纠纷处置的专业化主要体现在两方面：一方面，机构设置上，设立了专门处理家事法案件的高等法院家事法庭，同时，基层也设立了专门处理家事纠纷机构。根据1980年《治安法院法》（Magistrates' Courts Act 1980），[③] 由家事程序法院专门审理家事案

---

① Creteney, S. M, The Principles of Family Law, London: Sweet&Maxwell, 1990P. 193. 转引自张学军："离婚诉讼中的调解研究"，载《法学研究》第19卷第3期。

② 蒋月："构建婚姻家庭诉讼司法调解制度"，《甘肃社会科学》2008年第1期。

③ Magistrates, couns Act 1980. http://www.legislation.gov.uk/ukpga/1980/43/section/67, 2011-09-21. 该法第67条专门规定了家事程序法院。

件。根据 1984 年《婚姻和家事诉讼法》（Matrimonial and Family Proceedings Act 1984），[①] 司法部长可以指定某个郡法院为离婚郡法院处理涉及离婚、婚姻效力等所有婚姻诉讼案件。另一方面，诉讼程序上，2003 年《法院法》（Courts Act 2003）[②] 第 75～81 条专门规定了“家事程序规则及操作指南”，这是对家事程序规则的专门规定。2005 年颁布了《家事程序（收养）规则》，[③] 2010 年颁布了《家事程序规则》[④]《家事程序（民事结合：保留诉讼）规则》，使英国家事纠纷解决机制实现了专业化。

（三）家事纠纷处置中强化儿童权利的保护

英国家事审判体制中，非常注重儿童权利的保护。1958 年《婚姻诉讼程序（儿童）法》（Matrimonial Proceedings（children）Act 1958）规定，法官一般不能做出绝对生效的离婚或婚姻无效的裁定，除非法官认为对抚养子女的安排令人满意或已是最好的。随后在家事案件审理中，创设了“儿童安排”司法制度，要求夫妻在取得绝对生效的离婚判决前先取得暂不生效的离婚判决，同时父母须提交一份较满意的安排儿童计划，由法院登记备案。由于在实践中，儿童安排制度效果不明显，1989 年废除了该制度，规定父母只需出示子女安排的计划，法院不再审查这一安排是否满意。[⑤] 1996 年《家庭法》进一步明确规定，离婚应以“子女伤害最小”

① Matrimonial and Famlily Proceedings Act 1984. http：//www. legislation. gov. uk/ukpa//1984/42，2011－09－21.

② Courts Act 2003. http：//www. 1egislation. gov. uk/ukpga/2003/39/part/7，2001－09－24.

③ 该规则于 2007 年、2008 年、2009 年相继做了修订。

④ 该规则于 2011 年、2012 年相继做了修订。

⑤ See Ch. 16，SM Cretney，Family law in the 20th century：A History，London：Oxford University press，2003.

为宗旨，以促使离异父母与子女保持良好关系，并将子女监护与探望调解作为政府关注的重要内容。这些制度充分体现了英国在家事纠纷解决中，不断强化保护儿童的理念和制度。

到 2006 年，英国《子女与收养法令》严格贯彻和发展“以子女为中心的调解模式”这一理念。该法第 1 条规定法院在涉及子女探望事宜的诉讼中，可以作出探望活动指示，子女探望调解相关之信息与建议是探望活动的内容之一。政府表示虽然不会对子女监护与探望事宜实行强制调解，但会通过热线、诉讼和解等方式，尽力鼓励、促进纠纷当事人调解，以更好地发展“以子女为中心的调解模式”。这些制度充分体现了英国在家事案件审判体制中，不断深化保护儿童权利的司法理念和工作制度。

三、英国家事纠纷审判体制

（一）家事审判机构较完善

英国家事案件审判机构主要分三级：一是，设在治安法院的家事程序法院。由家庭问题专门小组审理，其中 1 名法官担任审判长，另 2 人由家事问题专门小组的陪审员担任。主要审理涉及儿童的家事纠纷，不对离婚或财产分割作出判决。二是，郡法院。负责离婚案件和家庭财产分割案件的审理。家事程序法院接到无权处理的和重大复杂的家事案件，也可移送郡法院。三是，高等法院家事法庭，由其处理非常复杂的家事案件及涉外的家事案件。

（二）设立家事审判的配套机构

2001 年 4 月，根据《刑事司法和法院服务法》（criminal Justice

and court senrices Act 2000）英国设立了家事审判的配套机构：儿童和家事法庭咨询支持服务署（CAFCASS）（以下简称“儿童和家事服务署”）。作为家事审判的配套机构，负责以前由感化服务署、地方诉讼监护人和报告官服务署以及最高法院律师儿童部等部门的工作，统一利用资源，充分保护儿童利益。儿童和家事服务署在监督法令实施、法庭报告、纠纷调解及家庭暴力中保护儿童权益等方面起着重要作用。其工作人员包括：家事法庭顾问①、儿童诉讼监护人②和支持家庭社工③。根据英国司法部的统计，2010 年英国家事案件审判体系受理的涉及儿童的私法案件（包括子女探视、居住、抚养等）总共为 122810 件，儿童和家事服务署在 2010—2011 年度共处理了 43759 个有关子女探视、居住、抚养等的案件。④

（三）调审分离审判机制

英国家事法庭实行调解和审判分离，即家事纠纷调解者与审理者并非同一人。按照调解者在调解中的作用可将调解分为三种：第一，指导性调解，调解者主要是为当事人解决纠纷进行指导，使协议内容趋于公平；第二，最小干预调解，调解者仅帮助当事人进行协商沟通，不干涉协议内容；第三，治疗性干预调解，调解者重点不是解决双方的纷争，而是重视双方关系的改善。三种模式中最常见的是最小干预调解。在调解中，大多数调解者都会在调解前召集

---

① 家事法庭顾问，是由儿童和家庭领域经验丰富的社工担任，其注重儿童福利，在父母无法就子女问题达成协议时，为法庭提供建议。

② 儿童诉讼监护人，是由法院指定的儿童监护人代表儿童的利益，儿童监护人可委派一名律师与儿童及其家人以及熟悉该儿童的其他人士进行走访调查，最终由儿童监护人向法庭提出报告，阐述他们认为对儿童最有利的建议。

③ 支持家庭社工，主要帮助家庭和儿童解决居住和探视等问题。

④ Court statistics Qualterly January to March 2011. http：//www. Justice. gov. uk/statistics/tribunals，2012 - 04 - 01.

会议，审查是否存在严重家庭暴力的情形。如果有家庭暴力则不会进入调解。如果调解者在调解过程中发现一方被另一方利用，就会终止调解，并建议双方寻求法律救济。同时，所有的调解者都鼓励双方以尽可能和平的方式解决纠纷，并以子女利益为优先考虑。①

四、英国家事纠纷解决机制的启示

（一）以社会家事调解实务为主，政府通过家事法律援助措施强制调解

英国十分重视家事纠纷的特质性，即权益背后的当事人情感与亲属关系，充分认识家事和解的重要性，并从家事纠纷解决而不是法院或者调解角度构建和发展专门的、专业的家事调解制度。

英国家事调解主要是在社会实务中发展起来的，众多专业性的家事调解组织、较为完备的调解规则以及专门的调解员学会等，有利于促使英国家事调解实现内容专业化、人员职业化、规则制度化和程序规范化发展。社会调解组织及其调解人员承担着主要的家事纠纷的调解工作。调解在理念、性质、功能、程序、人员角色、规则等方面均有别于诉讼，实现了家事纠纷解决的社会专业化发展，并科学、有效地辅助当事人自主决策。

英国社会家事纠纷调解获得政府与司法机构的认可与支持。政府通过家事法律援助（lesal aid）的强制调解以及专业调解组织以财政资助等方式积极促进家事纠纷的调解解决，国家采取公共资金资助（publc funding）的方式对家事纠纷调解予以资助。要求家事

---

① See Jonathan Herring, Family law (5th edition), Pearson Education Limited, 2011, p. 139 – 140.

纠纷当事人在法院诉讼进行法律援助申请之前参与调解信息会议，力争试行调解、探讨利用调解解决纠纷的可行性；在了解相关信息的基础上，审慎思考是否愿意调解、是否适合调解、是否接受调解建议、调解是否有利，并就正式调解达成协议。

（二）法院体系上，建立专门的家事案件审判体制

英国的家事案件审判体制将家事纠纷与其他民事纠纷区分开来，这主要体现在单独的家事法庭的设立和专门的家事法的颁布，从而保障了家事纠纷解决的专业化。正如英国大法官 Lord Cardiner 在家事纠纷解决过程中所说的："家事案件应该由真正懂得家庭问题和知道怎样去解决问题的法官和公职官员在一种和谐的氛围中来处理。"所以，英国建立专门的家事案件审判体制迎合了家事案件的特殊性，不仅有助于提高司法效率，优化司法资源，而且还最大限度地保护了纠纷当事人的合法权益，促进了社会的稳定和谐。

另外，英国在处理家事案件时，非常注重司法资源与社会支持系统相结合，在家事案件审理过程中尽量保证离婚案件和离婚后财产分割案件由同一法官审理，以求提高审判效率。

（三）配套机制上，英国家事案件审判的配套机构以儿童利益最大为原则

英国在家事案件审判配套机制建设中，整合了律师、报告官、感化服务等各方有利资源，可以灵活处置家事纠纷案件。另外，家事案件审判配套机构在家事诉讼的全过程中，都充分体现儿童利益最大的原则，并将儿童诉讼监护人的立场与儿童原有家庭的父母双方独立开来，最大限度地保护了儿童的利益。

（四）调解机制上，英国现有法院普遍实现了调解和审判的分离

在审判前，调解是由专门的调解员主持的，如在审判中还需调解，法官会再次安排另外一名调解员为纠纷当事人进行调解。这种方式对于家事纠纷当事人在自主自愿基础上解决纠纷有很大的益处。另外，从法官方面考虑，也有效地避免了他们在调解过程中形成的主观偏见，从而保障了审判的公正。在英国调解的三种模式中，最常见的是最小干预的调解，这体现了当事人的调解程序选择权和程序主导权，值得我们借鉴。但是我们还应当注意的是，在家事诉讼中，调解员也有权根据案件事实情况决定是否终止调解。如调解员对家庭暴力的审查也能体现调解员的主导作用。

总之，英国家事调解不仅实现了社会性专业发展，而且成为法院家事和解的重要方式与内容。法院基于和解义务，不仅在诉前提供调解信息服务，通过委托或者法院附设方式提供专业家事调解服务；而且还会在诉讼中根据情况中止诉讼，转介案件以实现家事纠纷的调解。英国还明确规定律师应向当事人提供信息并引导当事人寻求家事调解中心之帮助，期望从律师开始，通过所有处理家事纠纷人员共同努力促成家事纠纷的调解解决。英国政府为进一步夯实家事调解之社会基础，加大家事调解服务举措和宣传，从 2005 年开始每年 10 月进行法院、调解组织、法律服务委员会以及其他有关人士共同行动，采取调解研讨会、法院开放日、社会咨询以及媒体等一系列活动，旨在促进、提高、加深行政部门、司法、法律职业以及社会大众等各界对家事调解的认识、理解。政府设立了家事

调解热线，向咨询者提供家事调解信息、服务查询以及指导活页等。① 这有力地促进了英国家事调解制度的发展，提高了人们对家事调解的社会认知度。

第四节　日本家事纠纷解决机制的考察

日本非常重视家庭和谐与家事纠纷的解决，早就认识到家事纠纷的特殊性，成为近现代开发利用家事纠纷非诉讼解决机制较早、制度较健全的国家之一。其特点是传统型的调停与现代型的家事矛盾非诉讼机制同时并存，与诉讼构成一个多元化的纠纷解决系统。家事纠纷采取了多样化的处理模式，主要通过人事诉讼、家事审判以及家事调停三种渠道来解决。② 当今日本的家事纠纷解决机制，特别是家事调停制度在理论及实务上都呈现出相对成熟的态势。

一、日本家事诉讼程序单独立法

日本是最早将家事诉讼程序单独立法的国家，早在 1898 年就颁布了专门调整家事身份关系的《人事诉讼程序法》，就适用人事诉讼程序审理的案件范围作了明确规定，可归纳为三类案件：

一是，婚姻关系案件。包括婚姻无效之诉、婚姻撤销之诉、离婚之诉、协议离婚无效及离婚撤销之诉、婚姻关系是否存在的确认之诉。

---

① 家事调解热线电话为：0845 60 26 627；家事调解热线网址：http：// www. family mediation help line. co. uk/。

② ［日］新堂幸司等：《讲座民事诉讼法（1）》，弘文堂 1984 年版，第 225 页。

二是，亲子关系案件。包括亲生子女否认之诉、子女认领之诉、子女认领无效之诉、子女认领撤销之诉、确定父亲之诉、亲子关系是否存在确认之诉。

三是，收养关系案件。包括收养关系无效之诉、收养撤销之诉、收养关系是否存在的确认之诉。①

人事诉讼程序较通常程序更加强调当事人本人到场。强制当事人本人到场，是因为该类案件是家庭成员之间的纠纷，涉及相当程度的感情因素，并且与财产纠纷案件显著不同的是，身份上的行为具有不可替代性。使事件当事人亲自到场，陈述事件经过，不但法官能掌握案情作出妥当裁判，在调解程序中，更可由调解人协助当事人相互对话，打破因沟通不良所导致的当事人双重心理状态，从而有助于圆满解决纷争或促使调解成立。人事诉讼强调当事人本人到场的另外一点原因就是，可以扩大当事人的诉讼能力，使当事人本人有直接参与诉讼的可能，即使当事人不是完全行为能力人，只要其具有意思能力，就应使其为一定的诉讼行为。

1939 年，日本《人事调停法》将调停制度引入亲属法领域，对人事诉讼案件的调停进行明文规定，成为较早区分家事调停和民事调停，并对家事调停进行明文规定的国家之一。② 人事调停法的目的在于利用“协和精神”，重新形成政治权利的社会性基础，利用非“权利”意识，将法律运用排除在外的一种政策。制定人事调停法时的这种动机，在很大程度上影响着人事调停制度的实际运用。调停人员为法院聘请的社会上有威望的人士，作过调停委员的人曾被训示“尽量不考虑法律进行调停”，他们在法律实行时，遵循调停的主导思想“家事调停不应考虑法律，而应本着门外汉之圆

① 陈爱武：《人事诉讼程序研究》，法律出版社 2008 年版，第 64 页。

② 来文彬：《家事调解制度研究》，群众出版社 2014 年版，第 132 页。

满主义常识来处理”[1]。

为适应社会结构、思想观念之变革以及家事纠纷的日趋增长及繁杂的需求，1947 年又专门制定颁布了《家事审判法》，同时废除了人事调停法。但家事审判法的起草者们认为，以诉讼的形式来解决家庭纠纷的制度，不利于维持自古以来的良好风俗，相反应当以道义为本、温情为怀圆满解决，因此必须加紧设立特别制度。这一思想被采纳，体现于家事审判法中设立了家事调停程序。

《家事审判法》对家事调停的规定更加系统和规范，如规定了调查官制度、参与员制度、调停前置制度、履行确保制度等诸多内容，使家事调停具有极强的可操作性。日本家事调停的目的不仅是解决与缓和家庭纠纷，而且是为了积极地维持美满幸福的家庭。这是日本家事调停制度的出发点和特色。

随后，日本设立了专门的家庭法院[2]。主要对人事诉讼案件之外的其他家事案件[3]实施调解和审判，同时对离婚、亲子关系、解除收养关系等案件实行调解前置的人事诉讼案件进行调解。如果调解不成，则可向地方法院起诉，仍依《人事诉讼程序法》予以审理，形成了“分段式处置家事纠纷的办法”，即家事法院仅负责人事诉讼案件的调解，调解不成则由地方法院负责审理，实行“调者不审、审者不调”的原则。这一强行分割人事诉讼案件与其他家事案件，以及人事诉讼案件调解与审判分离之做法在实务中饱受指责。因此，2003 年 7 月 9 日国会审议表决通过修改《人事诉讼程序法》，2004 年 7 月 16 日起修改后的《人事诉讼程序法》正式施行，

---

① ［日］川岛武宜著：《现代化与法》，王志安等译，中国政法大学出版社 1994 年版，第 195 页。

② 日本的家事法院成立于 1948 年，由少年部和家事部两部分组成。

③ 家事案件被分为人事诉讼案件和人事诉讼案件之外的其他家事案件。人事诉讼案件之外的其他家事案件包括家事非讼案件、家事财产纠纷案件。

规定所有家事案件统一交由家事法院予以处置，即采取家事案件处理的“一元化”模式。①

日本之所以对家事调停如此重视，主要原因在于：家事案件是涉及夫妻、亲子等家族间纠纷的案件，这些案件主体间的关系具有情感性、亲属性、持续性、永久性等特征，因此，这种纷争不适合在公开的法庭上对抗，而适合通过不公开的方式调停解决。② “调停中心主义非常符合家事案件的内在要求。而且，在人事诉讼和家事诉讼中果敢地运用调停中心主义可以缓和双方当事人之间的冲突”。③

二、日本实行强制的“调停前置主义”

日本重视家事调停，日本的家事调停是在“家庭裁判所”④ 的主持下，实行强制的“调停前置主义”。《家事审判法》第 18 条，要求家事纠纷起诉法院前必须先接受家庭裁判所的调停。如果当事人对于可以调停的案件不经调停而直接起诉的，法院可以依职权将案件交付家庭裁判所进行调停；甚至对那些已经进入诉讼程序的但可以调停的案件，法院仍然也可以依职权随时将案件交由家庭裁判

---

① 陈爱武：《人事诉讼程序研究》，法律出版社 2008 年版，第 41 ~52 页。

② ［日］吉冈睦子、长谷部由起子：《Q&A 人事诉讼法解说》，日本三省堂 2004 年版，第 79 页。

③ 陈刚：《自律型社会与正义的综合体系——小岛武司先生七十华诞纪念文集》，中国法制出版社 2006 年版，第 232 ~233 页。

④ 日本的家庭裁判所，1949 年 1 月 1 日成立的具有审判权限的法院，主要管辖有关家事调解、家事审判及少年保护案件。家事裁判所及其分所在对应于地方裁判所及其分所的地方建立，家事裁判所还在需要的地方设立地方办公室，全日本共有 77 个由家事裁判所设立的地方办公室。江建中：中国法院网 http：//www. chinacourt. org/article/detail/2004/09/id/132198. shtml 2014 年 4 月 30 日。

所调停。[①] 只有调停不成，当事人才可以向普通法院提起诉讼，法院适用人事诉讼程序审理。所以，根据当事人之间达成的相互让步的合意，自主地解决家事纠纷的程序，是较之家事审判和人事诉讼最优先的解决手段。

日本家事调停的案件，依程序分为三类：乙类事件、人事诉讼事件和民事诉讼事件。

1. 乙类事件，是指可以依据当事人的合意，至少是当事人可以自主地解决纠纷。包括：第一，与夫妻关系有关的夫妻同居、夫妻间的协助、婚姻费用的分担、离婚财产分配、夫妻财产契约管理人的变更及夫妻共有财产的分配、指定祭祀财产的继承；第二，与父母子女及亲属关系有关的亲权人的指定和变更、子女监护人的指定、变更、抚养费的请求等；第三，与抚（扶）养有关的抚（扶）养请求、抚（扶）养义务人的指定、扶养顺序的确定、抚（扶）养费的增加的请求；第四，与继承有关的遗产分割、（生前）推定继承人的废除取消等等。《家事审判法》第20条规定，对于乙类事件，家庭裁判所可以在任何时候，依照职权进行调解。乙类案件一经调停达成协议，与判决具有同等效力。

2. 人事诉讼事件，即涉及身份关系的案件，此种身份法律关系，不仅涉及当事人私益，且涉及社会公益，影响第三人利害关系。根据《家事审判法》第23条规定主要包括：（1）与夫妻关系有关的婚姻无效或撤销、涉外婚姻无效、协议离婚无效或撤销及确认婚姻关系存在与否的案件。（2）与子女亲属关系有关的嫡生子女

---

① 《日本家事审判法》第18条：对于本法前条规定可进行调停的案件，如果有人提起诉讼，必须事先向家庭法院申请调停。如未申请调停而提起本条前款案件的诉讼时，法院应当将案件交付家庭法院进行调停。但是，法院认为交付调停不合适时，不在此限。第19条：根据本法第17条规定对可进行调停案件进行诉讼时，法院可以依职权随时将案件交付给家庭法院进行调停。

的否认、确认亲子关系的存在与否；涉外亲子关系不存在的确认、认知、无效、取消；父亲的确定等案件。（3）收养关系无效、撤销；解除收养、协议解除收养的无效及撤销以及确认收养关系存在与否等案件。

3. 民事诉讼事件，根据《家事审判法》第24条规定，专指人事诉讼中的离婚及民事诉讼事件中与家庭有关的事件或纠纷。

日本《家事审判法》第9条第1款明确规定了不经调停的甲类审判案件，主要是指非讼性质比较明显的案件，主要包括：宣告或撤销禁治产案件、宣告或撤销失踪的案件、选任监护人案件、遗嘱的确认等无争议性的案件均属于不经调停案件。

日本家庭裁判所家事调停程序的启动，需以有关人员的申请而开始，可以是当事人的书面申请，也可以是口头申请；家事调停的管辖机构是申请人或被申请人住所地的家庭裁判所，由双方合意而定；对向无管辖权的家庭裁判所提出的调停申请，该家庭裁判所原则上应该将该案移送有管辖权的家庭裁判所受理。

根据日本《家事审判法》第22条的规定，家事调停委员会由一名家事法官（担任调停委员会主任）和两名以上的家事调停委员组成。调停委员主要从以下三个方面的人中选出：（1）具有律师资格的人；（2）对解决民事和家事争端有专门知识或经验的人；（3）40至70岁的具有丰富的社会经验、较高人品和见识的人。调解委员任期2年，可以连任。组成调停委员会的家事调停委员，根据具体案件，由家庭裁判所指定。调停委员会的决议由组成人员的二分之一以上意见通过。如不能形成多数意见，家事法官有最终决定权。家事调停不公开地进行，调停委员会的决议也是秘密的。若家事调停委员或曾任家事调停委员的人，或者家事法官，无正当理由泄露家事调停委员的意见或评议的经过，将被处以10万日元以下的罚金。另外，家事调停委员或者曾任这些职务的人，无正当理由泄露由于其职务而获知的他人秘密时，处以6个月以下监禁或20万日元以下的罚金。

家庭裁判所的家事调停的权限主要有：传唤有关人员、指定调停日期；决定对与调停结果有利害关系的人是否可以参加调停；对非律师代理的代理人或辅佐人出庭的许可和取消；调停成立之前，认为必要时行使确认处分的命令（这种处分不具有执行力）；许可旁听权；为明确事实，要求当事人提供资料，必要时可委托官方或公署调查，或要求银行或被认为合适的人员报告与事件有关人员的存款、收入及其他情况。

家庭裁判所的家事调停程序主要分三个阶段：

第一阶段，调查。调查是指家庭裁判所调查官在调停程序开始前初步调查纠纷所涉及各种问题，并对问题加以分类、分析、归纳、总结，必要时采取临时妥当措施避免纠纷激化，然后向调停员提交报告。调停员随后须努力创造一种信任气氛，使当事人理解调停程序的保密性。在调停期间即使一方有违法行为也不发布临时禁令或临时扣押令。

第二阶段，核实当事人背景。调停员认真核实纠纷各方的生活背景、成长环境、经历及性格等当事人情况，必要时采纳调查员提交报告中的意见，以更好地帮助当事人理性分析、冷静思考，以便作出抉择，促成纠纷的合理解决。

第三阶段，签订调停协议。如果在调停委员会主持下达成调停协议，该协议一经登记，就具有终局的法律效力。

由于家事调停程序的对象不是单纯的案件，而是与案件相关的人本身和案件事实。因此，家事法院为了妥当处理案件、完善程序运营并提出成熟的调停方案，不仅要调查“法律事实”，即“法律上的事实”，还应关注“社会事实”，即“生活上的事实”，在此基础上透视案件全貌。[①] 在整个家事调停过程中，调查官都会发挥积极的作用。从实际情况看，事实调查的范围十分广泛，涵盖了纠纷发生的原因和实际状况，当事人的性格、经历、生活状况、财产状态以及家庭生活环境等与纠纷相关的所有事项，调查官在调查中还需要灵活运用心理学、社会学、医学、经济学等相关专业知识。[②]

调停成立时，裁判所制作的调解书与确定判决具有同等法律效力；调停不成立时，该案件或者转入家事审判程序，或者转入地方裁判所的人事诉讼程序处理。

三、日本检察官可以参加人事诉讼

日本《人事诉讼程序法》规定对于收养案件、亲子案件和婚姻案件检察官可单独提起诉讼；在诉讼过程中，检察官应当列席审判，参与家事诉讼，并发表辩论意见；对于已决案件，检察官不服还可以提起上诉，以监督家事纠纷案件的审理。

四、日本职权探知主义的适用

日本《人事诉讼程序法》明确规定，法官可以斟酌当事人未提出的事实，可以依职权调查取证、认定当事人未主张的事实，当事人自认和辩论受到限制。[③] 日本家事调停的实施者是民间的调停委

① 陈刚：《自律型社会与正义的综合体系——小岛武司先生七十华诞纪念文集》，中国法制出版社 2006 年版，第 232 页。

② ［日］高桥宏志、高田裕成：《新人事诉讼法与家庭裁判所实务》，有斐阁 2003 年 12 月 25 日增刊，第 135 页。

③ 来文彬：《家事调解制度研究》，群众出版社 2014 年版，第 132 页。

员或家庭裁判所的裁判官，调停委员会最重要的程序是裁判官和调停委员会的评议，他们要在调停的每一进程确认事实，对调停方案进行决定，这一过程中裁判官的自由裁量权的行使是有弹性的。可见，日本审理家事案件时，采取职权探知主义，赋予法官较大的调查权、决定权、处分权和监督权。

五、日本家事纠纷解决机制的启示

（一）相对完善的家事立法

日本相对完善的家事立法，使家事纠纷的解决在实践操作过程中有明确的依据，便于家事纠纷依法、高效快速地解决。并且将调停作为一种解决家事纠纷的强制性手段，实行调停前置主义，大大提高了家事调解的可能性。日本家事调停的宗旨是：将在法庭上拟经过公开的诉讼程序的解决，尽可能地引导到调停上来。避免大量的家事案件流入法院，以减少不必要的诉讼和家事纠纷当事人之间的矛盾激化。

（二）家庭裁判所在家事纠纷的调停中，起着重要的积极作用

日本从人际关系出发，为了从科学、专业的角度对家事纠纷的背景和原因等事实进行调查，在家庭裁判所设置了调查官一职，作为家事纠纷案件处理的非常重要的科学辅助机构。调查官可分为一般调查官、科学调查官和心理调查官。一般调查官主要是对家事纠纷的事实进行调查，对案件当事人的性格、经历、生活状况、财产状况、家庭环境等进行调查了解，必要时还可以与社会福利机构

取得联系，对不出庭的当事人进行规劝，调查调停后和审判后义务的履行情况等。科学调查官则依据临床心理学和家庭心理学，针对当事人的心理状态，对当事人的性格和当事人之间的关系进行调整。心理调查官运用心理调整的技法，对当事人的心理状况进行诊断，并对当事人进行心理调整，处理比较困难的家事纠纷事件等。

日本家庭裁判所实行的调停委员制度，主要反映的是民间的“良识”和经验。法律对调停委员的要求是“德望良识”，调停委员不但要具备公民的良知学识和对事态温和的处理方法，而且还要能够倾听当事人的意见和分辨，充分理解当事人，正确判断事实，言行谦虚，语言具有说服力，能灵活运用心理学、社会学、医学、经济学等专门知识，对纠纷的解决提出妥善的调停方案。

日本家事调停委员是由最高裁判所任命的非常勤劳的国家公务员，他们与担当家事调停责任的家事审判官、参与人、家庭裁判所调查官、书记官等一起，根据不同的职务，从不同的角度，运用现代医学、心理学、社会学、经济学等专门知识，同时配置专门的理学家，使裁判的机能和调查的机能共同发挥作用，提高了家事调停的民主性和科学性。

日本家庭裁判所家事调停程序体现了“和为贵”的东方文化传统，由于调停程序简便、不公开、不伤和气、又省钱，因此在日本的利用率很高。从20世纪60年代以来到现在，调停的案件数大体呈渐增的趋势。

日本家庭裁判所家事调停目前的主要特色是：首先，调停员现在被雇为兼职公共官员，使调停制度更为公众所知；其次，通过把某领域的专家聘任为调停委员，而不断提高调停者的素质；再次，修改程序法规以强调事实调查，并推出了一项政策，以尽力保证在精确的事实调查基础上使纠纷得以公正地解决；最后，明确强调调停必须基于当事人的意思，其核心必须是当事人的合意。多数日本法学家认为，基于这些积极的变化，调停制度在现代社会依然能够发挥其特殊的作用，适应社会的需要而不断发展。

（三）家事调停裁判所的调停具有准裁判的性质

日本家事调停裁判所，既是处理非诉事件的裁判所，也是当事人达成合意的媒介和提供援助的机构。

日本《家事裁判法》规定，调停委员会有认定事实的权利；裁判官要在听取调停委员的意见，综合平衡考虑的基础上作出决定；一方当事人提出异议申请时可以享受再审的权利，表明了调停法律自身对调停程序化的侧重。日本家事调停朝着调停委员的专门化发展，其结果是使调停具有了准裁判的性质。

日本家事调停裁判所的家事调停是根据事实，以适当、妥当地解决家事纠纷为目标，通过说服、斡旋，由当事人依照承诺和合意，自主地解决纠纷的制度。所以，判断调停委员会对当事人达成合意的说服、斡旋是否符合法律，是否适合社会需要则是至关重要的，因为它在一定程度上左右着调停的成立与否。这种判断一般被称为“调停判断”。日本家事调停的“核心”是当事人的合意，所以法律上和实务上对调停是否达成合意相当重视。但是由于家事调停既属于根据自然的身份关系所引起的非合理的范畴，又属于与纠纷有关的诉讼事项，还属于审判事项的范畴，所以法律不可能对适用不同实体法的家事调停作出一刀切的标准，加之调停委员们各自的人生观、伦理观、价值观的差异，对调停适用的法律及其解释也不尽相同，因此，很难用一个标准确认它是否适合社会的需要。鉴于此，家事调停的判断基准只能是概念性的、原则性的，即以个人的尊严和两性本质上的平等为基础，谋求家庭和睦与健全的共同生活，在符合实体法规定的要件和立法宗旨的同时，由调停委员会依据调停判断，提出最终的解决方案。日本家事调停裁判所，在调停的整个过程中，既是处理非诉事件的裁判所，也是当事人达成合意的媒介和提供援助的机构。

第五节　德国家事纠纷解决机制的考察

德国是立法上最早规定家事诉讼程序的国家。早在 1877 年，《德国民事诉讼法》第六编专编规定了婚姻事件、亲子事件、抚养事件和禁治产案件①的诉讼程序，将家庭事件诉讼作为专门一编加以规定，适用不同于普通民事案件的审理程序。之后随着法律的不断修改和完善，德国家事诉讼程序的范围不断扩大，目前德国的家事诉讼程序已经形成了较为完备的体系，并且设立了专门的家事法庭审理家事案件。

一、德国设置独立的家事法庭

德国为处理家事案件设有专门的家事法庭（Familiengericht）。1976 年《德国婚姻法和家庭法第一修正案》确定了家事法庭制度的目标，即由专业知识渊博的家事法官集中审理家事争议或法律纠纷，使家事纠纷尽可能获得客观公正解决。从 1977 年开始，家事案件就由专门的家事法庭统一管辖。

① 1977 年的德国民事诉讼法典取消了禁治产案件的程序。

家事法庭的设置与德国法院组织结构相适应，分为三级：州地方法院家事法庭和州地区法院家事法庭、州高等法院家事法庭和联邦最高法院家事法庭。在家事案件的管辖分工上，立法把所有一审家事案件的管辖权授予州地方法院和州地区法院。按照《法院组织法》规定，州地方法院是家事案件的第一审法院，由一名独任法官审理家事案件中的亲子关系案件、扶养案件和婚姻案件，不设陪审员，所有家事案件的审理均不公开。州地方法院是法院结构中最低一级法院，设在德国最小的城镇，受理一些简单家事案件，程序简便、快速判决，方便当事人诉讼。州地区法院设在较大的城镇，其家事法庭受理其他一审家事案件，由三名法官组成合议庭审理。州地方法院和地区法院的家事案件均上诉至州高等法院。州高等法院设有家事法庭，专门审理不服地方、地区法院作出的亲子关系案件和家庭案件的裁判而提出的上诉和抗告案件，由三名法官组成合议庭审理。联邦最高法院设立家事法庭，审理不服州高等法院作出上告和法律抗告的上诉案件，通常由五名法官组成家事法庭。

家事法庭可以发布命令督促利害关系人履行法定义务或生效判决确定的义务。家事法庭采取简化程序、快速程序进行，促进司法统一，提升司法利益。

德国家事法庭审理家事纠纷案件有其特色：（1）和解前置主义原则，在审理前必须先进行调解；（2）采用不公开审理方式，以保护当事人的隐私；（3）当事人必须亲自到庭参加庭审，当事人首次开庭不到庭的，必须缴纳秩序罚款，再次缺席时，依照主流观点可以强制带其到法庭，[①] 禁止缺席判决；（4）采用职权审理原则，并

① ［德］奥马特．尧厄尼希：《民事诉讼法》第27版，周翠译，法律出版社2003年版，第457页。

且辩论主义和自认受到限制，即有关承诺或自认之效力受到限制，由法官依自由心证决定；（5）检察官可以参与家事诉讼程序，以监督案件的审理；（6）相关的各种家事纠纷可以合并提起，如离婚之诉和子女抚养之诉可以合并提起，离婚撤销及恢复婚姻之诉也可以合并提起等。

二、德国制定独立的家事诉讼程序法

2008 年 12 月德国修订了《德国家事事件及非讼事件程序法》，明确规定从 2009 年 9 月 1 日起家事案件不再由民事诉讼法调整，而是与非讼事件合成新的法律。该法与民事诉讼法最大的区别是采取了职权调查主义，民事诉讼的当事人主义不再占据主导地位，而赋予法官较大的依职权调查的权力。该法明确了家事案件的类别包括同居、分居及离婚配偶的法律关系，还包括登记生活伴侣以及父母子女关系；明确了保护未成年人、利益第三人以及特定的法律程序。如涉及未成年人利益的案件，法官必须听取当地青少年管理局的意见，法庭可以指定青少年管理局为诉讼参与人。在诉讼过程中，儿童福利受到侵犯时，法庭可以采纳对儿童有利的证据。对于家庭暴力案件，受害人仅需提出申请，由法官依法依职权进行调查后，便可作出临时保护令。根据该法的规定，所有家事案件均适用“裁定”宣告离婚，不能像以前一样适用判决。所有程序通过“申请”发动。上诉法律救济也统一为“抗告”和“法律抗告”，不再使用“控告”或“上告”。

三、德国扩大了家事诉讼案件的范围

《德国民事诉讼法》第六编单设一编规定家事案件的诉讼程序。[①] 根据该编的规定，德国的家事诉讼案件包括婚姻案件和其他家庭案件。1997年《子女改革法》生效后，为了更好地保护儿童权利，德国将家事法院受理的家事诉讼案件领域扩大了。[②] 德国的家事诉讼案件可以概括为：

1. 婚姻案件，包括离婚案件、撤销婚姻案件、确认婚姻关系成立或不成立案件，以及同居案件，其中婚姻无效案件已被取消。[③]

2. 亲子关系案件，包括确认亲子关系存在或不存在案件、否认对父亲身份的承认生效或不生效案件、否认子女的亲生关系案件、对父亲身份确认的否认案件，以及确认当事人一方对另一方是否具有亲权之诉等案件。

3. 抚养案件，包括变更抚养名义案件，以及对非婚子女的经常抚养案件。

4. 其他家庭案件，包括父母对子女的保护权案件、子女探视权案件、对婚生子女的法定抚养义务案件等。

5. 生活伴侣关系案件，[④] 包括确认同居关系是否存在、撤销同居关系等案件。

---

① ［德］罗森贝克、施瓦布、戈特瓦尔德著：《德国民事诉讼法（下）》，李大雪译，中国法制出版社2004年版，第1257~1349页。

② ［德］奥特马·饶厄尼希：《民事诉讼法》，周翠译，法律出版社2003年版，第471页。

③ 《德意志联邦共和国民事诉讼法》，谢怀拭译，中国法制出版社2001年版，第151~152页。

④ ［德］罗森贝克、施瓦布、戈特瓦尔德：《德国民事诉讼法（下）》，李大雪译，中国法制出版社2004年版，第1257~1349页。

四、德国调解理念贯穿于审判程序的始终

《德国民事诉讼法》第 278 条明确要求法官“应该在诉讼的各阶段努力在当事人之间进行调解。”所以，将调解理念贯穿于审判程序的始终，已成为德国民事诉讼法的一个基本原则。

《德国民事诉讼法》第 570 条规定，在离婚之诉与同居之诉中，审判长必须按下列规定施行和解后，才可以指定言辞辩论的日期。第 571 条规定，离婚和婚姻生活恢复之诉，应首先实行和解。第 608 条、第 609 条规定，要提出离婚之诉或同居之诉的人应向对诉讼有管辖权的法院申请实行防止起诉的和解。

1976 年德国废除了先行调解规定，1978 年修改离婚法规定，无须先行调解。直到 2000 年《德国民事诉讼法施行法》第 15 条 A 款重新确立了诉前调解程序，根据该规定，民事诉讼的提起只有经过在州司法管理机关设置和认可的调解机构调解之后，仍然不能解决的，家事法庭才能受理。德国的诉前调解将家事纠纷必须经由社会上调解机构先行调解作为法院受理的必经程序，可见，德国的家事纠纷调解属于社会性纠纷解决机制与诉讼程序解决的直接衔接。

五、德国家事纠纷的社会性调解机制

20 世纪 70 年代，德国政府开始倡导发展 ADR 制度，但并无标志性和实质性的发展。20 世纪 90 年代，英美法系国家掀起的 ADR 改革浪潮蔓延至德国。在减轻民事司法负担的目标下，德国开始对多元化纠纷解决机制进行探索与审视，并逐步接受。1994 年 6 月 24 日，德国颁布《费用修正法》，通过设置“和解费”鼓励律师尽

力促成当事人优先使用 ADR 解决纠纷；2000 年《法庭外争议解决促进法》的颁布，引入了强制诉前法院外调停；2001 年《民事诉讼法实施法》的颁布，增设审前调解程序，在一定程度上修正了《德国民事诉讼法》的规定；2002 年《德国诉讼法改革法》的颁布，在民事诉讼中引入强制审前和解辩论，促使双方当事人达成和解。立法的肯定与潮流的发展推动德国许多联邦州对调解制度展开因地制宜的试点试验。整合调解制度，统一实践规则，成为了德国立法者迫在眉睫的任务。2011 年 1 月 12 日德国联邦政府公布了《调解法（政府草案）》；同年 12 月 1 日德国法律委员会在多次的立法探讨后公布了《调解法（法律委员会建议稿）》，增加了调解员培训与进修的内容。

为了促进诉讼外社会性调解的发展，德国立法者于 2012 年 7 月颁布了《促进调解及其他诉讼外冲突解决程序法》（以下简称《德国调解法》）。《德国调解法》规定，调解是当事人借助一个或多个调解员的帮助，以自愿和自我负责的方式，通过友好协商，解决他们之间争议所实施的保密的框架程序，即调解是秘密性和框架性的程序。调解员是引领双方当事人进行调解的独立、中立且不拥有裁判权限的人员。调解前由本案当事人自主选任调解员，调解员可能是律师、社会工作者，也可以是社会心理专家成员，他们遵循着保护各方当事人利益的标准和程序。《德国调解法》直接排除审判法官主持的调解，而由法庭外中立第三方在协议的基础上进行调解，以此避免审判法官陷入伦理困境，引发角色冲突。

德国民事司法体制中较高的诉讼量决定了减负与分流的必要性。此外，通过多元化的纠纷解决机制，法院可以过滤一部分争议案件，最终提高诉讼效率，同时其本身也隐含通过法院减负，并在保证有效司法的前提下节省国家开支的目的，减少法院预算。在此背景下，德国各界非常重视家事纠纷的诉讼外社会性调解机制。

总体而言，在德国家事调解主要是社会性质的调解（占全部调解的80%），由专业的家事调解员（法律工作者、心理学专业人士、社会学专业人士）和调解组织（如联邦家事调解协会BAFM[①]等）负责提供，教会社会服务部门以及其他非营利性组织也提供一些家事调解服务。另外，在诉讼中，基于和解之考虑，法院亦可中止诉讼一段期限，由当事人寻求社会性调解，以实现和解。调解由当事人自愿，调解中立、保密。经调解达成协议的，当事人可通过公证或法院认可等方式赋予其法定强制效力。

与仲裁员或者法官不同的是，家事调解员并不作出决定。相反，调解员的作用在于协助当事人之间理解各自的观点，缩小他们之间的差距，努力促成符合双方意愿协议的达成。其具体职责包括：

（1）披露与核实义务。如果家事纠纷当事人要求，调解员有义务将专业背景、培训情况及其调解领域的经验告知当事人。而对于影响调解独立性与中立性的一切事项，调解员应当主动向当事人披露。只有在当事人都明确表示同意之时，该调解员方能从事本案的调解工作。调解员的调解权源自当事人的合意授权，因此，调解员在调解之初应向当事人核实并确保当事人已理解调解程序的原则和进程，并自愿参加调解。

（2）平等对待义务。作为家事纠纷当事人共同选任的纠纷解决者，调解员有义务平等对待所有的当事人，并以当事人的合法权益为调解指南：在促进当事人沟通交流时，确保当事人以适当、公平

---

① 联邦家事调解协会（BAFM），负责家事调解员培训与认证工作（调解员要求具有法学、心理学、社会学等方面的专业知识背景，至少需要经过200小时的培训），并制定有专门的家事调解实务准则。

的方式涉入调解；为减少紧张感、避免僵局或促进实质性成果的取得，在各方当事人都同意的情况下，采用与当事人一对一的谈话形式；第三人申请参与调解程序时，必须征得所有当事人的明确同意，方可允许，由此排除律师及代理人自动介入调解的权利。

（3）告知与晓谕义务。调解若达成一致，调解员有义务向当事人晓谕：当事人是在明确案情的情形下达成协议，而且已经理解协议内容；如果当事人未延请专业咨询人员，可以在必要的情况下延请外面的咨询人员对协议进行审查。即使如此，我们并不能假设当事人对于调解协议内容具有完全的法律意义上的认知度。为了使和解发挥其应有效力，调解员也应致力于提供相关之法律上的判断与评价。

（4）调解程序的终结。当事人在所有阶段都保持完全自由的决定权。所以，作为调解的绝对主体，当事人可以在任何时间终结调解。此外，调解员也可以终结程序，特别是当他认为不能期待进行自我负责的沟通或者当事人达成一致无望时。

在整个调解中，调解员和实施调解相关的人员负有保密义务，这一义务涉及他们在实施活动过程中所获悉的一切信息。调解员应当将其保密义务的范围告知当事人。

六、德国家事纠纷解决机制的启示

德国注重家事诉讼改革，通过近百年家事法的不断变革，形成了以保护宪法基本人权为基础，婚姻人身效力和财产关系等各项单行法为主要内容的家事法体系，达到婚姻自治、家庭稳定和自我责任三者的平衡。

（一）建立子女利益保护人制度，最大限度地保护子女利益

德国在家事诉讼程序中建立了子女利益保护人制度，确保在离婚诉讼、监护权诉讼、探望权诉讼、亲子关系诉讼等程序中实现子女利益的最大化。1997 年德国通过修改亲权法在家事诉讼程序中建立了子女利益保护人制度。2008 年 12 月 17 日《德国家事事件及非讼事件程序法》规定，法院认为出于保护子女利益的需要，应尽可能迅速地选任适当的程序辅佐人。程序辅佐人制度在诉讼过程中建立与子女的顺利沟通，了解子女的真实意图，辅助家庭生活调查，有利于在家事纠纷处理过程中保护子女的身心健康和合法权益。

（二）家事纠纷主要通过社会性调解解决

德国重视家事纠纷的调解，制定有专门的家事调解实务准则，成立了联邦家事调解协会，负责家事调解员培训与认证工作。调解员主要是法律工作者、心理学专业人士、社会学专业人士或具有法学、心理学、社会学等方面的专业知识背景，参加联邦家事调解协会组织的培训，培训时间不得少于 200 小时，考核通过，由联邦家事调解协会推介方可参与家事纠纷的调解工作。同时，教会社会服务部门以及其他非营利性组织也提供一些家事调解服务。当事人在诉讼前，必须首先选择这些社会性家事调解组织先行调解。德国有 70% 的家事纠纷都通过诉前的社会调解组织调解解决，极大地减少了家庭法院的诉讼案件。

（三）实现了家事纠纷的社会性解决与家事诉讼程序解决的对接

德国重视家事纠纷的调解，将调解作为家事法庭受理案件的必经程序，要求提起家事纠纷的诉讼程序只有经过在州司法管理机关设置和认可的调解机构的调解之后才能受理。德国的诉前调解，是将家事纠纷必须经由社会上调解机构先行调解作为法院受理的必经程序。在家事法庭的诉讼中，法官根据情况基于和解的考虑，也可中止诉讼，由当事人寻求调解，以尽可能实现家事纠纷的和解。对诉前和解或诉讼中止后当事人达成的和解协议，当事人可通过公证或申请法院认可等方式赋予其法定强制效力，实现了家事纠纷的社会性解决机制与家事诉讼程序解决的直接衔接。

（四）发挥家事法庭调整、修复和治疗家庭关系的社会功能

德国作为实行法典化的国家，在理念上认为法院是解决法律纠纷的国家机构，应当严格按照制定法处理法律问题。家事法庭在处理家事纠纷中需要和解或调解时，往往是委托给民间婚姻介绍所处理。所以，对于家事法庭来说，调整、修复和治疗家庭关系的机能主要不是依靠家事诉讼活动实现，而是依赖家事法庭主持的调停、辅导以及治疗服务功能等非诉讼程序实现的。因为家事纠纷夹杂着亲属之间的感情、心理、非经济上的因素，需要社会辅助机构针对当事人个人特质、心理、身体状况、家庭环境与社会背景的不同，查明症结所在，调整利益关系。所以，德国家事法庭的价值追求具有多元性和特殊性。与普通法院相比，既注重对实体正义、高效便捷与和谐秩序的价值追求，也体现其个性化、人性化和温情性。

第六节　国外家事纠纷解决机制的比较与借鉴

一、国外家事纠纷解决机制的差异性

由于各国法律传统、习惯和司法制度等的不同，家事纠纷解决机制也存在一定的差异：

（一）立法体例不同

德国家事诉讼程序附属于民事诉讼法，并独立命名为“家事事件程序”或“人事诉讼程序”。而日本则在民事诉讼法之外单独立法，制定了《家事审判法》和《人事诉讼程序法》。相比较而言，英美法系国家受非成文法传统的影响，没有统一的家事诉讼程序立法，而是分散地规定在家庭法、结婚法、离婚法和各州的地方性法规中。

（二）案件范围不同

大陆法系国家的家事诉讼案件主要集中于婚姻案件、亲子案件、收养案件等几种类型的家事案件。而英美法系国家，由于没有统一的立法，家事案件的范围较为杂乱，既有民事方面的，如离婚、监护、抚养、收养等案件，又有刑事方面的，如家庭暴力犯罪、虐待、遗弃、未成年人违法犯罪等案件。①

① 陈爱武：《人事诉讼程序研究》，法律出版社 2008 年版，第 75 页。

（三）审判机构的设置不同

审判机构的设置，大致有三种方式：第一，无独立的裁判机构，仅在地方法院内设有家事法庭来处理家事事件，如德国及我国台湾；第二，设置有独立的家事法院来处理家事事件，如日本；第三，不设立特别的家庭法院，而是根据案件的不同性质分属于不同的审理机构，如英国。而美国的家事法院则出现较早，且逐渐在全美普及并统一化。比较来看，由专门的审判机构管辖家事案件，更有利于实现对案件的专业化处理。

（四）家事纠纷调解和家事纠纷诉讼关系不同

对二者的关系，目前有两种体例：一是调解自愿申请，即当事人对是否选择调解来解决家事纠纷享有决定权，法院无权强迫当事人进行调解，如美国、英国。二是少数国家将调解作为诉讼的前置程序，要求当事人在提起家事纠纷的诉讼前必须经过调解，否则法院不予受理，如澳大利亚、日本、德国。

二、国外家事纠纷解决机制的反思和借鉴

尽管各国历史传统及经济、政治、文化发达程度各不相同，但都将家事纠纷作为一种特殊类型的案件，由专门的司法机构适用适合纠纷自身特性要求的程序审理。无论在发达国家里，还是在欠发达国家，无论是西方国家，还是东方国家，无论是大陆法系国家，还是英美法系国家，家事纠纷解决机制的特殊地位和作用都不能被忽视。在程序的运作上，各国都表现出尽量避免对抗性的诉讼形式而以非对抗性的程序为主，利用科学调查的社会学方法从家庭问题

的内在根源来寻找症结所在，最大限度地维护家庭和未成年子女利益；都遵循补救、修复而非惩罚的思路，充分运用说服、劝导、协谈、调解等方法，尽量使当事人重归于好并消除家庭潜在危机。纵观各国家事纠纷解决机制的设计，有以下几个方面值得我们反思和借鉴：

（一）家事纠纷解决机制的设计，以促成当事人之间感情恢复、消除对立为目标

一般民事诉讼所追求的目标是公正和效率。家事诉讼程序作为民事诉讼程序中的一种特殊程序当然也不例外，但又绝不仅仅是简单地达到这个目标。家事纠纷中往往既涉及身份、亲情、感情等复杂关系，又涉及社会利益、儿童利益和弱者权益的保护问题，如果不能得到及时、妥善处理，不仅会对个人家庭造成伤害，更会对社会造成威胁。因此，在解决家事纠纷时，除了追求一定的公正与效率外，能够获得和谐与双赢的结果就显得尤为重要。

通过上述各国家事纠纷解决机制的探讨，我们可以发现，各国的家事纠纷解决机制虽然在具体的制度和程序规定上各具特色，存在很多差异，但是，整个制度所体现出来的精神却是一致的，那就是都把促成当事人之间感情恢复、消除对立、获得和谐与双赢作为家事纠纷解决的根本目标和特殊价值取向，力求在以后的生活中仍然能够和睦共处，有利于维护家庭所在社区和整个社会的稳定和谐。所以，在此基础上设置的各种制度和程序，尽管因为各国历史传统和社会文化的不同而有差异，但是其制度的核心精神是一致的。笔者认为，这也应该是完善我国的家事纠纷解决机制时应当树立的根本目标和价值取向。

（二）设置专门的家事法院或家事法庭，制定专门的家事案件审理程序，实现家事纠纷解决的专业化

无论是大陆法系国家还是英美法系国家都认识到家事纠纷的特殊性，都认识到家庭是社会秩序稳定的基础，应该对家事事件进行特别处理，需要制定专门的家事法律、设立专门的家事法院或家事法庭、依据专门的家事审判原则、审理程序，由专业的家事法官或家事专家办理婚姻家庭纠纷。所以，设置独立的家事诉讼程序，针对家事诉讼程序设置了专门的家事审理机构，已成为各国民事审判制度发展的一个共同趋向。

从家事审判的发展趋势看，各国都趋向于家事司法机构的统一化、家事司法程序的系统化、完备化发展。所不同的是大陆法系各国是从规范出发把握诉讼及裁判，而英美法系则是从事实出发把握诉讼及裁判。①

家事法官基本上是家庭法领域的专家，熟悉法学、心理学、社会学等与家庭相关的知识，这样就能更好地找出婚姻家庭纠纷的症结，从而对当事人的婚姻家庭关系进行适度调整，消除当事人对婚姻家庭生活的心理障碍。如澳大利亚家庭法院担负着调整家庭乃至社会关系的重任，在社会生活中有着不可替代的作用，其家庭法院的法官任职要求严格，需要至少从事过 10 年的法律实践，熟知婚姻家庭法，并且具有丰富的社会生活经验，其目标是将儿童及家庭的利益置于首位。日本在 1948 年设立的家庭裁判所的功能也得到了广泛的发挥，兼具教育功能和社会功能，体现出对家庭利益的保护。美国的俄亥俄州辛西那提市也于 1944 年设立了家事法庭，所

---

① ［日］中村英郎：《法院作用论的比较法研究》，陈刚译，载樊崇义主编《诉讼法学研究》第 1 卷，中国检察出版社 2002 年版，第 589 页。

有少年案件及家庭案件均归其管辖。[①]

（三）法院的职权探知主义

通过前面的分析可以看出，就家事诉讼解决程序已经立法的国家中，该程序中非诉讼解决家事纠纷得到了充分的运用。在审理家事案件时，各国都采用了职权主义审理程序，法官在审理过程中享有较大的调查、监督和处分权，不受当事人主张及举证责任的限制，可以依职权调查，并在经自己判断认为婚姻关系尚未破裂时，对当事人进行和解劝告。如日本《人事诉讼程序法》和德国“家事诉讼程序”中明确指出，法官可以依职权调查证据，可以认定当事人未主张的事实，辩论主义和自认受到限制。这样规定的目的是为了避免家事纠纷对未成年人和家事诉讼中的弱者造成不利的后果，克服当事人举证能力不足的问题，有利于维护社会公共利益和公共道德。同样，在英国、美国，法官在家事案件中也拥有较大的自由裁量权，可以有一定的职权介入，可以针对个案实际情况做出衡平处理。

从本质上说婚姻家庭是一种社会行为。社会之所以要有婚姻，还要建立家庭，并用法来保护它，用伦理来规范它，是因为要用它来承担和完成一系列责任，发挥重要的功能，如生育和抚育功能等。因此，在婚姻家庭关系中包括了多方面的利益，个人利益、他人利益和社会利益交织在一起，家庭组织从来就是更广阔的社会集团的简单缩影。所以家庭是国家和个人之间的媒介，国家和当事人双方都渴望在家庭中找到自身。这表明，婚姻家事纠纷关系到公共利益，国家不允许当事人随意处分。而必须由国家以照顾者、保护

---

① ［日］小岛武司等：《司法制度的历史与未来》，汪祖兴译，法律出版社 2000 年版，第 163～197 页。

者的身份予以必要的干预。解决婚姻家事纠纷与整个国家和社会的稳定相关，所以，法官基于维护公益需要而进行必要干预并发挥自由裁量权是合理的。正如美国联邦最高法院指出的：婚姻关系一旦成立，法律就应该给予干预，法律为婚姻关系当事人规定各种各样的义务和责任。家庭是社会稳定的重要因素，因为没有家庭，文明就不会产生，社会就不会进步。基于婚姻家事案件关乎整个社会的秩序与稳定，纠纷当事人不能随意处分身份关系，故在程序的设置上应有别于普通民事诉讼程序，家事案件需要通过法官的自由裁量权和职权调查。

（四）注重调解、和解、调停手段的运用

纵观各国的家事纠纷解决机制，可以发现其在程序方面一个显著的共同特征就是调解、和解、调停的广泛运用。一般诉讼程序通过调查、辩论、对抗来查清事实，发现真相，但是辩论和对抗使当事人之间的关系难以修复，比较适合于那种具有临时性、偶然性社会关系的当事人之间所发生的纠纷。[①] 家事纠纷，是家庭成员之间关于家事身份关系引发的人身或财产方面的争议，由于这类纠纷具有隐私性、伦理性、情感性、身份性等特征，家事纠纷的当事人有着较为密切的亲属关系，并且他们之间的关系不可避免地会与“将来”联系在一起。为了缓和矛盾，以和平的方式解决家庭纠纷，许多国家都规定了诉前调解、和解程序、调停程序，即通过诉前调解、和解、调停来消除误会、化解矛盾，这有利于修复当事人之间的情感纠纷，重建良好家庭关系，帮助当事人挽救婚姻、亲情，因而调解、和解、调停已经成为各国家事纠纷解决最常见的重要方式。

---

① 何兵：“纠纷解决机制之重构”，载《中外法学》2002 年第 1 期。

虽然，调解在家事纠纷解决领域中被广泛采用，但是两大法系对调解的适用还是存在较大差异的。如美国是从缓解司法资源的有限性与大幅增长的家事纠纷的矛盾出发，设置的任意调解，当事人可以选择诉讼，也可以选择调解解决家事纠纷。这是因为，英美法系国家对家事纠纷的处理态度有着缓解社会压力的现实意图，因此，在做法上比较灵活。而大陆法系国家对家事纠纷的态度则有很大不同，大陆法系国家较为看中家事纠纷的社会公益性和隐私性，因此，调解在大陆法系国家有着更多的规范性，比如日本的家事诉讼程序就将调解作为前置程序、必经程序，诉前通过对话来消除误会，从而缓和家庭生活的矛盾，自主解决家事事件。

（五）注重调解程序与诉讼程序的对接和多种解决方式之间的协调配合

在和解、调解、仲裁和诉讼等解决家事纠纷的不同方式中，调解和诉讼运用最广，也是世界各国运用的主要方式。调解制度的设定，达到了案件分流的目的，帮助法院缓解了诉讼压力。目前世界上已经实行家事调解机制的国家或地区，多数是采用调解自愿申请原则，赋予家事纠纷当事人程序选择权，即当事人享有选择调解或诉讼来解决家事纠纷的决定权，法院无权强迫当事人进行家事调解，如美国和英国的家事调解制度都规定了当事人的自愿申请原则。只有日本和澳大利亚等少数国家（地区）是把调解作为诉讼前置程序的，日本要求在诉讼程序前由法院对家事纠纷进行调解，而澳大利亚则要求家事纠纷在诉讼之前必须经过社区家事调解和法院审前调解的两个递进阶段。[①] 然而，无论是采用调解自愿申请还是

① 卫洁：“澳大利亚家庭法的家事调解制度对我国的启示”，载《山西农业大学学报》（社会科学版），2007 年第 2 期。

作为诉讼的前置程序，各国都规定了诉讼和调解的对接和转换，注重多种解决方式之间的协调配合，体现出家事纠纷解决机制中诉讼法理与非讼法理交错适用的程序特征。

特别是在考察了美国家事纠纷的新发展后，我们可以发现，美国在化解家事纠纷方面体现出了鲜明的多元协作特征。

（六）家事纠纷的社会性解决机制、预防机制、治疗理念受到青睐

家事案件是一个复杂的纠纷体系，它既包括诉讼案件，也包括非讼案件；既包括身份关系案件，也包括由此关系所引发的财产纠纷案件。与单纯的契约财产关系不同的是，家事纠纷通常具有较强的公益性，因为它不仅涉及婚姻家庭秩序的和谐稳定，也涉及对弱势群体利益的照顾和维护。因此，很多国家在家庭纠纷排解程序中，采用了与财产契约纠纷程序完全不同的解决方法，即大量运用非讼手段。在诸多非讼手段中，家事纠纷的社会性解决机制、多部门协作、预防机制和治疗理念受到各国立法和实践的一致青睐。如美国在化解家事纠纷方面，除法院之外，其他组织如律师事务所、心理咨询所、宗教机构等各种社会组织，都积极地参与到对家事纠纷的“治疗”中来，律师们为当事人提供预防式法律服务和协作式法律服务；父母教育课程的设置，并不是依靠法院自身的力量来实现，而是通过与心理咨询机构、宗教机构等的合作来完成。从而形成了法院与各类社会组织良性互动、协同合作、司法裁判与 ADR 共存的家事纠纷解决机制。如澳大利亚为处理家事纠纷在全国许多地方设立专门“家庭关系中心”，构建了一个以社区为单位，遍布全国的“家事纠纷调解中心”，雇佣经验丰富并且具有专门资质的工作人员，为分居、离婚或者处于纠纷中的夫妻提供家庭教育培

训、咨询建议、协商调解等各种服务。一方面，预防了家事纠纷的进一步恶化，为纠纷家庭提供帮助，使其走出危机，挽救婚姻；另一方面，也减少了累讼，实现了多层次、全方位的社会化家事纠纷解决的机制。

综上所述，一个国家的家事纠纷解决机制受该国的法律制度、经济发展和社会制度的影响，移植未必可取。然而其成功经验可以给予我们启发和借鉴，进而扬长避短、为我所用，这对于建立适合我国国情的社区家事纠纷解决机制有非常重要意义。

第八章　我国社区家事纠纷解决机制的构建

“纠纷”（dispute）这一概念总是与“冲突”（ conflict）相伴而来。从社会学的角度来看，“纠纷是指社会主体之间的一种利益对抗状态”①，而家事纠纷就是家庭成员之间的有关人身权和财产权方面的对抗状态。

“纠纷解决”，19 世纪英国法学家威廉·马白克爵士较早对其下了定义。他认为，解决一个纠纷就是作出一种权威决定，或是关于孰是孰非的具有约束力的决定，亦即关于谁的观点在某种意义上能够成立，谁的观点不能成立的一种判定。② 我国学者顾培东对“纠纷解决”不同层次的意义作了分析：纠纷的解决首先要求冲突的化解和消除，这意味着纠纷主观效果的全部内容从外在形态上被消灭，社会既定的秩序得到恢复，而不问纠纷解决的实体结果如何；其次，纠纷的解决要求实现合法权益和保证法定义务的履行，这是对纠纷解决实体

① 何兵：《现代社会的纠纷解决》，法律出版社 2003 年版，第 1 页。

② ［美］马丁. p 戈尔丁，《法律哲学》，齐海滨译，三联书店 1987 年版，第 217 页。

方面的要求，它力图弥补纠纷给社会既有秩序带来的破坏；再次，纠纷的解决要求法律或统治秩序的尊严与权威得以恢复；最后，在最高的层次上，纠纷的解决还要求冲突主体放弃和改变藐视以致对抗社会统治秩序和法律制度的心理与态度，增强与社会的共容性，避免或减少纠纷的重复出现。[①] 后两个层次上的纠纷解决主要体现为对社会和个人的更高要求，它往往是隐蔽性的，是理想意义上的纠纷解决。

“机制”一般被理解为一个复杂的工作系统。它应当由诸多具体的制度设计组成。具体包括各种纠纷解决方式、制度的总和或体系。

纠纷解决机制的设置应当与纠纷的类型相适应，家事纠纷的特殊性决定了我国应当为家事纠纷提供一种单独的非诉讼纠纷解决机制——社区家事纠纷解决机制，该纠纷解决机制应当成为解决家事纠纷的独立程序。

我国社区家事纠纷解决机制的构建，应当借鉴国外发达国家非诉讼家事调解专业化、程序化经验的同时，从实际出发，回归“中国”特色与“家事”纠纷的特殊性，结合中国本土的历史文化传统，对我国现有的非诉讼调解制度进行重新整合。在现有的人民调解制度下，利用我国社区现有的优势资源和条件，充分发挥社区调解的优势，设立社区家事纠纷调解机构，将社区家事纠纷的调解作为诉讼的前置程序，对社会资源进行重新分配，将原本闲置的优良调解资源重新利用。这样不仅有效缓解了审判压力，也对我国人民调解的专业化及人民调解的健康发展起到重要的促进作用。同时，对非诉讼的社区调解机制与诉讼法院调解机制有效衔接，形成有机

① 顾培东:《社会冲突与诉讼机制》，法律出版社 2004 年版，第 27 ~ 29 页。

协调的、完备的家事纠纷解决机制。

构建我国社区家事纠纷解决机制的总体设计：我国社区家事纠纷解决应该包括社区家事纠纷预防和家事纠纷调解。其中，社区家事纠纷预防是其日常工作，通过婚姻家庭法制宣传和法制教育、走访、调查等排查机制及正确处理婚姻家庭技巧的培训、讲座等措施，预防社区家事纠纷的发生和激化，将家事纠纷遏制在萌芽状态；社区家事纠纷的调解是社区家庭成员发生纠纷时，可以将纠纷提交社区家事调解中心居中调解，调解是社区家事调解中心的重要工作，所以社区家事纠纷调解中心的设置及其运行是构建我国社区家事纠纷解决机制的核心。社区家事纠纷调解是家事纠纷诉讼的前提，当事人作为自己利益的最佳判断者，根据自身情况就近自主选择社区调解组织和人员；发挥我国法院外社区组织调解的积极作用，完善其调解的不足之处，提高调解的效力，使社区家事纠纷的调解真正成为化解家庭纠纷的第一道防线；将社区家事纠纷的调解与诉讼审判有机地结合起来，赋予社区调解协议一定的法律效力；在构建我国社区家事纠纷解决机制的同时，改革我国现行的法院家事纠纷解决制度，设立专门的家事法院或家事法庭，专门审理经过社区家事调解机构调解仍未解决的家事纠纷。将诉讼家事纠纷调解从审判程序中分离，将法院对家事纠纷的调解纳入到诉前调解机制当中。在家事调解程序中，法院外调解组织和法院的调解部门（法院的调解部门与审判部门分设）在地位上是平等的。要实现这一目标，还需要其他相关制度的保障。

第一节　构建我国社区家事纠纷解决机制的理念和指导思想

一、构建我国社区家事纠纷解决机制的理念

家事纠纷解决的理念是人们在认识纠纷解决客观规律过程中形成的一系列科学的基本观念，是主体在构建家事纠纷解决机制过程中的思维和行为的意识形态与精神指导，其内涵包括调解中立、公正、民主、效率、人本主义、和谐等。现代家事纠纷解决的理念是法治现代化的必然要求，是家事纠纷解决实践的指导思想和行动指南。

（一）“便民服务”理念

社区家事纠纷的解决应该反映出“为人民服务”意识，体现家事纠纷解决所反映的便民、利民等特点，这不仅与现代意义上的“执政为民”和“以人为本”理念在本质上一致，而且符合建设和谐社会、和谐家庭的时代要求。

在家事纠纷解决过程中，应该具体体现便民服务的理念，所以在制度设计与纠纷处理方式上，应该贯彻群众路线方针，实行一切依靠群众、方便群众、便于纠纷及时、有效解决的方式和制度，确实起到便民利民、及时解决纠纷和教育群众的作用。在便民服务理念下的社区家事纠纷解决机制，实际上是对“人民调解制度”的传承与创新。当前，人民调解制度已在改革中不断创新。但由于人民

调解制度除包含着便民服务纠纷解决理念，同时也涵盖了中国传统法律文化理念及习惯、经验，因此仍具有深厚的社会基础与生命力。

由此可见，我国已经进入社会主义市场经济的新时期，建国初期处理婚姻案件中所体现的便民服务的理念或精神，在当代处理婚姻家事纠纷，构建社区家事纠纷解决机制中仍具有指导作用。

（二）“家庭本位”理念

对家事纠纷的处理以有利于家庭成员共同生活的团体主义为价值追求。婚姻家庭法作为身份法，因其与国家及社会公共利益相关，带有浓厚的公益色彩，不能简单地用财产、契约纠纷之自治性程序来解决。亲属之间的身份关系不是出于功利目的而创设和存在的，由亲属身份关系所派生的财产关系，亦不体现直接的经济目的，它所反映的主要是家庭成员共同生活和家庭职能的要求，不具有等价有偿的性质，更强调夫妻之间、家庭成员之间是利益共同体，提倡分享、利他和奉献精神。

用处理财产案件的理念和方式审理家事案件不利于维护婚姻家庭稳定，也不能满足保护公民人身和财产权益及我国社会发展的需要。在坚持人格独立的前提下，婚姻法所设立的以人身关系为前提的财产关系均以有利于夫妻、亲子以及其他家庭成员共同生活的团体主义为价值追求。夫妻之间、父母子女之间有相互扶养的义务，且为无条件的生活保持义务，扶养人必须在自己的能力范围之内履行义务，确保被扶养人与自己的生活水平相当。在处理家事纠纷时，应根据具体情境适用伦理关怀、性别关怀、生存关怀，维护弱者利益，实现实质正义，以更好地维护家庭及家庭成员之间的和谐关系，实现家庭利益。

（三）“以人为本”理念

家事纠纷当事人之间的身份人伦关系决定着感情、心理纠葛，是冲突的根源，决定着处理家事纠纷必须以人为本，彰显人文情怀。在处理家事纠纷案件时，应围绕人的身份关系、心理情感、伦理道德，逐步深入到身份关系产生的财产关系、相关的权利义务关系，由表及里，合情合理合法地予以解决。只要用温暖的关怀之手，温柔地、理性地解决了人的情感症结和心理纠葛，相关的权利义务就会得到自然的恢复，相关的财产纷争就可以得到很好地解决。家事纠纷解决的过程就是社区调解员进行诊断、修复、治疗的过程。

（四）“和为贵”的理念

中国是一个礼仪之邦，“和为贵”是中华民族的传统美德，是根深蒂固的传统理念，中国的传统文化一直强调和追求“和谐”的精神内涵。“和为贵”突出一个“和”字。“礼之用，和为贵。”中国古代以“和”为最高价值，“和为贵”便是中国哲学中的精湛思想，亦是中国文化基本精神之所在。时至今日，和谐的理念依旧是治国、齐家、平天下的良策。中国传统文化的精髓能够被保留至今，不应当仅仅作为口号喊在嘴上，更应该运用到实践中去，在传统文化和具体实践的糅合过程中寻找精神价值的中坚力量。

在这样的文化传统和背景下，基于“和为贵”的理念构建非诉讼的社区家事纠纷解决机制，设立植根居民、服务家庭、方便快捷、节约成本、和谐相待的社区“家事纠纷调解中心”，有利于实现社会的和谐、稳定与家庭的和睦、团结。

总之，基于便民服务、家庭本位、以人为本及中国传统“和为贵”的纠纷解决理念，构建我国社区家事纠纷解决机制，应该遵循以人为本、家庭本位，便利当事人提出申请、便于纠纷及时和平解决的理念。

二、社区家事纠纷解决机制构建的指导思想

社区家事纠纷解决要以邓小平理论、“三个代表”重要思想、科学发展观为指导，深入贯彻党的十八大精神，紧密结合各地实际，着眼于培育发展、规范管理、优化格局、健全体系，全面推进社区社会组织建设，积极促进社区“家事纠纷调解中心”的构建，充分发挥社区社会组织凝聚居民的桥梁纽带作用、管理社区的参谋助手作用、服务社区的重要补充作用，推动基层社会管理创新，促进社区健康发展，构建和谐社区、和谐家庭。

第二节　我国社区家事纠纷解决机制的特点及意义

一、社区家事纠纷解决机制的特点

（一）程序上的简易性、灵活性和高效性

社区家事纠纷解决机制，没有固定的模式，是调解人员根据家事纠纷的具体情况和当事人的要求，可以采用简便的方式进行调解，根据当事人的意愿，随时达成协议。调解协议只要不违反法律的强制性规定、不损害社会公共利益、不损害第三人的合法权益，

当事人都可自由处分自己的权利。社区调解组织也可以灵活决定合适的解决方案和程序，而不必像诉讼要经历繁琐的程序和较长的时间，因此社区家事纠纷解决机制处理纠纷方便快捷，费用低廉，达到家事纠纷解决的经济效果与社会效果的有机统一。

另外，与民事诉讼程序不告不理相比，社区家事纠纷调解员可以主动介入纠纷进行调解。特别通过广布的调解组织网络，定期排查纠纷，把纠纷消灭在萌芽状态，把纠纷解决在基层。同时，社区调解解决家事纠纷，节约了社会成本，减轻了法院压力。社区调解组织运行成本小，其调解组织数量远远多于法院，而且分布也比法院广泛得多。当事人有纠纷可就地解决，而不必一趟又一趟地跑法院，解决纠纷的支出要少得多，这样就大大提高了家事纠纷的解决效率。

（二）当事人具有高度的自主性

社区家事纠纷解决机制中，调解的进行是以纠纷当事人的自愿为前提，有利于当事人之间和睦相处。从程序上看，调解的启动、进行以及调解结果的履行等都取决于当事人的自愿。社区家事纠纷调解员虽然在调解过程中可以进行说服劝解，甚至可以提出解决的方案，但解决的方案接受或采用与否仍取决于当事人。在中国，人们“面子”观念很重，一般情况下不愿意上法院打官司，不到万不得已不会走诉讼之路。通过社区家事纠纷调解中心对家事纠纷的调解，变对抗为和解，既不伤和气，又解决了纷争，非常符合中国熟人社会以“和”为贵的文化传统。同时，当事人可以通过调解中的协商、让步和妥协，有利于实现双赢的调解结果。

另外，从纠纷解决者与当事人之间的关系看，社区家事纠纷解决机制的构造是水平式的或平等的。社区家事纠纷的调解员作为中立第三人并不是行使司法职权的裁判者（法官），当事人的自主处分权和合意较之诉讼而言具有更重要的决定意义，因而被称之为更彻底的新当事人主义。①

（三）当事人履行协议的自觉性

虽然通过社区家事纠纷解决机制所达成的协议、裁断不具有法律约束力，但由于社区家事纠纷解决完全是在双方当事人友好协商、互谅互让的基础上达成的，故一般容易得到双方当事人的承认和自觉执行。另外，在司法实践中，通过社区家事纠纷解决方式达成的协议也并非绝对没有法律效力。2002 年 9 月颁布的《最高人民法院关于审理涉及人民调解协议的民事案件的若干规定》中明确规定：经人民调解委员会调解达成的、有民事权利义务内容，并由双方当事人签字或者盖章的调解协议，具有民事合同性质。当事人应当按照约定履行自己的义务，不得擅自变更或者解除调解协议。这种将调解协议赋予合同性质的法律规定，一方面减轻了法官审理的负担，另一方面也有利于限制当事人随意反悔，培养他们重合同、守信用的法治精神。随着非诉讼纠纷解决机制的不断完善和精细，各种非诉讼纠纷解决协议和裁判会逐渐具有一定的法律效力，令其拥有法律强制的坚强后盾，使得诚信逐渐成为社会生活的主流。

（四）社区家事纠纷解决过程和结果的非对抗性

社区家事纠纷解决机制是以妥协而非对抗的方式来解决纠纷的，它更偏重于人际关系、家庭关系的调整。和诉讼程序中那种双

---

① 岑雅衔、金一波：“ADR 的法律分析”，载《宁波大学学报》（人文科学版）1995 年第 3 期。

方唇枪舌剑、针锋相对的对抗方式比较起来，这种平和对话的方式更有利于当事人双方互谅互让、友好相处，维护双方之间长久存在的情感、亲情，更有利于现有身份关系的维持和家庭的和睦，实现当事人双方和家庭的长远利益。

（五）社区家事纠纷解决机制在纠纷解决基准上的非法律性

非法律性即是指社区解决家事纠纷无须严格适用实体法和程序法的规定，在法律规定的基本原则框架内，可以有较大的灵活性，可以充分考虑当事人的家庭情况、身份关系、情感因素和善良的风俗习惯等。这样一方面可以将法律的滞后性减少到最小，另一方面也可以灵活处理不同家庭的各种纠纷。

（六）社区家事纠纷解决机制的开放性和发展性

社区家事纠纷解决机制并不是一种封闭的体系，而是一种开放的、发展的体系。随着社会生活的发展，家庭结构的变化，家事纠纷种类的增多，社区将会随时设立适合家事纠纷的越来越多的家事纠纷解决方式。在这个意义上，我国的社区家事纠纷解决机制符合这些基本特征，可以随时灵活地调整解决纠纷的方式。

二、社区组织解决家事纠纷的意义

构建和谐社会，需要不断探索创新解决家庭矛盾纠纷的方式方法，建立专门的社区家事纠纷解决机制。现代社会社区组织具有自治性、组织性、公益性、专业性等特点，决定了社区组织是社会利益关系的调节器，在解决家事纠纷中具有重要作用和意义。

（一）有利于及时调解纠纷

每个家庭都居住在社区，与社区组织联系最为密切。家事纠纷一旦发生，社区就能及时发现、第一时间处理，并且也容易找到矛盾的症结，易于将家事纠纷解决在萌芽状态，避免矛盾恶化，有效解决家事纠纷。

（二）有利于平和方式处理家事纠纷

一方面，社区组织调解家事纠纷，更多地关注家庭纠纷当事人的血缘、姻缘、情感、亲情等因素，在家事纠纷的调处中更多地注重当事人情感的抚平和结果的互利，并且常常会对老人、妇女、儿童等弱者进行人文关怀，并以未成年子女利益最大化处理纠纷，是一种更人性化、更富有人情味的矛盾纠纷处理方式。它有利于稳定家事纠纷当事人情绪，使其在平和、冷静的心态下进行商谈，从而尽量维持当事人间及家庭成员间人际关系之和谐；尽可能避免诉讼程序中反目相向或针锋相对所衍生的其他家庭或社会问题，此为家事调解机制所具有的制度目的、机能要求。另一方面，社区调解协议以合意为基础，所以协议一旦达成，更易为当事人所接受和自愿履行，可避免执行中的困难，实现调解与执行的有机统一。

因此，社区家事调解机制，较之以国家强制力保证实施的司法手段、行政手段，其负面影响较小。

（三）有利于缓解诉讼压力

建立社区家事纠纷解决机制，规定社区家事纠纷案件全部由社区组织先行调解，只有调解不成的家事纠纷案件，才可以起诉到法院。这样就可以大大减少家事纠纷的诉讼，弥补因审判力量不足引发的案件拖延，缓解诉讼压力。社区家事纠纷调解机制的推行，不但可以分担法院的工作压力，使法院的接案数量大大减少，而且也能使有限的审判人员集中精力投身到重大疑难案件的审理中去，既能提高审判质量和审判效率，又能节省司法资源，使法院审判质量和效率得到有效提高。

（四）有利于畅通利益表达

各社区组织利用自治力量解决社区内部的家事纠纷，更容易使当事人取得共识、达成谅解，形成有组织、有秩序的利益表达，避免在诉讼中形成“针锋相对”的局面，从而缓解当事人的矛盾。这样有利于实现党和政府方针政策的上情下达、所属群体利益的下情上达，从而减少非理性个体极端行为的发生，避免家庭暴力事件等恶性事件的发生。

（五）有利于调动各方面力量

社区组织预防和解决家事纠纷的模式是多种多样的，包括依托法学、心理学、社会学和婚姻家庭咨询师等专业人员开展预防家事纠纷的教育、宣传和培训；依托行业协会，通过加强自律，建立行业性纠纷调解组织；依托专业咨询或法律援助，建立服务于特殊群体的专门纠纷调解组织；依托律师等专门人才，建立有针对性的专业事项调解组织；依托社区居民中的权威人士，建立辖区家庭矛盾纠纷就地、及时调解的群众调解组织等。这样可以充分调动各方面力量来有效预防和化解家庭各类矛盾纠纷。

（六）有利于和谐人际关系

社区家事纠纷调解机制可以使家事纠纷当事人得以在平和、冷静的状态下进行商谈，从而尽量维持当事人间及家庭成员间的人际关系之和谐，尽可能避免诉讼程序中反目相向或针锋相对所衍生的其他家庭或社会问题，这是家事调解机制建立所应有的制度目的、机能。具体说来，家事调解机制除具有解决纠纷的机能外，还具有独特的人际关系调整机能。具体表现在两个方面：

一方面，社区家事纠纷调解机制可以对家事调解程序和最终可能的调解合意予以规范化，从而避免随意性，以确保家事调解进程的快速、有效进行。具体说来，一是公平性保障：家事调解机制确保纠纷当事人能处于公平对等之地位进行相互协商以作出决定。二是合意性保障：避免在因错误与胁迫等状态下为含有瑕疵之意思表示而作出的调解，以此避免日后纠纷双方当事人对于调解协议心生不满。三是规范性保障：确保家事调解程序和调解协议的内容不违反宪法或法律的强制性或禁止性规定，且不会对家庭其他成员带来不利影响。

另一方面，社区家事纠纷调解机制具有独特的人际关系调整机能。家事调解是以夫妻、亲子、扶养、继承等家庭成员之间的有关人性爱恨情仇纠纷作为解决对象。人际关系的调整在普通民事调解中仅作为达成当事人合意的手段，起到的只不过是缓和当事人情绪对立，使其冷静客观地主张个人权益的功能；而在社区家事纠纷调解中却是其本质性的要素。① 社区家事纠纷调解对于人际关系的调整机能具体表现在如下几个方面：一是心理性调整，对于身处情绪混乱状态的家事纠纷当事人，委托具有心理知识等专业背景并具有一定的家事调解经验和技巧的专业人士施以心理辅导，协助纠纷双方在理性状态下，考虑亲情、情感、身份等因素作出自主决定。二

① 邓学仁、严祖照、高一书：《DNA 鉴定》，台北元照出版公司 2001 年版，第 177 页。

是社会性调整，对于因家庭环境等因素致无法适应社会环境之当事人，委托精于社会资源相关咨询的专家，提供必要的社会支援或居间斡旋，使这些当事人在获得相关必要支援下，得以自主作出决定。三是经验性调整，对于缺乏生活经验的当事人，委托社会经验丰富者，对纠纷当事人予以社会道德规范、伦理观念的劝说和教育，使该类当事人得以自主作出决定。四是法律利害关系调整，对于法律上的利害关系严重对立导致无法进行协调的当事人，委托具有法律知识、实务经验及利害协调能力的专家，从法律上提供正确咨询，从而有利于当事人之间利害关系的调整。[①]

（七）有利于纠纷的有效解决

人们对纠纷解决的态度是一种典型的实用主义逻辑，哪种方式对其更有效用、成本更低、更便利、更快捷，就会被选择。当事人选择的关键就在于其是否行之有效。社区家事纠纷调解机制是一种行之有效的家事纠纷解决制度，其优越性已经得到了许多国家的普遍认可。目前日本所有离婚案件中，基于调解离婚的占90%之多，而最终以裁判方式判决离婚者仅占1%。[②] 通过此数据可以明显地看出，经法院参与的离婚中，调解与诉讼的比值竟高达九比一，如此足以证明和预测社区家事调解机制对解决家事纠纷的有效性。

总之，在当前全面建设小康社会的历史时期，社区家事纠纷调解组织以其自身优势，克服了法院判决的弊端，在化解家事矛盾纠纷、维护家庭和谐和社会稳定中发挥了独特的作用。同时，社区家事纠纷的调解机制的推行，能使当事人止诉息争、减少法院诉累、

---

① 邱珞如："离婚事件成立调解及诉讼上和解之容许性"，载《月旦法学》，2004年第6期。

② 徐昕：《论私力救济》，中国政法大学出版社2005年版，第38页。

节约司法成本、提高司法效率、服务经济发展等方面的作用日益凸显，已经成为整个社会和谐稳定乐章中的一个重要音符。

第三节　构建我国社区家事纠纷解决机制应该注意的问题

一、社区家事纠纷的调解应该以处分权为基础

社区家事纠纷的调解应该遵从处分主义，当事人通过提出、变更或者撤销请求等形式行使处分权，决定调解的实体事项和程序事项。当事人能够通过这些对自己权利的“处分”行为来决定权利的行使和程序的进行，社区家事纠纷的调解原则上必须受这些行为的拘束。

从社区家事纠纷调解的制度设计与实践操作的角度考量，调解员应该与当事人进行良性互动，如调解员可帮助当事人了解案情，判断参与调解之后的权利、义务、责任、风险，就相关问题对其进行释明，这是保障其知情权的必要手段。保障当事人对纠纷形成正确的认识，保障其对自身所拥有的实体权利、程序权利形成全面、正确的认识，在真正保障当事人享有充分“知情权”的基础上，引导当事人正确行使处分权、决定权，这是为当事人提供实质性程序保障的必然要求。所以，在设定社区家事纠纷调解制度时应予体现。

社区家事调解员在调解的整个过程中进行的调解行为，是对当事人进行说服、教育和感化工作，是在征求双方当事人意见的基础上提出建议性的调解方案，以促使当事人达成一致的意见，并不具

有强制性约束力。

在整个调解过程中，发挥决定性作用的是当事人的处分权、选择权，此时社区家事纠纷的调解与其他诉讼外合意性纠纷解决机制中的调解，并无不同。只有在双方当事人达成调解协议，并提交法院予以审查确认，赋予该协议法律效力的行为才能成为职权行为。调解的正当性原理[①]在于，当事人的合意是否真实、自愿，其处分权、选择权是否得到调解员和法律的尊重与保障。

处分权包括实体处分权和程序处分权。社区家事纠纷解决机制作为一项法律制度，其设计应当符合其本质与特性，在实践中不断完善发展。

（一）实体处分权

充分尊重社区家事纠纷当事人在调解中的实体处分权。调解是当事人协商确定各方权利、义务的法律制度，其制度基础即在于民事权利的可处分性。

在《民法通则》《合同法》《物权法》《婚姻法》《继承法》《收养法》等民事实体法中，法律赋予了民事主体诸多的处分权。既然是可处分的权利，既然是以当事人的合意处分为基础的纠纷解决机制，对这些权利如何在调解中的行使，制度上就不宜设定过多的限制。而应允许纠纷当事人按照自己的意愿行使充分的处分权，就纠纷解决方案协商达成更加自由的协议，以适应纷繁复杂的家事纠纷和社会实践。

---

① “正当性原理”（或正当化机制）指纠纷的解决或审判制度在整体上为当事者以及社会上一般人所承认、接受和信任的性质及制度性过程，换句话说即其过程和结果为什么会被当事人和社会接受。参见王亚新：“民事诉讼与发现真实”，载《清华法律评论》1998 年第 1 期。

（二）程序处分权

程序处分权是在程序选择权基础上发展起来的。1992 年我国台湾地区学者邱联恭先生首先提出了程序选择权的概念。[①] 通过程序选择权的理论将对程序权利的处分从处分权中分离出来后，使人们更加重视当事人的程序权利，促使我们从程序这一独立角度，思考如何从立法上进一步扩大当事人的程序处分权，如何在非诉讼实务中切实保障当事人实现程序处分权。[②]

民事纠纷的程序处分权，需要国家立法的专门设计，立法机关应当为当事人提供更多元化的非诉讼的程序处分权。程序处分权虽然在理论研究中属于新兴事物，但是在实证法上并不是新鲜事物，我国《民事诉讼法》赋予了当事人众多的选择权，如调解还是不调解的选择权、督促程序还是普通程序的选择权、简易程序还是普通程序的选择权、管辖法院的选择权等。

程序处分权在仲裁或其他非诉讼民事纠纷的解决中体现得更为突出，如在仲裁解决纠纷中，仲裁法赋予当事人的程序选择权就更大、更灵活。当事人具有决定仲裁还是诉讼的选择权、仲裁委的选择权、仲裁员的选择权、仲裁程序的选择权、调解或不调解的选择权等。

在设立非诉讼的社区家事纠纷的调解中，由非诉讼民事调解合意性、选择性的本质所决定，应该赋予当事人更充分的程序选择权，这应成为包括社区家事纠纷在内的各类非诉讼调解的重要

---

① 我国台湾地区民事诉讼法研究基金会编：《民事诉讼法之研讨（四）》，第 569 页。

② 李浩："民事程序选择权：法理分析与制度完善，载《中国法学》2007 年第 6 期。

改革思路。

在社区家事纠纷解决机制设置时，应该尊重与保护当事人申请社区家事纠纷调解和参与调解的程序选择权。寻求司法救济的诉权或者社会救济是国家赋予民事主体的基本权利。当事人可以根据纠纷的具体情况，选择纠纷的解决方式，提出自己的主张或建议，获得调解的机会等都体现在“程序处分权”之中。并且，要求当事人承担调解程序最终的结果，就应当以赋予其充分的程序保障为前提，必须保障当事人实现对程序充分的、实质性的、实效性的参与。为此，在制度设计上不仅应当保障其选择权的行使，使程序保障及时、充分、完整，而且应当为此提供更多的便利，这是我国构建和完善社区家事纠纷调解制度的重要方向。

二、社区家事纠纷调解应该更具有灵活性

灵活性是社区家事调解的重要特征之一，这一特性既是调解制度存在的独特价值，也是与当事人处分权密不可分，互相促进的。当事人的处分权是其灵活性的法理基础，社区家事纠纷调解制度应当具有灵活性，从而为处分权的行使提供便利与保障，社区家事调解的灵活性也对保障与提升调解的实效具有重要意义，是我们在设计社区家事调解制度时所应当重点考虑的因素之一。

社区家事调解制度的设定应该以提高灵活性为目标。如日本学者所言，从“当事人拥有纠纷”这个命题出发考虑诉讼外纠纷解决时，最重要的是应该以当事人找到自己能够接受的解决方法为基础，当事人能对纠纷的解决，变换利用各个机构和程序，像处理零件一样利用各种程序。设置方便适用的程序，或是在程序中灵活地吸收当事人的纠纷解决需要，这才是以自律为理念的非诉讼社区家

事纠纷机制需要解决的重要课题。①

社区家事调解制度应该贯彻灵活性这一精神，当事人可以在法律限度内自由约定双方的实体权利或义务。如不仅允许当事人对调解启动的时间、调解的方式、调解的地点、是否公开、调解协议生效的方式、是否制作调解书等有选择权，而且还应该规定如下内容。

（一）调解人员的灵活选择权

社区可以委托有法律知识、相关工作经验或者与纠纷所涉问题有专门知识的单位或者个人对纠纷进行调解，如技术专家、居委会、人民调解组织、行业主管部门等。社区还可以经纠纷当事人同意后，邀请与当事人有特定关系或者与纠纷有一定联系的企事业单位、社会团体或者其他组织，以及具有专门知识、特定社会经验、有利于促成调解的个人等协助调解工作，这也是“调解社会化”的表现之一。

（二）调解内容的决定权

在社区调解中，纠纷当事人有权决定调解内容或事项，有权决定哪些事项自行和解，哪些需要社区调解，也可以临时决定变更调解内容，包括减少或增加调解事项，在调解内容、范围、事项上给当事人最大限度的决定权。

（三）履行调解协议的约定权

为了确保当事人，特别是被申请人能按时参加调解，一旦达成

---

①［日］小岛武司、伊藤真主编：《诉讼外纠纷解决法》，丁婕译，中国政法大学出版社2005年版，第16～18页。

协议，有履行调解义务的诚意，双方当事人可在调解协议中约定，一方不履行调解协议时，需承担的额外的民事责任。

（四）委托法院决定的选择权

在社区家事调解中心的主持下，如果当事人就其中一部分纠纷达成调解协议，对没有解决的纠纷，当事人有权通过社区共同请求所在地的基层人民法院对未达成协议的诉讼请求提出处理意见，并表示接受该处理结果的，人民法院的处理意见可作为原来调解协议的一部分内容。

三、正确处理社区家事调解与人民调解委员会调解的关系

（一）将强化人民调解制度作为构建我国社区家事纠纷解决机制的重点

我国非诉讼民间调解制度历史悠久，特别是人民调解制度这样的争议解决方式深深扎根于我们的法律文化之中的，人民调解委员会也曾经一度遍布全国，在解决民间纠纷方面曾发挥过相当重要的作用。但是近年来，随着法制的建设、司法制度的改革和人们法律观念的增强，在产生纠纷时许多人都选择诉讼，加上人民调解制度的无效性，使得近年来人民调解制度在人们心中的影响力大大降低，有些地方的人民调解制度形同虚设。目前，为减轻法院的诉讼压力，强化人民调解制度的实效性，同时也体现家事纠纷的特殊性，建议将人民调解制度进一步规范，使其更加系统和完善，在人民调解制度下设立社区家事纠纷解决机制。

我国独特的历史文化传统对重构社区家事纠纷解决机制是有利的，我国有着悠久的以非诉讼方法解决争议的历史传统，以及长期

形成的“和为贵”“息诉”等追求和谐的民族社会心理和历史文化传统，是社区家事纠纷解决机制在我国重构的良好基础。因此大力发展人民调解制度是完善我国社区家事纠纷解决机制的重点。①

（二）明确社区家事调解与人民调解委员会调解的职责范围

传统的人民调解作为诉讼外的非诉讼解决纠纷的方式，从建国初期到现在一直运用于处理简单的民事纠纷之中，取得了一定成效，也积累了许多经验。首先，人民调解处理了大量比较简单的婚姻纠纷案件，节约了司法资源，使法院能够集中精力办理大案、办理要案。婚姻纠纷涉及身份关系和感情因素，人民调解委员会原来所适用的调解方法，在构建社区家事纠纷调解制度时都是可以继续沿用的。其次，建国初期根据婚姻法的规定，离婚案件一般先要经过行政调解程序，调解不成，转人民法院处理，人民法院也要先进行调解。这也是完善家事纠纷解决制度，将调解设置为离婚前置程序的基础。对于婚姻家事案件，可以借鉴建国初期的经验，妇联、民政部门及其他相关单位可以协同社区进行婚姻家事纠纷的调解工作。

目前，对于人民调解实践来说，其理论研究的重心已经从立法转向调解方法、调解程序、人民调解组织和人民调解员的专业化等制度的具体研究。其中，如何针对带有亲情、情感的家事纠纷这样的特殊案件建立适合解决其纠纷的社区家事纠纷预防和调解机构，以有效解决社区家事纠纷是值得关注的一个重要问题。

---

① 罗干：“充分发挥人民调解作用创造稳定和谐社会环境”，载《中国司法》2004年第3期。

社区家事纠纷调解制度属于人民调解制度的范畴，又是在社会转型时期发展起来的一种新型调解制度。单位社会的解体以及社区体制的形成，使得社区成为社会基础纠纷的聚集地，并且社区家事纠纷具有与以往纠纷不同的新类型、新特点。调解法律方法表达出一定的文化内涵，如传统“和合文化”是调解法律方法的文化基础，其特有的文化力是社区调解制度生命力的保障，对于社区家事纠纷解决具有促进价值。作为调解法律方法具体文化样态的情理调解方法，其本质是“乡土正义”，在社区家事纠纷解决的运用过程中具有鲜明的特点。

社区家事纠纷解决机制的构建，是在保留原有的人民调解制度的基础上，根据婚姻家事案件的特殊性，将婚姻家庭纠纷从人民调解委员会的调解中分离出来，在有条件的社区成立专门的社区“家事纠纷调解中心”。“家事纠纷调解中心”对社区家庭遇到的各类矛盾、纠纷及涉及的其他家庭事务提供帮助。而除家事纠纷以外的其他纠纷，如相邻关系纠纷、消费者权益受损纠纷、各类合同纠纷、简单的侵权纠纷等，则可以向人民调解委员会申请调解。也就是说，由于家事纠纷的特殊性，将原来由人民调解委员会解决的涉及家庭成员之间的各类家事纠纷，规定专门由社区“家事纠纷调解中心”的专业家事纠纷调解员来调解解决。社区“家事纠纷调解中心”除调解家事纠纷外，还应该承担起预防家事纠纷发生的相关事务，如举办正确恋爱观的培养、处理夫妻关系、婆媳关系、父母子女之间关系的技巧培训、子女的教育培养方面的讲座、辅导及家庭暴力受害人的保护、家事纠纷的排查和预防等工作。

四、实现社区家事纠纷解决与民事诉讼解决的有效衔接

在我国，民事纠纷非诉讼纠纷解决方式与民事诉讼解决程序是各自独立的纠纷解决方式，二者在制度设计和程序设定上已经形成相对稳定的、各具机能的制度、原则，并且有许多制度和原则相对应，如诉讼纠纷解决中，有限制处分权主义、辩论主义、公开主义、严格证明原则等；而在非诉讼纠纷解决中，则有处分权主义、职权探知主义、一般不公开主义、缓和的证明责任原则等，这就是传统的民事纠纷解决程序“二元分离适用论”。

由于传统的“二元分离适用论”把纷繁复杂的民事纠纷，依据单一的标准一分为二，非此即彼，未免失之简单，由此所设定的程序结构，必然导致司法中的机械主义，难以保证各个民事纠纷能得到符合其本质特征的解决。为了克服这些缺陷，大陆法系国家如日本、德国等兴起了“诉讼法理与非讼法理交错适用肯定论”的新理念。该理论根据不同民事纠纷的特征及实际需要，打破传统的“诉讼程序”与“非讼程序”的“二分法”，充分发掘和重新配置两大类别程序结构的内在原理及其相互关系，按照不同民事纠纷的特殊性，确定“诉讼程序”或“非讼程序”作为其解决纠纷的方式，或在解决特殊民事案件时将“非讼程序”作为“诉讼程序”的前置程序。

正如我国台湾著名民事诉讼法学家邱联恭先生所指出的：为应对多种多样的民事纠纷类型之特殊需求，追求处理具体纠纷的妥当性，应该且可能在诉讼程序或非诉讼程序分别交错适用不同的程序法理（诉讼法理与非讼法理），设定多种类型的程序保障方式，而追求具有弹性之纠纷解决方式。其中，在非诉讼纠纷解决过程交错适用诉讼法理，实现非诉讼程序的灵活、快捷以及诉讼程序所赋予

之程序保障和效力，促使非讼程序与诉讼程序相衔接，及时避免另开诉讼程序招致费用和审判资源的浪费。然而，我国以往的学说及判例均未充分意识到这些，民事程序法学理论之构筑及审判实务运作方针之设定，往往无端分离诉讼法理与非讼法理之适用程序，过分倚重形式的诉讼程序，并未充分认知程序保障之机能，以致始终难能机动提高运作民事程序制度之效率、扩大其解决纷争之功能，而无从满足社会对司法救济程序迅速经济化之迫切需求。①

具体而言，在处理家事纠纷时，首先考虑的是该纠纷区别于一般财产关系纠纷的特性，即一般财产关系纠纷解决的是过去的事实，而婚姻家庭纠纷是要确立、变更或消灭身份关系，同时，婚姻、亲子等身份关系是社会构成的基础，而且直接关系到公序良俗。因此，对于涉及身份关系的家事纠纷，不能适用以财产纠纷为对象的普通民事诉讼程序，而是要求基于维系家庭和谐关系的考虑。首先由社区“家事纠纷调解中心”调解，本着维护当事人的隐私、人格尊严及身份关系的考虑，而在程序的进行中采取处分权主义、程序不公开主义、缓和的证明责任原则等非诉讼法理。但这并不否定某些婚姻家庭纠纷具有讼争性的事项，如家庭暴力、虐待、遗弃等案件，则需要适用辩论原则、严格证明原则、直接审理原则等诉讼法理来实现当事人的权益。

总之，婚姻家事纠纷本身兼具有身份情感与财产利益，可能是利益冲突与非利益冲突的交错，又可能是公益和私益的重合。所以，在纠纷解决中就可以采取非诉讼和诉讼相结合的方式，一般家事纠纷首先由社区“家事纠纷调解中心”进行调解，对于调解不成的案件，才可以向法院起诉，将社区家事纠纷的调解作为必须经过

① 邱联恭：“程序制度机能论”，《民事程序法之理论与实务》（第一卷），三民书局 1996 年版，第 111 页。

的程序。这类案件，一旦向法院起诉，就需要向法院提供社区调解无效的证明材料。但对于严重的家庭暴力、虐待、遗弃等可能构成犯罪的家事纠纷案件，就只能向法院起诉或向公安机关报案，由法院和公安机关处理，让法院和公安机关处理自己应该处理和擅长处理的纠纷。社区家事纠纷调解中心的调解前置，客观上可以充当家事诉讼的过滤器，滤除无须审判的家事纠纷，实现案件分流，让审判直接面对需要审判的案件。即使社区家事调解中心调解不成，当事人也更清楚彼此争议的问题所在，有助于审判的有效进行和高效运转。反过来，法院不仅可以在诉讼外提供有关调解方面的非诉讼服务（告知社区家事纠纷调解的相关信息、提供调解人员的名单等），而且受理后，如果出现有调解的可能时，基于促成当事人和解的义务，亦可以中止诉讼，建议或转介该家事案件于社区家事纠纷调解中心，实现诉讼和非诉讼的高效衔接。

第四节　我国社区“家事纠纷调解中心”的构建

美国的罗伯特·埃里克森（Robert C. Ellickson），整合法律、经济学、社会学以及博弈论，撰写了《无需法律的秩序——邻人如何解决纠纷》（Order Without Law：How Neighbors Settle Disputes），提出给有关邻人以及其他关系密切之群体的成员关系的讨论增加一点现实主义明晰。该书中写道：“法律制定者如果对那些会促成非正式合作的社会条件缺乏眼力，他们就可能造就一个法律更多但秩序更少的世界。”① 据此，我们有理由认为，埃里克森的研究成果

① ［美］罗伯特·埃里克森：《无需法律的秩序——邻人如何解决纠纷》，苏力译，中国政法大学出版社2003年版。

使我们重新认识到非诉讼方式在民事纠纷解决机制中的举足轻重作用。为此，我们应制定和完善我国非诉讼纠纷解决方式的规则体系，促进非诉讼纠纷解决方式的规范化，保证其适用符合底线的程序正义与实体正义。我们应将一些比较成熟的非诉讼方式逐步纳入法制轨道，对其程序和基本原则做出最基本的法律规定，充分发挥其解决纠纷的积极作用。

家事纠纷属于民事纠纷的一种，事实上我国解决民事纠纷的体制已经初步形成。我们所要做的不是推翻我国现有的民事纠纷解决机制另起炉灶，也不是一味地借鉴外国的所谓“先进经验”。我们需要做的是在现有的民事纠纷解决体制的基础上，根据我国民事诉讼案件众多和家事纠纷的情感性、非理性和复杂性等特征，结合我国社区组织的建设，建立适合我国的家事纠纷的非诉讼解决机制——社区家事纠纷解决机制。

社区作为最基层的群众组织，是政府联系居民、社会最密切的机构，也是政府基层管理、服务群众、开展各项惠民工作的平台。于“私”，社区是人们居住、生活所在，是人们家庭、情感维系所在；于“公”，社区是沟通政府和社会的桥梁、中介。社区就像一张网，覆盖着社会、联系着民生和家庭，社区成为国家与社会新的整合点，其在解决家事纠纷方面具有独特的优势。在社区组织建设中，政府找到了与社会组织及个体市民的整合点，而我们发现了能反映、维护居民利益，解决家事纠纷的有效途径。因此，以社区为依托，在这个与群众生活息息相关的平台上设立社区“家事纠纷调解中心”，家庭遇到法律问题，在不出社区的前提下，就可以享受到贴心的法律咨询、服务和调解。只有推行法律服务入社区，才能使法律更广泛地接触群众，更好地服务群众、服务社会。基于此，我们必须加大改革，完善我国的社区解决机制，真正发挥社区在解决纠纷中“第一道防线”的作用。

一、在人民调解委员会中设置“家事纠纷调解中心”

人民调解在社区中已有了较长的历史，积累了较丰富的实践经验，在社区居民中也奠定了良好的群众基础，所以人民调解委员会在解决家事纠纷中有不可忽视的作用。在人民调解委员会之下设置专门的“家事纠纷调解中心”，这样既能避免机构繁琐，又可以很快融入社区的组织体系，更好地发挥其功能。同时也可以将家事纠纷区别于其他社区纠纷，使调解工作得到有效的分工，提高社区组织解决各种纠纷的效力。

社区是家庭聚居的地方，是与家庭联系最为密切的组织，并且全国各地社区众多，这对于家事纠纷的解决有较大的优势。所以，为缓解诉讼压力，也便于家事纠纷的及时解决，建议在条件较好、人员较多、规模较大的社区首先设立专门的“家事纠纷调解中心”，定期开展婚姻家庭知识和技能的讲座、辅导和培训，对社区家庭中产生的纠纷第一时间开导、调解，化解纠纷矛盾。对规模较小的社区，由于人员紧缺、规模较小，居住的家庭较少，可以暂时不设立独立的家事调解中心，还是由辖区的人民调解委员会作为非诉讼调解组织调解家事纠纷，待条件成熟后，再设立专门的社区家事纠纷调解中心。

在有条件的社区设立“家事纠纷调解中心”，使其成为基层预防和解决社区家事纠纷的专门机构，成为重要的非诉讼社会救济形式和解决社区家事纠纷的主要渠道，以实现社区家事纠纷解决的群众性、便捷性、低成本性、非对抗性、保密性、人性化等。社区“家事纠纷调解中心”将成为一种传统而温和的家事纠纷解决方式。

社区设立“家事纠纷调解中心”，有利于实现社会效果和法律效果的有机统一。将家事纠纷交由了解当地民俗习惯、人情世故，且与当事人日常密切联系的调解员处理，他们能有效的针对各方当事人性格、家庭情况、纠纷的起因提出合理的解决方案，协调双方利益，进而更好地解决双方的矛盾，真正实现家事纠纷解决的成本低、时间短、程序简单、灵活性强、和为贵及以人为本的先天优势。

二、社区“家事纠纷调解中心”的性质定位

（一）公益性还是营利性

社区“家事纠纷调解中心”，是公益性行为还是营利性行为是构建社区“家事纠纷调解中心”首先应该解决的问题，也是争论较大的问题。笔者认为，这个问题不能一概而论。

所谓营利性是指，社区家事纠纷调解服务的有偿性，也可以说，对于社区家事纠纷调解中心工作人员来说，社区家事调解的直接目的是为了追求利润。所谓公益性是指，社区家事纠纷调解的目的是为了公共利益。其实，这里的公共利益包括国家利益、社会利益和社区利益。从这个角度说，公益性实际上是居民个体权利的整体表现形式，社区家事纠纷调解服务的公益性，其目的就是强调为社区家庭和居民预防和解决纠纷的服务，而不只为某个居民个体权利服务。就公益性而言，它并不必然与营利性相冲突，因为服务于社区也完全可以是有偿服务，可以是一种市场行为。从这个意义上说，公益性与营利性完全可能是一致的。

公益性与营利性不一致的情况，主要体现在社区家事纠纷调解中心的服务是否收费问题上。笔者认为，社区家事纠纷调解中心的服务是否收费不应当有一个千篇一律的模式和标准，不同地区、不

同时期、不同纠纷、不同业务可以采用不同方法，应当由家事服务从业者和社区双方相互选择、对话来决定。从目前情况看，许多地方提倡社区服务应当是免费的，除了社区家事服务属于新生事物应当扶持这个理由外，主要原因是受目前社区服务的制度建构模式所决定。这是两个互相依存、又有一定矛盾的问题。

笔者建议，设立社区“家事纠纷调解中心”后，可以根据服务的事项和服务专家的不同，采取有偿或是无偿的形式。如举办的婚恋观、处理婚姻家庭关系的技巧等各类培训可以采取有偿服务，收取一定的费用；对举办的讲座可以是公益免费讲座，也可以是收取一定费用的有偿讲座。对有些家庭需要个别指导、提供定期帮助，可以采取有偿服务方式为其提供帮助。对当事人提出的家事纠纷的调解服务，应该采取无偿服务，由民政部门拨款，为社区居民提供免费的公益调解服务。

（二）政府扶持还是社会推进

社区“家事纠纷调解中心”的服务主要有两种制度建构模式：政府扶持型和社会推进型。政府扶持型是由政府主导、政府出资、利用政府行政命令整合资源的方式进行社区家事纠纷法律服务的模式；社会推进型是由社会组织利用市场手段调配的资源进行社区家事纠纷法律服务的模式。前者的优势在于能够在短时间内调动社会各方面力量和资源，以提高法律服务的效率，具有高效快捷的特点；后者的优势在于，能够由社区和家事服务机构按照市场规律进行双向选择，容易产生高质量和实效性服务。前者的弊端在于行政命令难以调动社区家事纠纷法律服务者的积极性和创造性，容易出现形式主义和表面文章的消极后果；后者的弊端在于社会动员力相对较弱，推进较为缓慢。笔者认为，因为我国目前社区属于民政部门主管，是为社区居民提供各类服务的基层组织，加上我国社区家事纠纷调解服务属于新生事物，刚刚起步，为鼓励其发展，目前应当由政府推进、扶持。所以，现阶段我国社区建立家事纠纷调解中心，实行政府扶持型，由政府主导、政府经费支持、利用政府行政命令整合社会资源的方式更适合我国。

三、社区“家事纠纷调解中心”的建构模式

社区是为居民提供各类服务的基层组织，属于民政部门主管。为及时便捷地解决社区家事纠纷，在有条件的社区成立“家事纠纷调解中心”。由于我国社区家事纠纷解决机制刚刚起步，有必要采取由政府主导、政府出资、政府购买服务、利用政府行政命令整合资源的方式构建社区家事纠纷解决机制的模式。

（一）强化社区家事纠纷解决机制项目管理

为了使社区“家事纠纷调解中心”工作具有更强的可操作性、可持续发展，有必要建立“以社区家事纠纷解决机制为目标导向”、“以国家民政部门与社区签订契约”的管理模式，对社区家事纠纷解决机制的构建进行全程审查和监管。

首先由社区向民政部门提出申请，民政部门受理后根据其受益面和社会影响力进行评估、审查，对符合条件的社区予以批准，按社区规模和运行情况给予一定资助，每年进行一次评审，以规范其运行。即通过“申请受理——评估——审批——资助——事后评审”等规范化流程，推动社区“家事纠纷调解中心”工作项目在总体预算管理、具体工作监督以及服务评估等方面实现有序运作。

（二）建立综合性的考核评估机制

建立一套操作上相对简单，易于量化、便于衡量的综合性考核指标体系，进一步完善以业务主管单位为主，相关部门和社会力量协同参与的评估网络，适时引入“服务满意度”调查，促使社区“家事纠纷调解中心”工作不断完善，规范服务形式、优化服务内容，提高服务水平。同时建议在各区、县民政部门设立“家事纠纷调解中心”指导办公室，对所属家事纠纷调解中心的工作进行指导、规范、培训、考核与监督。各区、县民政部门通过公开考试后选拔婚姻家庭咨询师、家庭法律师、家事纠纷调解员，对其经过专门知识培训和技巧训练后上岗，专门负责家事纠纷的调解工作，并接受各区、县民政部门对其工作的指导、培训、考核与监督。

四、社区“家事纠纷调解中心”的职责

社区“家事纠纷调解中心”职责范围，是社区家事纠纷调解制度的核心内容，除了纠纷调解工作，更重要的是为社区居民提供与家事纠纷相关的咨询服务，针对不同纠纷类型开展一系列的普法宣传或讲座、提出建设性的建议，做好预防纠纷的防范性工作，避免社区不和谐的隐患。同时，也要让社区居民了解调解的优势，提升调解的公信力，让社区居民在发生家事纠纷时更愿意选择调解作为解决纠纷的方式。其职责具体包括以下五方面。

（一）家事纠纷的调解服务

家事纠纷的调解服务，是社区家事纠纷调解中心的主要职责。制定社区家事纠纷调解制度，规范社区家事纠纷调解中心的调解程

序。社区家事调解的成功和顺利实施离不开健全的社区家事调解制度来保障，因此，必须在完善现行的人民调解制度的基础上，专门制定《社区家事调解制度》，系统规定社区家事调解的内容，如家事纠纷调解中心的受案范围；调解的程序、调解的开始、中止、结束；调解员的权利、义务；调解员的回避；调解的时间、地点；调解涉及事实的调查；调解过程；隐私和资料的保密；调解的费用负担；调解协议的达成及审查；调解书的效力；调解书的法院确认及调解书的执行等事项。

（二）家事纠纷的预防

家事纠纷调解中心作为专门的家事纠纷解决机构，不仅仅是简单地进行家事纠纷的调解工作，更重要的是为社区居民提供与家事纠纷相关的咨询服务，并提出一些建设性的建议，总结社区内经常发生的家事纠纷，针对不同纠纷类型开展一系列的讲座或宣传，为各类纠纷的发生做一些预防性的工作，消除社区不和谐的隐患。社区在进行普法宣传的同时，也要让社区居民了解调解的优势，使调解在群众中的公信力得以提升，让社区居民在发生家事纠纷时更愿意选择调解作为解决纠纷的方式。同时，社区也要配合家事纠纷调解中心进行宣传活动，为其举办讲座等活动提供便利，营造一个和谐社区的氛围。

（三）社区家事辅导、培训、讲座

通过邀请婚姻家庭专家、心理学专家、法学专家或家庭法律师举办定期辅导、培训、讲座等方式，为本社区即将结婚的年轻人提供培训、学习。培训的内容包括婚姻家庭或与婚姻家庭法有关的各类知识，如婚姻法中有关婚姻自由的内涵、结婚的条件、离婚的条件、婚姻关系的成立、夫妻的权利和义务、其他家庭成员之间的权利和义务等；继承法中的法定继承、遗嘱继承、遗赠扶养协议等；收养法中收养的条件、效力等；夫妻感情的培养、处理夫妻关系、家庭关系、婆媳关系的技巧等；子女的教育、未成年人良好品德的养成、家庭日常知识等，都可以作为培训的内容。也可以根据家庭需要，针对每个家庭的不同情况或家庭成员的特殊需要，提供一对一的个别辅导和帮助，提高他们对家庭的认识、对家庭问题的处理能力及对家庭其他成员负责的担当意识。这类家庭法律知识及家庭生活知识的培训和辅导，可以采取收费服务的方式，由社区居民自愿参加，利用晚上、节假日的时间举办不同主体的培训活动。

（四）家庭暴力受害人的保护

根据最高人民法院 2014 年统计，全国约有 24.7% 的家庭存在不同程度的家庭暴力；妇联系统每年受理 4 万 ~5 万件家庭暴力的投诉；近 10% 的故意杀人案件涉及家庭暴力。所以，为了预防和制止家庭暴力，保护家庭成员的合法权益，维护平等、和睦、文明的家庭关系，促进家庭和谐、社会稳定，出台《中华人民共和国反家庭暴力法》迫在眉睫。

在预防和制止涉及家庭暴力的家庭纠纷中，乡镇人民政府、街道办事处、社区应当组织开展家庭暴力预防工作，居民委员会、村民委员会、社会工作服务机构（社区“家事纠纷调解中心”）应当予以配合协助。各级人民政府应当支持社会工作服务机构等社会组织开展心理健康咨询、家庭关系指导、家庭暴力预防知识教育等服务，并对家庭暴力者给予批评教育，做好家庭矛盾的预防、调解、化解等工作。

对于无民事行为能力人、限制民事行为能力人，因家庭暴力身体受到严重伤害、面临人身安全威胁或者处于无人照料等危险状态的，公安机关应当通知并协助民政部门将其安置到社区“家事纠纷调解中心”、临时庇护场所、救助管理机构或者福利机构。社区“家事纠纷调解中心”有权利制止正在进行的家庭暴力，并且可以及时报警，可以为家庭暴力受害人提供临时保护场所。

（五）法制宣传活动

社区“家事纠纷调解中心”应该将法制宣传活动作为其一项重要任务，各地社区还可以结合自身实际，在借鉴和学习的基础上，开展形式多样、内容丰富的法律服务活动，要在知识性上做文章、趣味性上出点子、娱乐性上想妙招、群众性上动脑筋、参与性上作安排，将有关婚姻法、继承法、收养法、民法、侵权责任法、物权法、未成年人保护法、交通安全法等与家庭生活密切相关的法律作为法制宣传的重点，通过散发资料、文艺演出、案例小品、模拟法庭等多种活动形式，更加突出知识性、趣味性、娱乐性，提高居民参与积极性，让社区居民了解法律，增强社区居民的法律意识，提升社区“家事纠纷调解中心”活动的生命力。

五、在立法上规范社区家事调解人员制度

在《社区家事调解制度》中明确规范社区家事调解人员制度，即设立专门的、相对固定的社区家事调解员制度。具体要求：

第一，成立专职和兼职调解员队伍。在社区内部设立专门的、相对固定的专职调解员和兼职调解员队伍，家事专职调解员应当从具有法学、社会学、医学、教育学、心理学、婚姻家庭咨询师等专业知识背景以及经过调解训练的专门人士中选任；兼职调解员可以

从法院、司法局、律师事务所、妇联、高校法学教师中聘任，也可以吸纳高等院校法学专业的学生志愿者（将在本书该章第六节构建法学实践教学的社区家事法律服务中专门论述）和社区有经验的热心人士，这些人员的素质和专业知识技能对家事纠纷迅速、有效的解决起着举足轻重的作用。

这些专职和兼职调解员，生活在基层，了解社区实际情况及当事人的家庭状况，有利于做当事人的思想工作，而他们平民化的语言、细致的说教、灵活的程序、轻松愉快的调解环境，使其调解建议容易被当事人接受。同时，社区家事纠纷的专业调解员，凭借他们扎实的专业知识和丰富的社会经验，还可以定期为年轻人举办有关处理婚姻家庭关系方面的讲座、培训，接受当事人的委托，为当事人处理家庭关系和情感问题提供个别指导、帮助。

第二，实现调解人员专业化、职业化。由于家事纠纷的产生具有复杂性、多样性、多变性的特征，调解效果的好坏在很大程度上取决于家事调解员的调解技巧和方法，家事纠纷的调解应当具有“治疗”的功效。因此，要求家事调解员应该具备较高的素质，有较强的沟通与协调能力，有突发情形的控制与处理能力。

家事调解员的专业化、职业化是解决家事纠纷的特殊要求。在许多发达国家，不仅调解是一种职业，调解员也大多是职业化和专业化的。一般调解员都具有相应的专业要求、资质证书以及考核标准。国外的家事调解员多数是具有社会学、医学、教育学、心理学知识以及经过法律或特殊培训的专门人士担任。家事调解员的资质认证，通常包括申请、技巧考核、理论考试等环节。通过者方可获得认可，取得相应的资格证。

借鉴国外经验，要求我国社区家事纠纷调解中心的专职从业人员首先应该具备专业能力。专职调解人员必须具有家事法学、婚姻家庭学、心理学、教育学、调解纠纷的理论与技巧、家庭关系和儿童发展等方面的专业知识，具有法律职业资格证、婚姻家庭咨询师、心理咨询师等资格证，通过公开社区调解员考试，持证上岗。其次工作人员一律实行两年或三年轮岗制，避免与居民接触过多而使化解矛盾纠纷工作流于人情化，影响公正性及公信力。此外，家事纠纷调解工作作为一项专门的职业，其从业人员须经考试、培训、考核、登记备案方可从事业务，应当接受管理部门的日常监督和执业年检，并定期进行有计划的业务能力培训。

第三，鼓励调解人员邀请家事案件当事人所在单位、亲友、邻居、同事等协助调解，必要时也可以委托上述单位或人员进行调解，调解达成协议的，经由法院确认，就具有法律效力。

第四，赋予家事纠纷的调解员具有对与家事纠纷相关的事实和全部状况进行全面调查的权利，调解员应当努力地查明双方当事人的背景，包括工作情况、生活现状、成长经历、性格、交往情况等相关事宜，力争在调查中弄清事实、发现问题，并将问题进行分类，找到解决纠纷的最佳方案，以便更好地为有效调解打下基础。

第五节　我国社区“家事纠纷调解中心”的运作

一、社区“家事纠纷调解中心”调解的原则

建立社区“家事纠纷调解中心”，有利于就近及时发现和处理家事纠纷。该中心在处理家事纠纷时，应该遵循以下原则：

（一）预防为主的原则

建立社区家事纠纷解决机制，应该将家事纠纷的预防作为首要任务。所以，家事纠纷调解中心的职责，除了纠纷调解工作外，更重要的是为社区居民提供与家事纠纷相关的咨询服务、婚姻经营、子女教育、家庭成员和谐相处技巧等方面的辅导、培训，针对不同纠纷类型开展一系列的普法宣传或讲座、提出建设性建议，做好家事纠纷预防、排查等工作，从源头消除社区不和谐隐患。这就要求调解员和志愿者经常深入社区家庭，了解居民的情况，及时发现纠纷和矛盾，对发现的家庭矛盾和可能出现的家庭纠纷、家庭暴力等及时排查，及早预防和制止，将纠纷遏制在萌芽阶段。

（二）自愿原则

社区家事纠纷的调解，应遵循当事人自愿原则。家事纠纷的当事人，可以根据自己的意愿向住所地社区“家事纠纷调解中心”提出家事纠纷的调解申请，该中心受理后，可由当事人选择调解员、调解的方式、调解的规制、调解的程序，并且由当事人处分权利，调解协议必须是双方当事人真实意思的表示，决不能通过诱导、施压等手段使当事人勉强同意协议内容。但对涉及家庭暴力、虐待、遗弃等家事案件，社区家事纠纷调解中心可以主动介入，及时予以制止，以避免更为严重的家庭事件发生。

（三）未成年子女利益最大化原则

在家事纠纷中，未成年子女常常被牵扯其中，沦为父母争夺或者相互推卸责任的对象。社区“家事纠纷调解中心”必须根据纠纷原因、未成年子女心理状况和生活环境等情况，遵循未成年子女的利益最大化原则处理家事纠纷。

社区“家事纠纷调解中心”可以通过以下措施，促进子女利益最大化原则的实现：

第一，尊重子女意见的表达。明确赋予子女表意权。调解中调解员应重视子女意见的表达，以适当的方式征询子女对父母所作决定的意见。同时，须根据子女的年龄及成熟程度，结合子女的利益，对该意见予以充分考虑。调解员应及时向当事人反映子女的心声，充分运用其所具有的教育学、心理学知识，向当事人阐明其行为对子女人格塑造及个人发展的重大影响，引导双方对子女的未来生活做出合理的计划安排，达成符合子女利益的调解协议。

第二，鼓励子女参与调解。调解员可建议当事人及其子女参加该中心提供的家事纠纷的咨询及调解服务。在温馨和谐的环境中，调解员与子女进行沟通谈心，为子女提供一个宣泄自身情感的场所，从而使他们感到自己的心声得到了倾听和理解，尽可能帮助子女克服因父母离异而产生的心理障碍。必要时，调解员还应为子女客观地澄清事实，引导子女更好地适应父母婚姻破裂给家庭带来的后果，重新开始新的生活。

第三，建立未成年子女利益的监督保障机制。一方面，在家事纠纷中，子女作为重要的利害关系人，其独立的意思表示和合法权益的维护都应得到实现。鉴于此，我国台湾地区参照德国新家事法及非讼事件法中程序监理人制度、美国马里兰州家事法之子女代表人制度，为未成年子女设立了程序监理人。法院往往指派社会福利机构的工作人员、或律师协会、社会工作师、工会推荐的具有性别平等意识、尊重多元文化并有处理家事事件经验的适当人员担任程序监理人。在纠纷中，父母与子女有各自独立的利益，二者并不完全一致，且父母常常以子女的抚养权作为谈判的筹码，实难信赖其能完全以子女利益作出安排决定。建议借鉴德国、美国及我国台湾地区的程序监理人制度，由社工代表子女参与调解，既是对子女独立人格的尊重，也有利于子女实体权利的实现。另一方面，子女在参与调解时，面对父母婚姻破裂的事实，容易产生焦虑、紧张、无助的情绪，而无法做出真实的意思表达，所以特别设立社工陪同制度。在必要时，可由社工陪同子女出席调解，安抚子女的情绪，化解子女的恐惧，为子女提供及时的关怀。在涉及家庭暴力的案件中，可能出现施暴者及其家人以各种方式威胁受暴子女。此时，社工应配合公安采取安全的应变措施，协助受暴子女离开现场。社工陪同制度体现了立法对弱者利益的倾斜性保护。

（四）合理性原则

家事纠纷是建立在婚姻及血统基础上的，是与社会生活、人性、人情、道德伦理等紧密结合的，具有鲜明的道德性和伦理性。在调解处理家事纠纷中，调解员本着不违反法律强制性规定下，必须充分考虑道德、民族或风俗、习惯以及共同生活准则等特殊规范。唯有如此，才会对当事人及其共同体乃至社会公众产生说服力。

合理原则在《最高人民法院关于建立健全诉讼与非诉讼相衔接的矛盾纠纷解决机制的若干意见》第17条中也有体现。该条规定："有关组织调解案件时，在不违反法律、行政法规强制性规定的前提下，可以参考行业惯例、村规民约、社区公约和当地善良风俗等行为规范，引导当事人达成调解协议。"

（五）灵活性原则

调解灵活性，是指调解人不违反法律规定和合理性原则的基础上，审时度势地引导当事人达成调解协议，使调解结果照顾到双方当事人的长远利益，使纠纷获得更加切合实际的解决。即调解员在不违背法律基本精神和强制性规定的基础上，可以对调解的时间、程序、方式及内容等方面进行灵活安排。

（六）和为贵原则

家庭是社会的细胞，更是每一个人温暖的港湾和坚实的支撑力量，家庭的安定和谐有利于培养我们健康的心理，营造和谐的氛围。因此，合理妥当的处理家事纠纷，维护家庭关系的和睦正是社区“家事纠纷调解中心”调解员应该努力做到的。与民事纠纷不同，家事纠纷特殊性在于当事人之间牢牢维系着血缘、婚姻关系，正所谓血浓于水。他们之间共处于一个大家庭，有着坚实的“和”的基础。同时，家事纠纷具有所涉利益双重性的显著特征，即它不仅关乎每一个家庭甚至每一个人的切身利益，还与社会稳定安宁的公共利益息息相关。家事纠纷看上去属于私人之事，但家庭作为社会的细胞，家庭的稳定是整个社会安宁的基础。如果家庭纠纷得不到合理妥善的解决，极有可能酿成悲剧，转化为暴力事件甚至复仇，对社会造成威胁。因此无论是基于公益上的考量，还是响应当下创建和谐社会的号召，我们不仅要对婚姻家庭关系这一类社会关系格外重视和适当干预，而且要分外注重方法和手段。对待家事纠纷，调解员调解必须坚持以和为贵原则。

（七）开放性原则

首先是社区家事纠纷调解参与人员的开放性。社区家事纠纷专职调解员，在调解纠纷时，可以邀请社区干部、居委会负责人、妇联干部、双方单位负责人、亲戚朋友等参与调解。其次是调解内容的开放性。调解的基本内容以双方争议标的为主，但实际调解过程中，往往不可能拘泥于当事人的请求和纠纷中所涉及的事实，只要双方当事人自愿，可以将双方当事人与所争议案件相关联的纠纷、争议背后的深层次矛盾从整体上、根本上予以解决。

（八）保密性原则

家事纠纷调解并不绝对要求事实清楚，是非分明。因此，双方当事人在调解过程中，对一些敏感性、保密性的内容可以避而不谈，在调解过程及协议书中也可不予明确。但是参与社区家事调解的人员不得以任何方式向与纠纷有利害关系以外的人泄露。如有违反，应当承担必要的责任。调解的保密性原则，满足了一些当事人不愿意将那些纯属私人事务、私人信息公之于众的需求，避免了因调解公开将私事外扬而可能陷入的窘境和带来的伤害。

（九）效率原则

效率包括时间和成本两个要素。“迟来的正义即非正义”（Justice delayed is justice denied）。首先，从技术上来说，再现纠纷当时的情形是解决纠纷的重要环节，而纠纷解决过程的过分拖延必然导致借以复原纠纷原状的诸多因素（例如纠纷产生的原因、目击者、纠纷的发展变化等）不能清晰地回忆或难以取得，客观上，再现纠纷原状将变得十分困难。没有事实作为基础，纠纷的调解者作出的决定必将无法保证其合理性、准确性。其次，任何权利、资源都是存在时效的，对于权利人、资源所有者或使用者来说，这种权利或资源在不同的时间点对于他们的效用是不同的，最典型的例子莫过于资金的时间价值。如果纠纷迟延解决，维护权利的决定太晚作出，不仅对权利人造成了事实上的不利，而且对社会的稳定产生不利的影响。

家事纠纷本身就是对社会秩序的破坏，它带来的是负价值，因此，家事纠纷解决所花费的资源就必须降至最低，这样才能保证社会资源不至于过度浪费。在将诉讼作为纠纷解决主要方式的现代社会里，法院作为一种公共物品，消耗的是全体社会成员的资源，这种资源是有限的。正确的做法应该是：解决某一具体纠纷所投入的成本应当与这个纠纷所牵涉的社会资源成比例。[①]

社区家事纠纷调解作为非诉讼调解方式，必须注重效率，坚持“及时调解、及时处理”，社区家事调解较诉讼调解具有快捷、简易、灵活的特征。效率原则最大的价值目标在于它能及时地解决家事纠纷，避免了因诉讼程序复杂，较长时间的进行和拖延，给当事人造成人力和物力上的双重压力。

二、社区“家事纠纷调解中心”调解程序运作

社区“家事纠纷调解中心”作为专门预防和调解家事纠纷基层组织，如果该社区家庭发生纠纷，当事人可以向社区“家事纠纷调解中心”提出调解申请，社区家事纠纷调解中心根据纠纷当事人的申请，受理家事纠纷；当事人没有申请的，也可主动调解，当事人表示异议的除外。社区家事纠纷调解中心受理案件按下列程序进行：

第一，当事人申请，社区对当事人的调解申请决定受理，填写受理登记表。

第二，询问双方当事人纠纷情况，调查收集证据，认真做好调

---

① 英国在20世纪90年代所进行的民事司法改革中，提出了“分配正义”philosophy of distributive justice）的诉讼哲学，主张法院资源的配置、时间和金钱的投入必须考虑具体案件的难度、复杂性、价值以及重要性，即应当贯彻“比例原则”（principle of proportionality）。参见齐树洁主编：《英国民事司法改革》，北京大学出版社2004年版，第7~8页。

查笔录。

第三，在查清事实、分清是非的基础上，周密安排调解方案，做好调解准备。对简单的、事实清楚的、争议不大的家事纠纷，如果申请调解时当事人都在场，可以当场调解，及时化解矛盾纠纷。

第四，通知双方当事人到场，对行动不便的当事人还可以约好时间上门，由专业家事纠纷调解员对当事人之间的纠纷进行调解。对调解达成协议的案件，由社区“家事纠纷调解中心”制作调解协议书，一式三份，调解书经双方当事人签字后，由当事人各持一份，社区“家事纠纷调解中心”留存一份。该调解协议书在未经法院依照法定程序确认前是没有强制执行力的，只能靠当事人自觉履行。该调解书可以经当事人申请，向社区所在的基层法院提出确认调解书的效力，一经法院确认，该调解协议即具有法律效力，如果一方不自觉履行，权利方可以持调解书向法院提出申请，请求法院强制义务方履行。社区调解中心的调解一般在一周内调结。

第五，做好经常性回访工作，了解当事人调解后的情况，帮助当事人正确认识理解调解协议书，督促双方当事人认真及时履行协议内容。经过调解未达成协议的，由社区“家事纠纷调解中心”出具调解未成，建议当事人向法院起诉的建议书。

第六，写出结案总结，将案卷材料归档。

社区家事纠纷调解中的文书主要有：调解申请书、受理登记表、调查笔录、调解笔录、社区调解协议书、回访笔录。

三、社区家事纠纷调解的程序保障

社区家事纠纷调解要得到社会和社区家庭、居民的认可，取决于社区家事纠纷调解制度的建立及程序的完善，这又主要通过程序来体现。重视制度建立，完善调解程序，落实程序保障，在我国这样一个具有“重实体轻程序、重诉讼轻非诉”的传统国家中，具有更加现实的重要意义。因此，赋予当事人更充分的程序保障，应当成为我国社区家事纠纷解决机制建立的指导思想之一。

依据现代纠纷解决机制中当事人主义的基本要求，判定当事人实体权利与义务的前提是保障其程序主体地位，赋予其相应的程序权利。程序保障是指导程序设计、制度构建、纠纷解决机制的基本理念，是一项原则，是一种衡量标准，是我们探讨某一制度的构建、改革、完善时的出发点与着眼点。程序保障的要求需要转化为具体的制度设计、权利设定。

社区家事纠纷调解的正当性，首先取决于调解程序的正当性，其次也取决于当事人的处分是否自愿、合法，即当事人在该程序中的主体地位与处分权是否得到尊重与保护。

由调解的性质所决定的，当事人在调解中的主体地位非常重要，对其予以特殊保障的重要性亦愈加凸显。日本学者指出：“诉讼外纠纷解决机制（ADR)，应该以何种程度的程序结构性向利用者展示其程序性公正、程序的结构化、透明化的要求，特别是在各当事人无法评价合意结果妥当性的纠纷中，会承担起补充内容上合理性判断的作用。”①

当事人的程序权利如果无法获得保障，特别是其知情权无从行使的话，则缺乏全面、及时地了解双方当事人纠纷真实情况的机会与渠道，无法知晓自己或对方将要承担的实体权利、义务真实内容，因此也就缺乏对其中利益和风险进行理性分析判断的基础。

如果对纠纷当事人程序保障不足，必将影响当事人的心理。当

① ［日］小岛武司、伊藤真主编：《诉讼外纠纷解决法》，丁婕译，中国政法大学出版社2005年版，第175页。

事人因无从探知真实情况，无从准确预测风险，容易心生顾虑，而影响其选择社区家事纠纷调解中心来解决自己的纠纷、影响其接受调解或听取调解员的意见、影响其承担责任的信心，最终将降低社区家事纠纷调解的成功率，违背了促进调解的本意。

四、社区家事纠纷调解的经费和制度保障

家事纠纷调解中心的运作离不开经费的支持，建立专门的家事纠纷调解机构如果没有制度化的经费保证很难实现有效的运转。因此应当将调解中心的运作费用纳入地方财政预算，大部分由地方财政支出，包括调解员的工资、补助和调解中心进行咨询、调解、宣传、讲座、制作文书、耗材等的日常开支都应该列入财政预算，调解纠纷时不向当事人收取任何费用。但是对于个性化的辅导、专门培训等活动，可以向参与者收取一定的费用。这样，既可以保证家事纠纷调解中心的正常运作，也可以鼓励更多的社区居民在纠纷发生时选择社区就近解决纠纷，避免家事纠纷的进一步升级，减少不必要的诉讼，减轻法院负担，稳定社会秩序。

社区家事纠纷调解的经费和制度保障，是构建和完善我国社区家事纠纷解决机制的前提。

目前社会上有一种思潮，认为在我国法治现代化的进程中，需要优先解决的问题是正式的法律体系的建立健全和司法体制的改革，强调国家法律和司法的统一及其至高无上的权威，从而忽视了当事人根据多样化的社会规范进行的自治和自律的自愿性。这种相对片面的法治观作为社会的主流观点直接诱导了人们在寻求纠纷的解决时，选择诉讼而排斥非诉机制。在法制建设和改革中，国家把资源重点投放在正式的法律制定和司法机关的建立健全上，对其他

非诉讼纠纷解决方式的制度建设和投入相对较少，出现了较为明显的倚重诉讼和审判的倾向。

但是随着社会的发展，城市节奏的加快，社会生产、生活呈现出多样性的趋势，人们的法制观念有了大的改观，对运用民事诉讼程序及时、公正解决纠纷不断提出越来越高的要求，加上立案登记制的实施，使有限的司法资源与社会对诉讼纠纷解决服务不断增长的需求之间的矛盾也日渐突出。

人们思想领域正悄悄地进行着变革，对效率的追求成为生活的主流。这样，倚重司法诉讼体系解决社会矛盾纠纷已经远远无法满足人们的需要。而非诉讼的社区家事纠纷解决机制以其快捷、方便、实用、费用低的特点受到广大群众的欢迎。因此，我国应当充分利用广阔的诉讼之外的纠纷解决资源，发挥非诉讼纠纷解决方式的定纷止争功效，在纠正片面的法治观的前提下，增加对非诉社区家事纠纷调解机制的物质和资金的投入，同时加大对非诉讼社区家事纠纷解决机制的立法力度，通过制定和完善法律，赋予这些社区家事纠纷解决机制以合法的地位。这样既有利于社区家事纠纷工作人员在解决家事纠纷时有法可依、有章可循，也有利于当事人及时、有效地依法运用社区家事纠纷解决机制，同时也能防止当事人或社区调解工作人员运用这些方式时出现违反法律强制性规定的情况。通过不断健全提供社区家事纠纷服务组织的机构建制，完善相应的家事纠纷处理机制的工作规范，我们相信社区家事纠纷解决机制，必然成为解决家事纠纷的主要渠道。

五、社区家事纠纷调解协议的法律效力

调解协议对当事人如果没有约束力和执行力，当事人就不愿意

采用社区调解的方式来化解矛盾，其结果是导致人民调解制度不断萎缩，建立在人民调解制度之下的社区家事纠纷调解制度也就难以开展。所以，要加强调解协议的效力，建议通过立法赋予社区家事纠纷调解协议具有合同的性质，或赋予当事人可以请求法院对社区家事纠纷调解协议予以司法确认，法院一经确认，该调解书就具有法律效力。当事人一方对已经达成的并经过法院确认的调解协议不自觉履行的，另一方可以向法院申请强制执行。这样，社区家事纠纷解决机制程序灵活、快捷、便利，同时又具有一定程度的法律效力，必将会受到人们的肯定。

六、诉讼内外家事纠纷解决机制的有机协调与良性对接

诉讼与非诉讼家事纠纷解决方式，都是我国家事纠纷解决机制的重要组成部分，功能互补。要构建一个高效、协调的社区家事纠纷解决机制，在制度的衔接和程序的安排上必须进行科学合理的设计。一方面要重视司法对诉讼外社区家事纠纷解决方式的监督和审查；另一方面还应当强调司法对诉讼外家事纠纷解决方式的确认、尊重和支持，司法应当保持必要的谦和与克制。

第六节　构建法学实践教学的社区家事法律服务

近年来，国家非常重视高等院校实践教学工作，在《国家中长期教育改革和发展规划纲要（2010—2020年）》中提出，坚持能力为重，优化知识结构，丰富社会实践，强化能力培养。高等学校教育要全面提高学生的实践能力和增强社会服务能力。实践教学是学

生获取社会知识、增强实践能力的重要途径，是深化课堂教学改革的重要环节，已经成为高等学校教学工作不可或缺的重要组成部分。所以，鼓励高等院校加强实践教学环节，进一步强化高校实践育人工作，全面系统地开展各种社会实践活动，加强实践育人基地建设成为大势所趋。

法学作为实践性很强的学科，具有专业性、实践性和制度性三个特性，更应高度重视实践教学改革，多渠道提高法学专业学生的实践能力。法学教育培养出的人才应当是既具有深厚的理论功底，又具有很强的实际操作技能的法律人才，这两个目标是法学教育历来所追求的。但是我们当前的法律教育却往往偏重基础理论知识的传授和学术研究，忽略甚至抛弃了学生的实际操作、职业训练和综合能力培养，造成法学专业学生普遍缺乏实践机会及经验，实践能力严重不足。社会上以社区为居点的居民对于法律的认识了解不足等也产生了对法律帮助的实际需求。早在 2002 年 1 月，中央文明办、综治办、司法部等九部门联合下发通知，在全国开展科教、文体、法律、卫生，“四进社区”活动，明确把法律服务作为社区建设的一项重要内容。目前我国有 6923 个城市街道，8.7 万个城市社区，共建成街道社区服务中心 3515 个，社区服务站 44237 个，社区服务体系初具规模、社区服务内容不断拓展，包括法制宣传、法律服务、法律援助、人民调解、劳动就业、社会保险、社区安全等。但是法律服务、法律援助、人民调解、家事调解等法学专业人员严重缺失。因此，在社区设立家事调解中心时，构建法学专业实践教学的社区家事法律服务非常必要，不仅能为法学专业的学生提供实践锻炼的机会，弥补其实践经验不足，促进大学生认知社会，为大学生提供法学理论与实践结合的平台；而且能有效解决社区家事纠纷，提升社区民众法律意识，帮助他们解决生活中遇到的法律问题，满足居民法律需求。同时，也有利于构建法治社区、平安社区、和谐文明社区。

一、法学实践教学的社区家事法律服务的内涵

（一）法学实践教学的社区家事法律服务的含义

法学实践教学，是将法学理论知识转化为实际应用技能的一种教学手段，不仅要贯穿于法学教育的全过程，还应当立足现实，服务社会、服务地方、关注民生。其主要目的是强化学生的学习和参与意识，提高学生的专业素质和实际操作能力，增强学生的社会责任感。

社区家事法律服务，是指法学专业学生将法学理论知识实践化的一种重要形式，是法学专业大学生发挥专业优势，以社区为依托，以社区家庭为服务对象，以预防和解决家事纠纷为主要目的，通过社区家事法律服务促使学生深入社会，认同专业，培养专业必需的职业技能和公益服务意识，提高社会责任感，实现法学服务社会的价值理念。

法学实践教学的社区家事法律服务，主要通过学校与社区签订协议的方式，建立长期合作伙伴关系。以社区为基础，由社区提供场所和案源，学校选派法学学生驻扎社区，开展一定周期专业实践，旨在为社区家庭提供法律咨询、法律帮助、代写诉状、家事纠纷的调解等家事法律服务，预防家庭矛盾，化解邻里纠纷等。它是提高学生实践能力的一种创新型实践教学模式，也是一种常规的、有固定场所的、提供真实场景的集法律服务、法律实践与法学教育为一体，并且通过服务社区家庭活动达到服务地方经济，实现应用型人才培养目标的新模式。

（二）法学实践教学的社区家事法律服务的特点

法学实践教学的社区家事法律服务应该包括前期规划、学习培训、社区服务、总结反思和客观评价五个阶段。是一种区别于传统的实践活动，它将学生在课堂所学的法学理论与在社区家事法律服务中所学实践知识有机结合，使学生所学理论及时应用于社区实践，让学生学到了许多课堂很难学到知识和技能，为学生开辟了把法学理论知识应用于社区实践的渠道。因此，可以说，法学实践教学的社区家事法律服务是将法学专业学习、实践教学和社区法律服务相结合的一种法学实践教学活动，是大学生法学实践的又一新思路。

法学实践教学的社区家事法律服务具有服务性、课程性、实践性、反思性、互惠性的特点。

1. 服务性。法学实践教学的社区家事法律服务有三个目标：一是学习、二是实践、三是服务。在学习中实践，在实践中服务，在服务中提高，将学习和实践寓于服务之中，以培养学生的服务意识、奉献精神和家庭责任感。

2. 课程性。法学实践教学的社区家事法律服务，是在掌握法学基本理论课程的基础上，深入社区，进行法学实践，开展法律宣传和法律服务，处埋社区家事纠纷和法律问题，以深化理论知识。法学实践教学的社区家事法律服务强化了课程内容、知识体系与社会实践、社会生活的联系，将法学知识与案件情境结合起来，将社区服务与课程学习整合起来，是学校法学理论学习和课程教学的一个重要组成部分。

3. 实践性。法学实践教学的社区家事法律服务是针对法律专业学生开设的社区法律实践课程，目的是提高学生的实践能力和综合素质的同时，为社区家庭提供法律帮助和咨询服务。

4. 反思性。法学实践教学的社区家事法律服务与传统教学先有理论然后在具体问题中训练的模式不同，它是通过学生深入社区家庭、亲身体验来形成概念、获得经验，是学生在学习、实践、服务的不同阶段，通过课程学习、连接服务、总结经验中不断提高综合能力的批判性思考的一种实践行为。

5. 互惠性。法学实践教学的社区家事法律服务，强调学生在服务中提高能力与被服务者在接受服务中受益的双方互惠，在提高学生实践能力的同时，为社区家庭提供法律服务、法律帮助，强调双方共建目标、共享资源、共同合作、共享成果、共同受益。

二、建立法学实践教学的社区家事法律服务的必要性

（一）传统法学教学模式有待改进

长期以来，我国传统的法学教学是以传授理论知识的课堂讲授为主，以案例分析、模拟法庭等实践教学为辅。在教学理念上是以教师为主体，学生为客体，强调教师传授、学生学习的过程及学习成绩的控制，将教学重点和核心内容定位在法学基本理论上。近年来，随着法学教学改革的不断深入，法学实践教学如模拟法庭、案例分析、旁听观摩、毕业实习等比重有所增加，也取得了一些效果。但无论从形式上，还是从实践内容的选择上来看，仍然存在法学理论知识浓厚，模拟法庭和案例教学以虚拟案例为主，且案件事实、主要证据、审理的各个环节及判决结果预先设定，模拟法庭教学流于形式，缺乏真实性、对抗性和实战性，难以实现培养学生理论联系实际、灵活处理现实中复杂案件的能力和应变能力。而旁听

观摩案件，只是被动的、机械的听说，难以发挥学生的主观能动性。

对于法学专业学生来说，在四年的本科学习中，只有最后一个学期有两个多月左右的毕业实习。通常学校都会安排他们到法律实务部门，如司法局、法院、检察院或者律师事务所实习或实践，而这些实习单位一般都会安排他们从事一些非专业性的辅助工作，包括记录、送达、整理或装订卷宗等。加上近年来法学专业毕业生就业压力逐年增大，许多学生常常会在实习期间还忙于找工作，不能按规定准时到实习单位实习，导致许多实习单位对学生的实习态度很不满意，这也使学生的毕业实习和实践流于形式，无法达到实践教学和实习的真正目的。现实告诉我们，传统法学实践教学中的毕业实习、实践，已不能满足社会对法学专业学生实践能力的实际需求。

（二）社区法律服务需求不断增长

随着社会的发展，人们生活水平的提高，公众的法律意识不断增强，他们的要求不仅仅局限于衣食住行，还有法律权益和公平正义的保障。社区作为家庭的主要生活居住地，其家庭纠纷产生多、事件小、案情复杂且较难处理。同时，这些纠纷和问题如果不在社区内部解决，就会使矛盾激化，造成家庭、社区和社会的不稳定，或者会使许多纠纷诉讼至法院，加重司法负担。所以，社区成立专门的“家事纠纷调解中心”，预防和处理社区发生的大量家事纠纷，需要大量的法律工作者为社区家庭提供咨询、调解、帮助。在社区管理以及社区纠纷的解决中，人们对于法律服务的需求呈现不断增长的趋势。适应这一需求，各级政府也在着力构建政府主导、覆盖城乡、可持续的公共法律服务体系，努力满足社区群众的法律服务需求，让群众共建共享法治建设的成果。但受社区基层工作人员有限、经费不足、专业水平不高等因素制约，社区法律服务始终处于供不应求的状态，影响了和谐社区的构建，并对社区矛盾的及时化解造成不利影响。如果能将大批法学专业的学生推荐参与社区家事纠纷的预防、咨询、调解、代理等法律服务之中，一方面可以缓解社区“家事纠纷调解中心”的压力，为社区家庭提供法律帮助，稳定社会秩序；另一方面也可以为法学专业的学生提供更广阔的实践基地，接触更复杂的各类纠纷，有利于学生实践能力和综合素质的提高。

（三）国外社区法学实践教学的成功经验

加拿大、英国、美国等发达国家很早就开展了大学生与社区实践方面的研究，已经取得了一定成效，积累了许多成功经验。比如加拿大非常重视法学专业学生的社区实践活动，许多法学院都在就近的社区设有法律服务中心。由法学专业的学生作为服务主体，深入社区，参与其中，定期为社区居民提供法律咨询、代写诉状、提供法律建议、调解社区纠纷等公益的法律服务。有时法学学生还与职业律师配合，代理当事人收集证据、起诉、应诉、参与法庭审理等活动，为社区居民提供法律帮助。这一措施有效弥补了长期以来社区专业法律服务人才严重短缺的局限，对加拿大社区法律服务工作的有效开展起到了积极的推动作用。

美国社区家事纠纷法律服务体制非常完善，其管理体制虽然是居民自治，但社区家事法律服务体制是典型的政府与社区合作模式。在政府与社区合作模式中，政府的职能是整体规划、制度支持和经费支持，社区组织负责具体事务，保障社区家事法律服务的有序运行。目前，社区法律援助已经成为美国法学教育中不可缺失的重要组成部分，大多数法学院都鼓励学生积极参与社区家事法律服务活动，并为学生参与法律服务创造条件。在部分学校，已经把进行公益性法律服务作为学生取得学历或学位的条件之一。

英国和美国的法学院，都设有法律诊所或法律援助课程，其特点是这些法律诊所和法律援助课程就是针对所在社区家庭进行法律服务开设的。许多发达国家法学院都将社区家事服务作为法学学生的必修课。这些都为我国开展法学实践教学的社区家事法律服务提供了可借鉴的经验。

总之，我国传统法学实践教学不能完全适应应用型人才培养的实际需要，难以全面提升学生的动手能力，亟待改革。社区家庭需要法律帮助，大学生社区家事法律实践活动可为社区家庭提供法制宣传、法律咨询、法律服务，因此，社区就成为法学学生天然优质的实习实训平台。社区实际需要与法学实践型人才培养具有极大的契合性，而这种契合也保证了以社区家事服务为路径的法学实践教学改革具有可行性。

三、我国法学实践教学社区法律服务存在的问题

（一）形式单一，难以实现法学实践教学和为社区居民法律服务的目的

目前，法学学生进社区法律服务的方式主要就是法制宣传，即利用3.15消费者权益保护日、12.4法制宣传日等，由班主任或学生社团组织或带领，深入社区散发法律宣传资料、提供法律咨询等方式，对社区居民进行法制教育和法制宣传，提高居民的法律意识。由于这样的法制宣传时间短（一般都是半天时间）、形式单一（法律咨询），再加上没有法学专业老师指导，常常会出现老百姓咨

询的法律问题解释不清，不能真正提供法律帮助，很难实际解决居民遇到的法律问题和纠纷，让社区居民有所失望、生存疑虑。所以，每年1—2次这样简单化、走过场的组织形式，很难激发学生的潜能和积极性，学生参与往往只为完成任务，不能真正实现法学学生的法学实践教学目标和为社区家庭提供法律服务的目的。

（二）缺乏长效机制和有效考核机制

一方面，目前许多高校将法学实践教学的社区法律服务仅仅作为学生社会实践的一项内容，常常是利用暑假或法律宣传日，由学生会或团委组织开展。这种既没有深入了解社区的实际需要，也未区分学科专业的短暂临时性的社区实践活动，没有专门制度机制规范，无章可循，很难提高学生的实践能力。

另一方面，因为许多高校对法学实践教学的社区法律服务没有纳入人才培养方案，缺少教学计划，没有作为法学实践教学内容的一部分，由教学主管部门主抓，并形成完整的运行机制。实践工作没有专业的法学教师指导，实践过程也缺乏全程监控和过程监督，也没有对实践过程和结果提出明确的要求等，使得法学实践教学的社区法律服务这一社会实践教学活动无可依据的考核测评标准，缺乏客观、科学的评估指标体系，致使学校无法对大学生社区法律服务实践作出客观、公正的评价，法学社区实践最终流于形式。

总之，目前法学实践教学的社区法律服务的开展由于管理体制的不健全、无相对稳定的教学计划、无专业教师指导、内容空泛、形式缺乏深度、远离社区居民的实际需要、无有效的保障措施，实践活动的开展存在经费的短缺、出现自发性和临时性等问题，实践活动收效不佳，严重制约法学实践教学的社区法律服务的全面开展。

四、法学实践教学的社区家事法律服务模式的构建

（一）制定社区家事法律服务教学计划，确立切实可行的评价机制

建议修订法学人才培养方案，强化法学实践教学，将社区家事法律服务纳入法学实践教学中。按照人才培养方案和教学大纲要求，针对不同学期的教学计划安排社区实践教学，制定每学期社区实践教学的分阶段计划。尽可能让学生在已掌握相关法学专业知识的前提下，通过社区实践服务及时发现现有知识与社会需求之间的差距，适时对自己的知识结构进行调整或充实。在法学社区实践的教学大纲中，明确该课的指导思想、原则、组织、内容、形式、操作流程、成绩评定、学分计算等，便于操作。

制定科学合理的评价考核机制，不仅有利于调动学生参与的积极性，而且也有利于促进社区家事法学实践教学环节在卓越法律人才培养和服务地方经济、服务社会的功效，同时，也能保障社区家事法学实践教学环节的有效运行。建议考核内容包括：学生的参与程度、法学知识掌握和理解情况及实践中对社区家庭提出的法律问题及纠纷的解决情况综合评定，成绩可以包括：学生自评、带队老师的评定及实践社区的评价三部分。

（二）实践体系分阶段设计

在实践实训体系建设方面，应整合现有的实习渠道资源，如暑期社会实践“三下乡”、学年实习、毕业实习等，以社区需求为导向，初步建成分阶段的社区家事服务法学实习实训模式。该实习体系需要满足社区家庭法律咨询及服务的实际需要，并与社区、法律

实务部门合作，保障该法学实践体系具有一定的可行性，具体包括以下层次：

1. 大一见习：增强专业认同感

大学一年级学习完成后，学生已初步学完部分专业基础课程，对于法学基础知识有了一些总体了解。利用假期时间，开展课外实践教学，如法制宣传、社区调查、小组讨论、焦点案件的访谈。这一阶段的实践目标是让学生们接触社会、了解社会、认识社区常见的法律问题。在此阶段，除了传授基础的理论知识，更重要的是让学生了解社区常见的法律问题，增加专业的认同感。促进学生对法律理念的深层理解，培养学生的法律技巧，增强学生的职业道德，锻炼学生的逻辑思维能力，提高学生的法律职业思维。

2. 学年实习：专业知识应用

大二和大三年级，在实习带队教师和社区辅导教师的指导下，引导学生利用暑假时间进驻实训基地，开展社区服务。学生运用大二、大三的法学专业知识，解决社区家庭的法律纠纷，为社区家庭提供法律咨询、调解、代写文书、代理案件等法律援助服务。将学生从案件的旁观者转为当局者。这一阶段的社区服务，与原来的课堂案例教学相比更具有实践性、自主性、亲验性和启发性的特点。使学生真正走入社会，接触案件本身，与案件当事人交流，这是任何其他教学方法都做不到的。同时通过较长时间的社区法律服务，可为学生积累素材，形成调查研究报告，为撰写学年论文和毕业论文做好准备。

3. 毕业实习：确定发展目标

大四第一学期，可将学生派往法院、检察院、律师事务所、企业及街道办事处、社区等部门，进行为期一学期的实习。通过最后毕业实习，让学生获取不同的工作经验，体验不同的工作环境，丰富学生的人生阅历，确定自己发展目标及工作方向，为今后自己的职业生涯奠定良好基础。

学生毕业前的综合实践、实习，能使学生找出自身能力与社会实际需要的差距，在以后的社会学习中补充不足，增强学生理论联系实际和与社会接轨的能力，缩短从校园走向社会的适应期。

（三）建立长期稳定的社区家事服务实习基地

社区家事服务法学实践模式的运行，离不开社区基地的建设，离不开社区基层组织的支持。建立稳固的社区家事服务网络，以现有的资源为依托，将实践范围扩展到学校以外实务部门，如律师事务所、司法机构、基层司法所、社区“家事调解中心”、街道办事处、民间纠纷调解机构等。法学专业的学生可以充分发挥其专业优势，为经济困难、无力支付法律服务费用的社会弱者提供法律服务。这样学生在服务社会的同时，也能锻炼自己的实践能力，最终实现自身的价值。

（四）不断探索成熟的服务制度

学生深入社区，在社区指导教师和学校实习带队教师的指导下，其基本工作方法是：学生在社区实习基地“家事调解中心”坐班，为来访的社区当事人提供法律服务。如听取当事人的陈述、询问当事人情况、调查案情、分析案件、为当事人提供建议、制定咨询和处理意见、和指导老师进行沟通，必要时可以配合指导教师代理当事人向法院起诉、出席法庭审理、提供证据、协助调解等，要给予学生独立思考分析问题的足够空间。最后与指导教师沟通，总结咨询、调解服务的经验和教训，评估社区实践成果，做好总结和反馈。

总之，构建法学实践教学的社区家事法律服务体系应以学生实践教学为主，兼顾社区家庭的实际法律需求，同时，要保障法律咨询、法律服务行为的合法性、有效性。法学实践教学的社区家事法律服务体系的构建，应该在实践中不断完善，确保法学实践教学的社区法律服务体系运作的持续性。

五、构建法学实践教学的社区家事法律服务的现实意义

（一）法学实践教学的社区家事法律服务，可以增强法学专业人才的社会适应性和竞争能力

围绕应用型法学人才的培养目标，通过建立稳固的社区家事服务网络，法学实践教学与社区家事法律服务形成互动，拉近学生与社会的距离，让学生在更广阔的社会领域里接触到复杂多样的真实案件，活跃学生的法律思维，强化学生的职业素养，增强学生的社会责任感，提升学生的社会适应性和竞争力。

（二）法学实践教学的社区家事法律服务，能有效提高学生的专业素质和综合能力，实现应用型法律人才的培养

法学实践教学的社区家事法律服务是高校法学课堂教学的延伸与强化，法学学生通过深入社区，直接接触真实、具体的案件，将所学知识应用到实践中，提高其法律实际操作能力和法律执业素质，在法律服务中达到课堂教学难以实现的效果。

法学实践教学的社区家事法律服务，从教学目标的厘定、服务方案的设计、组织实施，到制度化、规范化的过程管理，突出学生的学习和参与意识，优化学生的知识体系，提高学生的专业素质和操作能力，实现应用型法律人才的培养目标。

（三）法学实践教学的社区家事法律服务，能充分、有效检验法学专业学生所学理论知识的优良状况

实践是检验真理的唯一标准，法学专业的学生只有走进社区，深入更加广阔的社会领域里接触性质更为复杂、形式更为多样的真实案件，才能发现自己的不足，找到继续学习和努力的方向，真正理解法律的真谛，从而提高自己的认知能力、分析问题和处理问题的能力。

（四）法学实践教学的社区家事法律服务，有利于培养学生的团队合作精神和家庭责任感

现代社会团队的合作精神和家庭责任感已经成为社会经济发展必不可少的正能量，特别是对现代大学生更是不可缺少。

法学学生在参与社区家事法律服务时都是以小组或团队出现，要求各成员都能融入到团体中，充分发挥自己的优势，为团队的发展出谋划策，同时要求团队成员必须相互配合、团结一致、精诚协作，这样才能取得法学实践教学的社区法律服务的良好效果。通过社区家事法律服务这一团体实践活动，既可以增强法学专业学生的团队合作精神，也有利于培养学生的全局意识和集体主义精神。同时，法学学生在参与社区家事法律服务时接触到许多家事纠纷，在调解中会体会到家庭责任感的重要。

（五）法学实践教学的社区家事法律服务，可以满足社区群众急需的法律服务，提高社区居民的自治管理水平，创建和谐社区

社区作为众多家庭的组成单位，家庭纠纷不可避免，通过开展

模拟法庭、法律诊所、法律服务工作站等形式，可在第一时间为当事人提供咨询和服务，预防纠纷的激化，将矛盾解决在萌芽状态，同时，有利于提高社区居民的法律意识和法律素质，形成良好的法治氛围，为建设平安和谐社区提供帮助。

（六）法学实践教学的社区家事法律服务，可推动社会服务功能的创新和应用，促进应用法学的研究

依托社区“家事调解中心”建立法律服务基地，提升法学专业学生的法律素养和服务社会的大局意识，增强理论与实践的教学效果，对我国各高校法学专业的实践教学具有一定的借鉴和推动作用。

总之，社区作为社会基层组织，法律服务进基层，最能了解民意、体察民情、培养学生民生意识。社区“家事纠纷调解中心”不仅能为法学专业应用型人才培养提供锻炼的平台，也为教学实践提供场所。同时，也促进政府管理创新。通过“政府——学校——社区”的有效合作，促进社区和谐，进一步提升政府服务社区的能力。

我国法学实践教学的社区家事法律服务体系的建立毕竟还处于起步阶段，在实际运作过程中，会产生认识上的不统一，体系运行的障碍，甚至还可能会产生理论与实践的冲突。所以还需要在实践中逐步完善反馈机制，从反馈中不断改进，协调运行体系及机制。

第七节　加强社区家事纠纷解决的配套制度建设

家事纠纷解决机制的建设是一项系统工程，需要全面建设家事纠纷综合协调解决机制和配套机制，强力推进联动协作机制和联享

信息机制，及时沟通共享各种业务资料和动态信息，形成聚力效应，夯实家事纠纷综合协调解决的平台，支持和深化我国家事纠纷解决机制的改革，及时有效化解家事纠纷，促进幸福家庭工程建设。

一、建立告知制度

社区应该将家事纠纷调解中心的工作程序、受理纠纷的范围、调解规范以及其他应注意事项公布于众，使人民群众充分了解和认同社区家事调解的范围和操作流程，提高调解中心的公信力，让社区居民切身感受到社区家事调解中心是一个当事人可以以自我意志解决纠纷的场所。

二、建立社区调解前置制度

在我国设立社区家事纠纷调解前置制度，将社区调解中心的调解作为解决家事纠纷的必经程序。要求家事纠纷的当事人，在纠纷发生后，首先向社区“家事纠纷调解中心”提出申请，请求帮助解决纠纷。只有通过社区家事纠纷调解中心调解仍然不能解决的家事纠纷，才可以提交辖区基层人民法院的家事法庭受理。法院在受理家事纠纷时，需要审查该家事纠纷是否已经通过社区调解，有无社区出具的向法院起诉的建议书。① 如果有起诉建议书，法院进行登

① 将社区“家事纠纷调解中心”调解作为向法院起诉的前提条件，没有经过社区调解的家事纠纷，直接向法院起诉的，法院应该告知当事人先将纠纷交由社区“家事纠纷调解中心”调解，调解不成的，才可向法院起诉，起诉时需要提交社区调解不成功的证明或向法院起诉的建议书，法院才会受理。

记后才能启动诉讼程序；如果没有起诉建议书，法院可以告知纠纷当事人向居住地的社区家事纠纷调解中心申请调解，调解不成，才可向法院起诉，即建议将社区家事纠纷的调解作为人民法院受理家事纠纷案件的必经程序。但是，如果涉及家庭暴力、遗弃、虐待等可能构成犯罪的案件，当事人可以直接向法院提起诉讼或向公安机关报案，由法院或公安机关处理。

家事纠纷法院受理，即“进入”法院后，无论当事人提出的是调解请求还是诉讼请求，法院都不能将其与普通民事案件一样编入开庭的行列，而应当尽快由家事法庭指派法院的家事调解员再行调解。如果调解达成一致协议，制作调解书，由双方当事人签字后发生法律效力。法院的调解协议与判决具有同等效力。对调解不成的家事纠纷案件，才可由其他的家事审判员开庭审理。[①] 在家事审判员开庭审理的各个阶段，当事人还可以随时提出和解或调解，和解或调解成功就制作调解书。对于没有调解成功的家事案件，法院家事法庭按照家事审判程序开庭审理，最后依法作出判决。

三、完善对社区调解组织的指导和监督机制

既要保证社区家事调解中心的独立性、自治性，又要加强民政部门、司法机关对调解组织的指导和监督，从而提高调解中心的工作效率和成果。此外，要规范社区调解协议内容、格式，方便审查监督，以免发生侵犯当事人民事权益的情况，增强与司法诉讼程序之间联系的紧密性，实现社区调解与法院诉讼有机的衔接。

---

① 家事纠纷案件应将调解设置为前置程序，这里的调解包括社区“家事纠纷调解中心”的调解和法院家事调解员的调解。

四、完善家事纠纷的诉讼解决机制

我们在大力推进非诉讼社区家事纠纷解决机制建设时，决不能弱化或忽视诉讼机制解决家事纠纷的功能和地位。诉讼外家事纠纷解决机制实质上是为纠纷的解决提供了更多的路径，但它不能替代诉讼机制的地位。在法治社会，诉讼仍然是最为重要的、最终的解决家事纠纷的方式，其具有强制力、权威性，依然是保障正义的最后屏障。我国有必要借鉴国外的经验和做法，建立社区非诉家事纠纷解决机制的同时，进一步改革和完善家事纠纷的诉讼解决机制，制定专门的适合家事纠纷解决的家事程序法，构建具有我国特色的专门家事法院或在现有法院中设立专门家事法庭，专门审理家事纠纷案件，完善我国家事方面的实体法和程序法。可以预见，一旦有了专门家事立法和专门家事法院来管辖家事纠纷事宜，家事调解在发挥妥当解决家庭纷争的现实层面将产生更大效益。这样不仅能提高诉讼机制效能，维护其权威性，而且能实现非诉讼社区家事纠纷解决机制和诉讼家事纠纷解决机制二者密切合作、有效衔接，家事调解的专业性、实效性定会得到极大提高，进而实现家事纠纷有效彻底解决。

五、建立多机构合作的家事纠纷调解机制

由于家事纠纷的复杂性，如果单纯依靠社区“家事纠纷调解中心”的调解员做工作解决家事纠纷，对复杂家事纠纷肯定难以奏效。有必要依托共建体系，联合法院、司法局、公安、妇联等机构，创新合力化解机制，提高矛盾纠纷整体化解能力，形成关爱家

庭成员、构建和谐美满家庭的良好氛围，真正实现从“案结事了”到“事了人和”的转变。

全面推进家事纠纷综合协调解决机制的建设，明确指导思想和工作目标。贯彻十八大精神，以社会管理创新为契机，以构建和谐社会为主题，以领潮争先、改革创新为引领，以推进家事纠纷多元化解决机制为抓手，以实现“幸福社区”为目标，积极探索建立以司法服务、行政服务与公益服务相结合的多元化家事纠纷综合协调解决机制，着力解决影响家庭关系和谐稳定的根本性、源头性和基础性问题。

建议制定《关于联合建立家事纠纷综合协调解决机制的方案》，规定在发生较为复杂、矛盾较为激烈的家事纠纷时，可由社区“家事纠纷调解中心”牵头，实现妇联、社区、民政、司法、人口计生、派出所等社会部门的联动。如社区“家事纠纷调解中心”的调解员可与社区基层组织、妇联、民政、司法、人口计生、派出所等部门协商进行联合调解，从而构成一个解决家事纠纷的社会调解网络。出台《反家庭暴力法》，制定《家庭暴力人身保护令制度》和《家庭暴力人身保护裁定多部门协作实施方案》等制度，建立家事调解员、调查员、家庭暴力监督员等制度，规定法院、司法局、妇联和社区等单位在反家庭暴力案件中的职责，并明确指出法院签发人身保护裁定后，由公安负责裁定执行，妇联和社区等机构给予必要配合。

六、进一步完善社区家事纠纷解决的长效机制

一是把好家庭关系测评关，从源头上预防不和谐家庭关系的风险。加强婚姻法、未成年人保护法、老年人权益保障法等法律、法

规的宣传。突出《婚姻法》的基本原则、建立婚姻家庭学校、加强婚前、婚后教育，提高家庭成员素质，引导夫妻正确处理爱情、婚姻与责任关系，从源头上遏制家事纠纷的产生。

二是把好矛盾干预关，最大限度地减少不稳定因素的发生。综合家庭关系风险指数，做好婚后家庭的跟进服务工作。积极争取社区民政、妇联、综治、司法等部门的支持，及时化解家庭矛盾，实现家庭问题的社会化干预。

三是把好“纠纷解决”回访帮扶关，防止已解决的纠纷再次复发。对已经解决的家事纠纷作定期的回访，了解纠纷解决后当事人及家庭其他成员的生活和工作情况，为有需要的涉案家庭提供心理疏导，并帮助解决实际困难。进一步巩固和提升服务效能，创建信息系统，建立回访帮扶制度，逐步建立社区“家事纠纷解决”的动态监控模式。

结　语

构建和谐社会，要求更新纠纷解决理念，特别是转变以国家制定法为依据、以法院诉讼为中心形成的纠纷解决理念。纠纷解决理念的转变，必然提出相应的纠纷解决机制的重构问题。而纠纷解决机制的重构，又将直接促进我国法治的发展与和谐社会的形成。

我们必须充分认识，目前社区家事纠纷解决机制的建立在我国还是新生事物，在顶层设计方面还存在经验不足、能力有限、理性及认识不够等问题，在构建之初仍需要不断实践和创新探索。如何在现行法律和制度空间中寻找突破口则是能否成功的关键。多元化纠纷解决机制的政策建立在对司法诉讼的反思之上，恰好可以成为突破口。我们必须深刻认识建立社区家事纠纷综合协调解决机制的重要性，强化领导、狠抓落实、综合施策、突出实效、加强宣传、营造氛围，发挥这一非诉讼方式在解决家事纠纷中的优势，整合社会资源、分流诉讼，缓解立案登记制给法院带来的案件压力，保障家事纠纷解决机制改革的顺利进行，实现法律效果、社会效果和政治效果的有机统一。

参考文献

一、著作类

1. 张晓茹:《家事裁判制度研究》，中国法制出版社2011年版。

2. 来文彬:《家事调解制度研究》，群众出版社2014年版。

3. 谢秀芬:《家庭与家庭服务——家庭整体为中心的福利服务之研究》，台北五南图书出版公司1998年版。

4. 张文霞、朱冬亮:《家庭社会工作》，社会科学文献出版社2005年版。

5. 汉英:《澳门家庭法》，澳门基金会1996年版。

6. 范愉:《诉讼纠纷解决机制研究》，中国人民大学出版社2000年版。

7. 范愉:《ADR原理与实务》，厦门大学出版社2002年版。

8. 范愉:《非诉讼纠纷解决机制研究》，人民大学出版社2000年版。

9. 范愉:《纠纷解决的理论与实践》，清华大学出版社2007年版。

10. 陈爱武:《人事诉讼程序研究》，法律出版社2008年版。

11. 蒋月:《人民调解制度的理论与实践》，群众出版社1994年版。

12. 王明霞:《婚姻家庭法》，中国政法大学出版社2008年版。

13. 刘瑞川:《民商案件调解实务》，人民法院出版社2004年版。

14. 熊文钊:《现代行政法原理》，法律出版社2000年版。

15. 吴明轩：《民事调解、简易及小额诉讼程序》，台北五南图书出版股份有限公司 2004 年版。

16. 徐昕：《论私力救济》，中国政法大学出版社 2005 年版。

17. 张乃根：《西方法哲学史纲》，中国政法大学出版社 1997 年修订版。

18. 张晋藩：《中国法律的传统与近代转型》，法律出版社 1997 年版。

19. 李交发：《中国诉讼法史》，中国检察出版社 2002 年版。

20. 何兵：《和谐社会与纠纷解决机制》，北京大学出版社 2007 年版。

21. 何兵：《现代社会的纠纷解决》，法律出版社 2003 年版。

22. 中共中央马克思、恩格斯、列宁、斯大林革作编译局：《马克思、恩格斯全集》（第三卷），人民出版社 2002 年版。

23. 顾培东：《社会冲突与诉讼机制》，法律出版社 2004 年版。

24. 刘荣军：《程序保障的理论视角》，法律出版社 1999 年版。

25. 邓学仁、严祖照、高一书：《DNA 鉴定》，台北元照出版公司 2001 年版。

26. 齐树洁：《民事司法改革》，厦门大学出版社 2006 年版。

27. 齐树洁：《纠纷解决与和谐社会》，厦门大学出版社 2010 年版。

28. 齐树洁：《英国民事司法改革》，北京大学出版社 2004 年版。

29. 张立文：《和合学——21 世纪文化战略的构想》（上卷），中国人民大学出版社 2006 年版。

30. 贾春峰：《文化力》，华夏出版社 1987 年版。

31. 王亚新、梁治平：《明清时期的民事审判与民间契约》，法律出版社 1998 年版。

32. 沈恒斌：《多元化纠纷解决机制原理与实务》，厦门大学出版社 2005 年版。

33. 《当代中国》丛书编辑委员会编：《当代中国的司法行政工作》，当代中国出版社 1995 年版。

34. 张康林：《多元化纠纷解决机制研究》，人民法院出版社 2010 年版。

35. 吴志明：《大调解》，法律出版社 2010 年版。

36. 李德恩：《民事调解理论系统化研究》，中国法制出版社 2012 年版。

37. 林秀雄：《婚姻家庭法之研究》，中国政法大学出版社 2001 年版。

38. 杨怀英：《中国婚姻法论》，重庆出版社 1989 年版。

39. 陈刚：《自律型社会与正义的综合体系——小岛武司先生七十华诞纪念文集》，中国法制出版社 2006 年版。

40. 邱联恭："程序制度机能论"，载《民事程序法之理论与实务》（第一卷），三民书局 1996 年版。

41. 我国台湾地区民事诉讼法研究基金会编：《民事诉讼法之研讨（四）》。

42. 戴炎辉、戴东雄：《亲属法》（修订版），台北顺庆文化事业有限公司 2002 年版。

43. 马克思："政治经济学批判导言"，载《马克思恩格斯选集》（第三卷），人民出版社 1972 年版。

44. 郭玉军："替代性纠纷解决机制在中国的现状及未来发展趋势"，载《中国国际私法与比较法年刊》，人民法院出版社 2003 年版。

45. 《中国法律年鉴》编辑部编：《中国法律年鉴》（2004 年

卷)，中国法律年鉴出版社 2005 年版。

46. ［美］凯尔森：《法与国家的一般理论》，沈宗灵译，中国大百科全书出版社 1996 年版。

47. ［德］马克斯·韦伯：《经济与社会》(上卷)，林荣选译，商务印书馆 1998 年版。

48. 《德意志联邦共和国民事诉讼法》，谢怀栻译，中国法制出版社 2001 年版。

49. ［德］奥特马·饶厄尼希：《民事诉讼法》，周翠译，法律出版社 2003 年版。

50. ［美］威廉·J. 古德：《世界革命和家庭典型》，自由出版社 1963 年版。

51. ［德］罗森贝克、施瓦布、戈特瓦尔德：《德国民事诉讼法（下)》，李大雪译，中国法制出版社 2007 年版。

52. ［日］高桥宏志、高田裕成：《新人事诉讼法与家庭裁判所实务》，有斐阁 2003 年 12 月 25 日增刊。

53. ［日］小岛武司、伊藤真主编：《诉讼外纠纷解决法》，丁婕译，中国政法大学出版社 2005 年版。

54. ［日］小岛武司等：《司法制度的历史与未来》，汪祖兴译，法律出版社 2000 年版。

55. ［日］中村英郎：“法院作用论的比较法研究”，陈刚译，载樊崇义主编《诉讼法学研究》(第一卷)，中国检察出版社 2002 年版。

56. ［日］中村英郎：《日本新民事诉讼法讲义》，陈刚等译，法律出版社 2001 年版。

57. ［日］我妻荣：《家事调停序论》，收于《家族法的诸问题(穗积先生追悼论文集)》，有斐阁昭和 27 年第 1 版。

58. ［日］滋贺秀三等：《明清时期的民事审判和民间契约》，法律出版社 1998 年版。

59. ［日］棚濑孝雄：《纠纷的解决与审判制度》，王亚新译，中国政法大学出版社 2004 年版。

60. ［日］新堂幸司等：《讲座民事诉讼法（1）》，弘文堂 1984 年版。

61. ［日］川岛武宜著：《现代化与法》，王志安等译，中国政法大学出版社 1994 年版。

62. ［日］吉罔睦子、长谷部由起子：《Q&A 人事诉讼法解说》，日本三省堂 2004 年版。

63. ［日］山本户克己：《家事审判》，东京弘文堂 1957 年版。

64. ［美］迈克尔·D·贝勒斯：《法律的原则——一个规范的分析》，中国大百科全书出版社 1996 年版。

65. ［美］爱伦·艾德曼、卡洛琳·肯尼迪：《隐私的权利》，吴懿婷译，当代世界出版社 2003 年版。

66. ［美］马丁·P 戈尔丁：《法律哲学》，齐海滨译，三联书店 1987 年版。

67. ［美］E·博登海默：《法理学·法律哲学与法律方法》，邓正来译，中国政法大学出版社 2004 年版。

68. ［美］罗伯特·埃里克森：《无需法律的秩序——邻人如何解决纠纷》，苏力译，中国政法大学出版社 2003 年版。

二、论文类

1. 洪冬英：“社会管理创新与司法调解”，载《人民法院报》2011 年 11 月 2 日。

2. 汪拥政、吴志刚：“构建家事纠纷调解制度的法理分析”，载《齐鲁学刊》2008 年第 5 期。

3. 范愉："以多元化纠纷解决机制保证社会的可持续发展"，载《法律适用》2005 年第 2 期。

4. 黄海涛："案外人参与调解制度之完善问题研究——以《关于人民法院民事调解工作若干问题的规定》第 11 条为对象"，载《法律适用》2015 年第 2 期。

5. 曾琼："构建婚姻家事纠纷解决机制的理性分析——建国初期婚姻司法实践经验之启示"，载《学海》2009 年第 1 期。

6. 卫玲丹："家事调解程序研究"，太原科技大学 2009 年硕士学位论文。

7. 黄宗智、巫若枝："取证程序改革——离婚法的合理与不合理实践"，载《政法论坛》2008 年第 1 期。

8. 来文彬："家事调解制度研究"，西南政法大学 2010 年博士学位论文。

9. 孟慧："家事纠纷解决机制研究"，中国政法大学 2008 年硕士学位论文。

10. 李学经："家事审判程序研究"，西南政法大学 2003 年硕士学位论文。

11. 彭南元："让当事人转危为安——我国家事审判实务采用心理咨询服务成果之初探"，载《月旦法学》2003 年第 12 期。

12. 冯伟、舒秋膂："诉调对接的理论透视及制度建构——司法救济与社会救济的互补性研究"，载《中南大学学报》（社会科学版）2008 年第 1 期。

13. 李青："中日家事调停的比较研究"，载《比较法研究》2003 年第 1 期。

14. 薛晨皓："论我国人民调解制度的变迁"，载《法制与社会》2008 年第 11 期。

15. 刘艳芳："我国古代调解制度解析"，载《安徽大学学报》（哲学社会科学版）2006年第2期。

16. 雷经天："陕甘宁边区的司法制度"，载《解放》1938年8月28日第50期，转见《陕甘宁边区抗日民主根据地》（文献卷下）。

17. 侯欣一："陕甘宁边区人民调解制度研究"，载《中国法学》2007年第4期。

18. 青连斌："构建和谐社会必须抓住几个着力点"，载《科学社会主义》2004年第5期。

19. 于语和、刘志松："从民间调解的历史性与现实性看中国法学的发展"，载《徐州师范大学学报》（哲学社会科学版）2008年第1期。

20. 于语和、刘志松："我国人民调解制度及其重构——兼论民间调解对犯罪的预防"，载《浙江大学学报》（人文社会科学版）2007年第3期。

21. 王亚明："1949年以来中国大陆的纠纷解决机制"，载《阿坝师范高等专科学校学报》2008年第4期。

22. 范愉："以多元化纠纷解决机制保证社会的可持续发展"，载《法律适用》2005年第2期。

23. 王雪梅："儿童权利保护的'最大利益原则'研究（上）"，载《环球法律评论》2002年冬季号。

24. 黄列："家庭暴力：从国际到国内的应对（下）"，载《环球法律评论》2002年夏季号。

25. 岑雅衔、金一波："ADR的法律分析"，载《宁波大学学报》（人文科学版）1995年第3期。

26. 邱珞如："离婚事件成立调解及诉讼上和解之容许性"，载

《月旦法学》2004 年第 6 期。

27. 韩树林：“借鉴国外经验 开展学生社区服务”，载《中国职业技术教育》2005 年第 3 期。

28. 丁惠等：“婚姻家庭纠纷调解机制问题研究”，载《辽宁师范大学学报》（社会科学版）2008 年第 6 期。

29. 李瑜青：“当代中国法治路径的考察”，载《中国律师与法学家》2007 年第 1 期。

30. 方正宇：“首家以个人名义命名的调解工作室”，载《新民晚报》2011 年 10 月 23 日。

31. 章武生：“论我国大调解机制的构建——兼析大调解与 ADR 的关系”，载《法商研究》2007 年第 6 期。

32. 陈海基：“略论社会转型期法的调控作用”，载《福建工程学院学报》2003 年第 2 期。

33. 陈苇、曹贤信：“澳大利亚家事纠纷解决机制的新发展及其启示”，载《河北法学》2011 年第 6 期。

34. 陈苇、莱文彬：“论我国家事纠纷人民调解的新机制——以澳大利亚‘家庭关系中心’之家事纠纷调解为视角”，载《学术交流》2009 年第 7 期。

35. 卫洁：“澳大利亚家庭纠纷解决机制及其对我国的借鉴”，山西大学 2007 年硕士学位论文。

36. 卫洁：“澳大利亚家庭法的家事调解制度对我国的启示”，载《山西农业大学学报》（社会科学版）2007 年第 2 期。

37. 杨冰：“从理念转变到多元协作——略论美国家事纠纷解决机制新发展”，载《河北法学》2011 年第 10 期。

38. 张学军：“离婚诉讼中的调解研究”，载《法学研究》第 19 卷第 3 期。

39. 蒋月："构建婚姻家庭诉讼司法调解制度"，载《甘肃社会科学》2008 年第 1 期。

40. 王亚新："民事诉讼与发现真实"，载《清华法律评论》1998 年第 1 期。

41. 李浩："民事程序选择权：法理分析与制度完善"，载《中国法学》2007 年第 6 期。

42. 罗干："充分发挥人民调解作用创造稳定和谐社会环境"，载《中国司法》2004 年第 3 期。

43. 陈寒冰："论法律诊所教育与实践性法律教学的改革"，载《周口师范学院学报》2012 年第 7 期。

44. 梁庆周、冼季夏："社区服务是大学生社会实践的重要途径"，载《教育教学论坛》2011 年第 10 期。

45. 李应华、杨修菊："社会工作专业学生社区服务能力培养的思考"，载《池州学院学报》2009 年第 4 期。

46. 杜瑛："大学与社区互动发展机制探析"，载《教育发展研究》2007 年第 9 期。

47. 郄海霞："美国大学与城市互动的案例分析"，载《清华大学教育研究》2006 年第 10 期。

48. 周平："我国家事纠纷调解现状及存在的问题"，载《佳木斯教育学院学报》2010 年第 1 期。

49. 喻芳："我国家事纠纷多元化解决机制的评析与构建"，载《成都大学学报》2010 年第 2 期。

50. 吴志刚："家事纠纷的特质性及其调解机制的构建"，载《青岛农业大学学报》2008 年第 3 期。

51. 何兵："纠纷解决机制之重构"，载《中外法学》2002 年第 1 期。

52. 宗玲："论人民调解的现状、问题及发展趋势"，载《前沿》2009 年第 4 期。

53. 缪文升："关于家事纠纷多元化解决机制的路径选择"，载《学术交流》2009 年第 2 期。

54. ［日］高野耕一："家事调停中裁判官的责任"，载《案例》第 71 号。

55. "边区政府关于普及调解、总结判例、清理监所指示信"，载《调解为主，审判为辅》，陕甘宁边区政府办公厅编印 1944 年 8 月。

56. "关于改善司法工作（林伯渠主席在边区政府委员会第四次会议上关于边区政府一年工作总结报告的一部分）"，载《调解为主，审判为辅》，陕甘宁边区政府办公厅编印 1944 年 8 月。

三、外文文献

1. Lenard Marlow and S. Richard Sauber：The Handbook of Divorce Mediation，Plenum Press，1990.

2. Andrew Schepard&Peter Salem. Foreward to the Special Issue on the Family Law Education Reform Project，Family Court Review。516 (2006).

3. Hanson，James C，Divorce and Family Mediation，USA：Aspen Systems Corporation，1985.

4. M. Robin Dion. Healthy Marriage Programs：Learning What Works. 15 FUTURE OF CHILD. 139 (2005).

5. Janet A. Walker，Family Mediation in England：Strategies for Gaining Acceptance，Mediation Quarterly，Vo1. 8，No. 4，1991.

6. Marian Roberts. Family Mediation：The Development of the Regulatory Framework in the United Kingdom，Mediation Quarterly，Vol.

22，No. 4，2005.

7. Ch. 16，SM Cretney，Family law in the 20th century：A History，London：Oxford University press，2003.

8. Jonathan Herring，Family law（5th edition），Pearson Education Limited，2011.

四、百科全书

1. 邓正来：《布莱克维尔政治学百科全书》，中国政法大学出版社1992年版。

2. 吴铎、丘士杰、李业甫：《中国大百科全书》（社会学卷），中国大百科全书出版社1991年版。

3. 中国大百科全书总编辑委员会《社会学》编辑委员会编：《中国大百科全书》（社会学卷），中国大百科全书出版社1991年版。

五、网络资源

1. 孙莹："中华全国人民调解协会第四届会议代表大会在京举行"，央广网北京2015年3月19日中华全国人民调解员协会发布 http：//china. cnr. cn/NewsFeeds/20150319/t20150319_518052164. shtml2015年3月19日。

2. 韩立海："贵阳市修文县成立家事纠纷调解室"，http：//www. legaldaily. com. cn/locality/content/2013-02/28/content_4232508. htm 2015年5月28日。

3. 袁莉："贵州妇联、碧海社区建立'幸福万家'家里家外矛盾纠纷调解室"，http：//gongyi. gog. cn/system/2013/07/04/012436758. shtml 2015年4月12日。

4. 吴啟华、袁娟："南社区成立'幸福万家'矛盾纠纷调解工作室"，http：//epaper. gywb. cn/gyrb/html/2014-08/01/content_

397591. htm 2015 年 4 月 12 日。

5. 马梅："吉木萨尔县'燕荣婚姻家庭纠纷调解事'受欢迎"，新疆平安网 http：//www. xjpeace. cn/cj/gjfs_ 493/201509/t20150907_ 842976. htm 2015 年 9 月 7 日。

6. 澳大利亚家事法院官方网站公布的中文译本《主要联系资料》，http：/ /www. familylawcourts. gov. au/wps/wcm/connect/FLC/Home/Publications/Translated + information/Simplified + Chinese + Information，2010 年 6 月 20 日。

7. 澳大利亚家庭关系在线官方网站公布的中文译本《家庭关系中心》《建议专线》《家庭关系在线》，http：//www. familyrelationships. gov. au/www / agd / familyrelonline. nsf / Page / RWP6F67EE6D015BC2A2CA257219007F06A4，2010 年 6 月 20 日。

8. 中国法院网 http：//www. chinacourt. org/article/detail/2004/09/id/132198. shtml 2014 年 4 月 30 日。

9. 姚辉："从身份到契约了吗"，http：//www. fashuo365. com/html/2005 - 10/2251. html，2014 年 7 月 8 日。

后　记

《社区家事纠纷解决机制研究》是我主持的2013年度教育部人文社会科学研究项目“社区组织建设中家事纠纷解决机制研究”的最终研究成果，是课题组经过三年的调研、分析、论证及借鉴国外社区家事纠纷解决机制的基础上完成的。其间，为更好地了解国内和国外家事纠纷解决的现状、存在的问题及可借鉴的制度、经验，作者走访了湖南、湖北、江苏、江西、重庆等国内多个城市，并进行了调研；2013年7月利用在澳大利亚访问学习期间，调研了澳大利亚家事纠纷的现状及对家事纠纷的处理机制，特别是对其非诉讼社区家事纠纷解决机制进行了全面考察，为本课题的研究和本书的完成奠定了良好的基础。

本书的顺利完成，首先要感谢我的恩师中国人民大学法学院龙翼飞教授。在该课题选题及立项后的论文、论著的写作中，龙老师给予我极大的推荐。龙老师为人友善、平易近人、学术严谨、乐于助人，一直都令我十分敬佩。在龙老师的推荐下，我2008年成为中国法学会婚姻家庭法学研究会的理事，有机会参加每年的中国婚姻家庭法学研究会年会及许多全国重要的婚姻家庭方面的学术研讨会，与婚姻家庭法专家、学者及法院、律师事务所等实务部门的工作人员一起探讨有关婚姻家庭法学理论前沿和实务动态，了解最新的立法及司法动态，为该课题的选题、立项、论证及成果的完成创造了良好的条件。在我论文和论著的写作过程中，龙老师都给予了我许多耐心、认真的指导。我深深地体会到，自己的这项课题及论著中，凝聚了老师大量的心血。在该论著完成后，龙老师对该成果给予了肯定及大力的支持，并为该书写了较为详实的序言。对龙老师的感激之情，我却无以言表，因为无论用多么华丽的词语来表达对老师的感谢，都显得苍白而无力，唯有秉承龙老师的学术风范，严谨治学，认真完成好自己的教学和科研工作，为教育事业和社会公益事业多做贡献，才能报答恩师的教诲和培养。

其次，要感谢教育部和山西大学商务学院的支持和经费的保障，为本课题的调研和该论著的顺利完成提供了坚实的物质基础。

再次，要感谢山西大学商务学院法律系领导、科研创新团队及该课题组成员。课题的顺利立项和按期圆满完成离不开法律系科研团队的支持和本课题组成员的密切配合，是他们的鼓励、支持、帮助和配合，为该课题的资料收集、调研、论证提供了帮助，在此表示深深的感谢。

另外，感谢始终在工作、学习及生活等各方面都给予我很多关心、照顾和帮助的爱人，他为我的写作提供了极大方便，帮助我收集、整理资料，打印、复印、装订、校对初稿，并且分担了诸多的琐碎家务，使我有足够的时间和精力投入写作。同时，爱子聪明、懂事、好学、上进，2015 年顺利考入较理想的大学，让我省心、省力、省时，全身心投入课题的申报、调研和写作，我感到非常的欣慰，由衷地高兴和感谢。家人的理解、关心、帮助是我进取的动力，这浓浓的亲情无法言谢。

最后，特别感谢中国法制出版社马金风编辑及其他工作人员为本书付出的努力，该书在他们的鼎力支持下才顺利出版。

由于本人才疏学浅，虽然竭尽努力，书中难免有失误和不当之处，敬请各位学界前辈、专家、学者及同仁批评指正。

张翼杰

2016 年春　于太原

图书在版编目（CIP）数据

社区家事纠纷解决机制研究／张翼杰著．—北京：中国法制出版社，2016.6

ISBN 978-7-5093-5884-9

Ⅰ.①社… Ⅱ.①张…Ⅲ.①婚姻家庭纠纷-处理-研究-中国 Ⅳ.①D923.904

中国版本图书馆 CIP 数据核字（2016）第 141569 号

责任编辑：马金风（editormjf@163.com） 封面设计：杨泽江

社区家事纠纷解决机制研究

SHEQU JIASHI JIUFEN JIEJUE JIZHI YANJIU

著者／张翼杰

经销／新华书店

印刷／北京九州迅驰传媒文化有限公司

开本／640 毫米×960 毫米 16 开 印张／23.25 字数／233 千

版次／2016 年 8 月第 1 版 2016 年 8 月第 1 次印刷

中国法制出版社出版

书号 ISBN 978-7-5093-5884-9 定价：65.00 元

北京西单横二条 2 号 值班电话：66026508

邮政编码 100031 传真：66031119

网址：http：//www.zgfzs.com 编辑部电话：66070046

市场营销部电话：66033393 邮购部电话：66033288

（如有印装质量问题，请与本社编务印务管理部联系调换。电话：010-66032926）